高等学校小学教育专业精品教材

郭健 丛书主编

教育心理学

赵笑梅 主编

JIAOYU
XINLIXUE

北京师范大学出版集团
BEIJING NORMAL UNIVERSITY PUBLISHING GROUP
北京师范大学出版社

图书在版编目(CIP)数据

教育心理学/赵笑梅主编. —北京:北京师范大学出版社,
2017.9(2023.12 重印)

高等学校小学教育专业精品教材

ISBN 978-7-303-20702-2

Ⅰ.①教… Ⅱ.①赵… Ⅲ.①教育学-高等学校-教材
Ⅳ.①G44

中国版本图书馆 CIP 数据核字(2016)第 119734 号

图书意见反馈　　gaozhifk@bnupg.com　　010-58805079
营销中心电话　　010-58802755　58800035
北京师范大学出版社教师教育分社微信公众号　京师教师教育

出版发行:北京师范大学出版社　www.bnupg.com
　　　　　北京市西城区新街口外大街 12-3 号
　　　　　邮政编码:100088

印　　刷:三河市兴达印务有限公司
经　　销:全国新华书店
开　　本:787 mm×1092 mm　1/16
印　　张:19.25
字　　数:390 千字
版　　次:2017 年 9 月第 1 版
印　　次:2023 年 12 月第 5 次印刷
定　　价:38.00 元

策划编辑:王剑虹　　　　　　责任编辑:齐　琳　王星星
美术编辑:焦　丽　　　　　　装帧设计:焦　丽
责任校对:陈　民　　　　　　责任印制:马　洁　赵　龙

丛书编委会

主　　任　郭　健

副 主 任　薛彦华

委　　员　（按姓氏拼音排序）

白世国　　崔万秋　　范　杰　　付建中　　苟增强

胡玉平　　李景春　　李玉侠　　鲁忠义　　裴元庆

单迎春　　宋耀武　　王国英　　王润兰　　武立民

邢秀茶　　张丽娟　　张彦云　　赵　伍

总　序
PREFACE

20世纪90年代以来，随着社会发展水平的提高，社会对高质量教育的需求越来越强烈，为顺应社会需求，我国对教师培养体系进行了重大变革——小学教师的培养由原来的中等师范学校改由专科学校和本科院校培养。1998年南京师范大学晓庄学院首次尝试开设小学教育（本科）专业，开创小学教师本科化培养的先河。1998年教育部颁布的《普通高等学校本科专业目录》中，小学教育专业以"经教育部批准同意设置的目录外专业"出现，标志着小学教育专业开始纳入高等教育体系中。2012年，小学教育专业以教育学二级学科的身份，正式纳入教育部颁布的《普通高等学校本科专业目录》。经济发达的地区把小学教师的学历提升到专科或本科水平，并在全国范围内扩招教育硕士。

自小学教育纳入高等教育体系以来，小学教育专业取得了一定的成效，为我国输送了大批本专科学历的小学优秀教师。

为了保证教师的培养质量，教育部于2011年10月8日颁布了《教育部关于大力推进教师教育课程改革的意见》，其附件《教师教育课程标准（试行）》是国家对教师教育课程改革提出的建议和要求，也是认定教师资格的重要依据。这对我国小学教师教育类课程结构调整和优化提出了新的要求；对深化教师教育改革，规范和引导教师教育课程与教学，培养和造就高素质专业化教师队伍具有纲领性的作用。

小学教育专业被纳入高等教育体系的时间短，在专业建设的过程中需要解决的问题很多，尤需亟待解决的是小学教育专业的课程及教材建设问题。河北省教育学教学指导委员会审时度势，组织全省教育学、心理学相关领域专家进行了充分的调研，分析了小学教育专业人才培养存在的问题，针对目前权威教材匮乏的现状，组织专家编写了目前河北省小学教育专业的系列教材。

此次教材编写既注重理论的系统性与前沿性，也注重解决教育实践问题的应用性与操作性；既注重编写过程的学术性，也注重教材形式上的趣味性。希望成为小学教育专业学生喜读、乐读的基本学习素材。

本套小学教育专业系列教材共包括十几种，分别是《教育学》《教育政策与法规》《教育测量与评价》《教育科研方法》《现代教育技术应用》《课程与教学论》《小学教育管理》《小学语文课程与教学论》《小学数学课程与教学论》《小学英语课程与教学论》《小学科学课程与教学论》《教育心理学》《儿童心理学》《小学生心理健康教育》《小学综合实践活动》《小学班主任工作原理与实践》和《小学教师专业技能训练》。

本套教材编写参与人员较多，涉及学科较广，是一项艰巨的工程，能顺利付梓得益于所有参编人员的辛勤工作、密切配合，也得益于北京师范大学出版社王剑虹女士的积极协调与沟通。在此向所有参与此次编写活动的作者及编辑人员表达我们的敬意。

教材编写过程中由于编者的学术视野及学术能力的限制难免会出现不足之处，我们将在教材使用中进一步总结反思，不断修订和完善。同时，也欢迎广大学界同仁及读者予以批评指正。

郭健

2016 年 6 月 8 日

前 言
FOREWORD

　　教育心理学，对于从事教育行业的教师、教育管理人员来说，其重要意义毋庸置疑。教师教育专业的目标就是培养从事教育行业的教师、教育管理人员等人才，因此，教育心理学成为该专业必修的一门专业课。随着高校课程改革的深入，高校的课程设计和相应的教材改革迫在眉睫。然而，目前专门针对教师教育专业学生的教育心理学教材还比较少，远远满足不了教育和教学的需求。鉴于此，我们经过长时间的思考，依据教师教育专业学生的培养大纲，分析了国内外多部教育心理学著作，同时参考了历年的硕士研究生考试内容以及教师资格证考试要点和真题，通过多次集体讨论，撰写了本书的编写大纲和写作思路。

　　在全书十五章的内容里，第一章为概述，第二、第三、第四章为一般学习理论和学习心理，第五、第六、第七章分别涉及知识、技能、态度和品德的学习，第八、第九章探讨了问题解决、创造性和学习策略的学习问题，第十、第十一章为学习的迁移和评价，第十二、第十三、第十四章则是学生动机、个别差异和学生管理的内容，最后的第十五章回归到教师自身。

　　本书力求体现一个中心、两条脉络、三种设计、四个结合的特点。一个中心，指的是全书在体系上紧紧围绕学习展开，从学习的基本性质，到一般学习心理、具体学习心理，再到创造性、策略等更为复杂和高级的心理过程，之后是学习的迁移和评价。此外，还探讨了影响学习的重要因素——学习动机、个别差异、集体环境和引导学生学习的教师。两条脉络，指的是全书在结构上始终保持学与教两条思路，既介绍学生学习心理的基本特点、规律，又探讨教师如何根据学生特点进行更好的教育和教学。三种设计，指的是全书在体例上在每章内容前、中、后都有独到的设计，每章内容前设置了学习目标和导入案例引导读者开启学习之旅，在每章内容中根据需要设置了相关链接、教育故事、互动平台、想一想、温馨提示、考试要点、名人名言、他山之石等多样化的小栏目促进读者深度学习，在每章内容后设置了本章小结、关键术语、思考题、拓展阅读帮助读者总结、反思、巩固和拓展，有效完成学习进程。四个结合，指的是全书在内容上注重经典材料和最新成果的结合，基本理论和教育实践的结合，促进学习、提高能力和涵盖基础、应对考试的结合，科学性、专业性和通俗性、可读性的结合。

我们希望本书能够作为高等院校教师教育专业学生学习教育心理学的配套教材，也可供相关的专业研究人员及广大的中小学教师阅读参考。另外，本书特别注意到涵盖硕士研究生考试以及教师资格证考试的基本内容，所以也适用于准备参加硕士研究生考试和教师资格证考试的人员作为备考用书。

本书由河北师范大学教育学院赵笑梅教授、河北北方学院陈香教授、邢台学院张爱菊老师、山东女子学院魏越老师，集体撰写完成。各章的主要撰写人分别为李婷(第一章)、王碧涛(第二章)、刘丹丹(第三章)、张锐(第四章)、魏红恩(第五章)、王华影(第六章)、柴江霞(第七章)、杨芹(第八章)、李缓缓(第九章)、耿雨晴(第十章)、李佳丽(第十一章)、郭雅慧(第十二章)、魏越(第十三章)、董硕(第十四章)、冯秋景(第十五章)，最后由赵笑梅及薛彦华负责统稿。

本书采用了国内外许多研究者的研究成果或者吸收了他们的思想，在此对他们表示深深的感谢！

由于作者水平有限，书中难免会有些缺点和错误，真诚希望各位专家、同行以及广大读者批评指正！

最后，感谢北京师范大学出版社王剑虹等同志为本书的编写及出版所做的大量工作，也感谢其他所有在我们撰写此书过程中给予帮助的朋友们！

赵笑梅

2016 年 2 月

目 录
CONTENTS

第一章　教育心理学的概述

1. 掌握教育心理学的概念。
2. 掌握教育心理学的研究对象、任务和内容。
3. 了解教育心理学产生的意义。
4. 理解教育心理学对教师和教学的意义。

导入 ▶

作为教育学和心理学的一门交叉学科，教育心理学是在什么情况下产生的？它的研究对象是什么？教育心理学的发展经历了不同的阶段，每个阶段都有哪些有代表性的心理学家对教育心理学的发展做出突出的贡献？此外，教育心理学在实际的教学中到底扮演什么样的角色？本章将详细介绍以上内容。

第一节　教育心理学的概念和研究内容

一、教育心理学的概念

教育心理学是教育学和心理学的一门交叉学科，它是教育学和心理学相结合的产物，是心理学的一个重要分支，是心理学学科体系中的一门应用性学科。

教育心理学产生的目的是，研究教育和教学过程中，教育者和受教育者的心理现象及其规律，因此教育心理学从产生开始就成了教育者进行教育实践的有效指导工具。

推动教育心理学成为一门独立学科的原因，除了学校教育发展的需求之外，更主要的原因是心理学本身的发展。在心理学从哲学中脱离出来成为一门独立的学科之后，人们开始采用实验的方法研究儿童身心发展以及教育的问题，实验心理学与教育相结合的成果就是产生了科学的教育心理学。

教育心理学是一门实践性很强的应用性学科，但它并非普通心理学原理在教育领域的简单应用，也不是儿童发展心理学、学习心理学和差异心理学等几门与教育有关的心理学分支学科的简单组合。

美国教育心理学家奥苏伯尔（D. P. Ausubel，1918—2008）在《教育心理学这门学科还存在吗？》中说："教育心理学是心理学的一个特殊分支，它关心的是学校学习和保持的性质、条件、结果和评价。"美国斯坦福大学的盖奇（N. L. Gage）认为"心理学是个人的思想和行为的研究，教育心理学是对与我们如何教和学有关的那些思想和行为的研究。"台湾教育心理学家张春兴在其编撰的《张氏心理学辞典》中把教育心理学定义为"采取了其他心理学的理论与方法，在教育情境中，以教师与学生间交感互动的行为作为研究对象，其目的除解决教学上的实际问题之外，旨在建立系统的教学理论。"我国教育心理学家皮连生把教育心理学定义为"研究学校情境中学与教的基本心理学规律的科学"。

综合以上对教育心理学的定义，我们认为，教育心理学是研究教育教学情境中教与学的基本心理规律的科学，它主要研究教育教学情境中师生教与学相互作用的心理过程、教与学过程中的心理现象。

二、教育心理学的研究对象、研究任务、研究内容、历史沿革

(一)教育心理学的研究对象

各学者对于教育心理学的研究对象存在不同的观点。

教育心理学作为一门独立的学科,其第一个较完整的体系是由美国心理学家桑代克(E. L. Thorndike,1874—1949)建构的。他在1903年出版的《教育心理学》中说:"教育心理学旨在研究人的本性及其改变的规律。"美国安德森(R. C. Anderson)和福斯特(G. W. Faust)1973年合著的《教育心理学》的副标题就是"教与学的科学",把教育心理学的研究对象界定在教与学上。

> **考试要点**
>
> 教师资格证考试《教育心理学》真题(2012年四川省)
> 一般认为,教育心理学成为独立学科是以1903年《教育心理学》的出版为标志,其作者是( )。
> A. 华生　　　B. 桑代克
> C. 布鲁纳　　D. 詹姆士
> 答案:B

在我国,潘菽认为"教育心理学的对象就是教育过程中的种种心理现象。"[①]邵瑞珍等人认为"教育心理学是教育与心理学相结合的产物。"[②]《心理学大词典》中对教育心理学的定义是"心理科学与教育科学的一个分支,研究教育过程中的心理现象及其变化规律的学科。"[③]李伯黍,燕国材认为"教育心理学研究教育实践领域中的各种心理学问题。"[④]

从上述观点可以发现,这些观点虽有不同,但主要观点是一致的。那么,教育心理学究竟是研究什么的?综合诸多学者的观点,我们认为,教育心理学是研究在学校教育和教学条件下教与学的心理现象和心理发展规律的科学。具体来讲,它研究受教育者在教育影响下形成道德品质、掌握知识和技能、发展智力和个性的心理规律,研究教育、教学过程中教师心理活动的规律以及教师的教学设计与管理,研究学生的个别差异以及与之相应的教育,并阐明教育同心理发展的相互关系以及教育工作中的其他方面的心理学问题。

(二)教育心理学的研究任务

教育心理学是从心理学衍生和发展而来的,它以心理学理论为指导,同时对心理学的发展又有着促进作用。

首先,教育心理学的根本任务是揭示教育过程中教与学的心理发展规律,它研究受教育者在教育影响下形成道德品质以及学习方式、特点和类型,研究教与学过

---

① 潘菽. 教育心理学. 北京:人民出版社,1980.
② 邵瑞珍. 教育心理学. 上海:上海教育出版社,1983.
③ 朱智贤. 心理学大词典. 北京:北京师范大学出版社,1989.
④ 李伯黍. 燕国材. 教育心理学. 上海:华东师范大学出版社,1993.

程中的一般规律和特殊规律，研究学生的个别差异以及与之相应的教育。这些规律，可以为教育的发展、人才的培养起到战略性的导向作用。

其次，教育心理学作为一门教育学科，其根本任务在于研究教与学过程中的规律，为设计教育体制、教材体系、教师人才的匹配、教与学的互动方式，以及考试与评估系统等提供有效的科学依据。同时，也为提高教学质量，提高人才培养标准提供更加科学有效的方式和方法。

最后，教育心理学作为心理学的分支学科，它既依赖于心理学的理论基础，反过来，它的发展又会促进整个心理学科的发展。为了解决教育实践中心理学问题所做的各种理论探讨和实证研究，对于整个心理科学的发展也具有重要的推动作用，许多教育心理学的理论和重要的实验结果为心理学科的完善提供了丰富的材料和确切的证据。

(三)教育心理学的研究内容

1. 概　述

教育心理学的总论部分主要探讨本学科的研究对象、任务及其主要内容，从而明确本学科的研究范围及主要方向，阐明本学科进行科学研究的路线及方法学问题。所有这些都关系到本学科发展的全局性问题。这些问题在传统教育心理学中是薄弱的，这正是阻碍本学科发展的一大障碍。

2. 学习理论

从桑代克创立教育心理学体系以来，学习理论一直是教育心理学的核心组成部分，并且是其他教育心理学研究课题的理论基础。正确的学习理论，是教学论的基础。教师的教要以学生的学为基础来制定、选择和调整教学计划与教学方法。没有科学的学习论，就没有科学的教学论。因此，学习理论就成为教育心理学的核心部分。该部分主要介绍国内外的学习理论，在教育心理学发展的百年历史中，曾出现过联结主义、认知主义、人本主义和建构主义等不同的学习理论取向，它们在不同的历史时期曾经主宰过或正在影响教育心理学的发展。本书对学习的概念、性质、分类、学习理论与应用等方面进行了详细的阐述，其中，重点介绍了各种学习理论的内容以及在实际教学中的运用。

相关链接

桑代克，1874 年 8 月 31 日出生于美国麻省。1891 年，进入了康涅狄格州米德尔顿的卫斯理大学主修英文。1895 年毕业时，获得 50 年来最高平均成绩。在上大三时选必修课，接受威廉·詹姆斯的影响，开始对心理学产生兴趣。1896 年在哈佛获得文学学士学位，1897 年获硕士学位。为了获得学分和毕业文凭，桑代克开始自己的课题研究"鸡的直觉及智力行为"。1898 年桑代克受邀成为哥伦比亚大学的大学评议员，在此期间完成自己的博士论文，取得博士学位。1899 年成为哥伦比亚大学师范学院的一位心理学讲师。他在此期间共出了 507 种书、专论和学术论文，除了皮亚杰之外，无人能与之相比。

桑代克对心理学的贡献：

①创立了教育心理学这门学科。

②借用大量生物学和生理学的概念来建立他的联想主义学说。

③发展了古典主义心理学。

3. 学习心理

教育心理学的学习心理部分主要探讨有关学生学习的一般性问题，包括知识的学习、技能的学习、态度和品德的学习、问题解决和创造性等；同时，也探讨各种学习类型与教学的关系以相互作用。此外，对涉及学习的其他活动，如学习的策略、学习迁移以及学习评价等都做出了详细的介绍。

4. 教学心理

教学心理是从教师教学活动过程的心理学问题来探讨的，包括学生之间的差异、学习动机、课堂管理与教师心理等内容。这几个部分的研究主要涉及如何激发和维持学生的学习动力，设计高效能的教学方法与教学策略，维持高效运转的课堂，以及教师对有差异的学生如何进行引导与管理。

（四）教育心理学的历史沿革

教育心理学的发展主要经历了以下阶段。

1. 哲学与教育的结合

在科学心理学产生之前，哲学家在论著中都把人的心理称为灵魂或是精神，亚里士多德第一次提出灵魂和生命肉体不可分、灵魂又分理性灵魂和非理性灵魂的观点，并指出教学目的是发展灵魂高级部分的理性。亚里士多德堪称把哲学、心理学与教育相结合的典范。自然主义的教育运动对哲学心理学与教育实践的结合起了推动作用，主要代表人物是夸美纽斯（J. A. Comenius，1592—1670）、裴斯泰洛齐（J. H. Pestalozzi，1746—1827）和赫尔巴特（J. F. Herbart，1776—1841）。夸美纽斯强调教育要顺应人的自然本性，而所谓人的自然本性是儿童的身心发展规律。裴斯泰洛奇则是西方教育史上，也可以说是世界教育史上第一个明确提出"教育心理学化"口号的教育家。而在教育心理学化的过程中，德国教育家、哲学家兼心理学家赫尔巴特则起到了分水岭的作用，他不但明确提出教育学应以心理学为理论基础，还积极地运用心理学去论证和解决教育领域各种实际问题。例如，他在统觉论指导下提出"预备、呈现、联系、统和、应用"五段教学法，该教学法在 19 世纪末 20 世纪初流行于欧美，20 世纪初传入中国，对全世界中小学的教学都产生了重要影响，这恐怕也是他的心理学思想对教育的最大贡献之一。

2. 教育心理学的产生

19世纪末，在实验心理学成为一门独立的学科之后，欧洲一些教育家和心理学家开始利用实验、统计以及测量的方法，研究儿童身心发展以及教育上的一些问题，一个实验教育学派出现了，它极大地促进了教育心理学的发展。对教育心理学的创建做出突出贡献的是美国心理学家桑代克，1903年桑代克出版了《教育心理学》，这是西方第一部以"教育心理学"命名的专著，

> **考试要点**
>
> 教师资格证考试小学英语《教育心理学》真题（2010河南省信阳市）
>
> 教育科学有诸多的分支学科，其中在整个教育科学体系中处于基础地位的是（　　）。
>
> A. 教育哲学　　B. 教育心理学
>
> C. 教育学　　　D. 教学论
>
> 答案：B

这一著作奠定了教育心理学发展的基础，西方教育心理学的名称和体系由此确立，桑代克也被称为教育心理学的奠基人。桑代克立志于用准确、精密的数量化方法研究和解决有关学习的问题，他根据动物学习实验的结果，提出了许多学习定律，包括效果律、练习律和准备律等，并强调人类的学习尽管较动物的学习复杂，但由动物的学习所揭示的简单规律，也是人类学习的基本原则，可以用来指导和改进教学。他主张，学校工作应尊重儿童的人格，学习中要了解个别差异，消除差别上的问题，并做出有效指导。

桑代克的这些观点对西方教育心理学产生了长久的影响，尽管不乏缺点和错误，但至今仍然对学校教学实践有一定的影响，也为教育心理学奠定了重要的理论基础。

3. 教育心理学的发展

20世纪20年代，心理测量学和儿童心理学的成果丰富了教育心理学的内容，行为主义等心理学流派的研究成果广泛应用于学习领域。30年代以后，学科心理学突飞猛进，也构成了教育心理学的一部分。赫尔（C. L. Hull，1884—1952）根据动物学习资料，用逻辑和数学方法于20世纪40年代创建了系统而庞大的学习论体系。该体系被当时的心理学界誉为最优秀的学习论体系，但是他的理论研究仅限于实验室，很难应用到教学实际中。与此同时，教育心理学的内容也拓展到了学生的个性、社会性培养方面。50年代到60年代初，一方面新行为主义的程序教学、机器教学思想付诸实践；另一方面信息加工的观点开始影响教育心理学的理论，并引领了许多教育实践活动。

同时，苏联的教育心理学家们也在理论观点和教育实践方面做了许多工作。维果茨基在《教育心理学》一书中，主张必须把教育心理学作为一门独立的学科分支来进行研究，反对把普通心理学的成果移入教育心理学，他强调教育与教学在儿童发展中的主导作用，并提出了"文化发展论"和"内化说"。布隆斯基和鲁宾斯坦等人也都提出了各自的观点，这些思想为苏联教育心理学的发展奠定了基础。

从20世纪60年代开始，教育心理学开始注重结合教育实际，为学校教育服务，

这一时期的布鲁纳（J. S. Bruner，1915—2016）发起课程改革运动，教育心理学逐渐重视探讨教育过程和学生心理，重视教材、教法和教学手段的改进。罗杰斯（C. Rogers，1902—1987）提出了"以学生为中心"的人本主义思潮，教育心理学家开始把学校和课堂看作社会情景，注意研究其中影响教学的社会心理因素。

80 年代之后，教育心理学越来越注重与教学实践相结合，教学心理学得到很大的发展。心理派别之间的分歧也变得越来越小，认知学派和行为学派都在吸取双方合理的东西，并且东西方心理学也开始相互吸收，尤其是美国心理学家吸取了苏联心理学家如维果茨基等人的思想，使东西方心理学的思想开始融汇和碰撞。这些都为促进教育心理学进一步发展起到积极的推动作用。

第二节　教育心理学的意义

一、教育心理学对教师的作用

（一）帮助教师建立科学的教育理念

教育心理学是科学心理学的分支学科，随着对教育心理学的深入研究，它的科学性和系统性也已经发展得很成熟，教育心理学已经成为一门能够真正指导教育和教学的学科。其中，首要的是为教师构建科学的教育理念做指导。

教育理念的科学性表现在价值观、人才观、教育观、学习观、教学观、师生关系和方法论等多个方面；教育心理学中的各种学习理论和教学方法为教师构建这些科学的教育理念提供了重要来源。其中，很多教育理念至今都具有很大的影响，早期的联想主义和行为主义，如巴甫洛夫的经典条件反射学说、桑代克的联结主义学说，都强调外部行为对人的学习的决定作用。由于这种理论把学习简单地看作刺激和反应之间的联结，强调多次联系和强化对学习的作用，而忽略了真正人类学习的过程中还会增加各种认知模式和认知过程。所以，后期的信息认知加工思潮开始兴起，对学习的研究又进入一个全新的时代。人们不再简单地把人看作一个刺激—反应的个体，而是加入了各种认知策略和元素，包括顿悟、图式、认知地图等，这个时期的代表人物有苛勒（W. G. Kohler，1887—1967）、托尔曼（E. C. Tolman，1886—1959）、巴特利特（F. C. Bartlett，1886—1969）等。随着对学习心理研究的深入，后期发展起来的建构主义对现代教学理论的指导作用更加明显，建构主义强调学生发现的探究式模式，把问题解决作为教学的一种重要方法，20 世纪初杜威（J. Dewey，1859—1952）做了经典阐述，20 世纪中叶布鲁纳（J. S. Bruner）又对其大力提倡。在建构主义思潮的影响下，心理学家和教育学家创建了许多体现学生中心和合作学习的教学新模式，如支架式教学、师徒式教学和互惠式教学。

所有这些理论的发展都为科学的教育心理学奠定了基础，同时也为教师构建科学的教育理念提供了依据。一个教师走上工作岗位之前，掌握一定的科学教育理念是非常重要的，这些理念可以帮助教师更快地掌握教育规律、教学方法、课堂管理策略等，为教师实际的教学活动提供理论指导。

(二)帮助教师制订科学的教学计划

教学是教师有计划、有目的地对学生进行有效教学的活动过程。在整个教学过程中教师不但要关注学生的学习，也要进行科学、有效的教学。在这个过程中教师就要考虑到学习的规律、教学的法则。因此，教师要对教学目标、教学内容、教学方法、教学安排等进行科学的规划，才能提高教学质量。教育心理学的研究揭示了教学过程中教与学的心理学规律，同时为教育实践提供了一般性规律和方法。

> **想一想**
>
> 什么是教学？教学的任务是什么？

学习理论研究阐明了学生学习的实质。学习的类型、学习的过程及心理机制等问题，为教师的教学提供理论依据。建构主义学习理论认为，教学要以学生为中心，学生在教学中是一个积极的参与者，他们是知识的主动构建者，他们在自己原有的知识基础之上构建新的知识体系。在这个过程中，教师的角色就是帮助者和指导者，因此教师要发挥指导作用，培养和激发学生的学习兴趣，激发学生主动学习的欲望。所以，针对以学生为中心的这个理念，教师的教学要从学生的年龄特点和心理特点出发制订有针对性的教学计划。

教育心理学是为具体学习活动的研究，如知识的获得与教学策略、学习策略、学习动机、学习迁移、问题解决能力、创造力的培养，也为教师教学提供理论基础和实践指导。例如，在学习中对学习动机的指导，过强的学习动机和过弱的学习动机都达不到预期的学习效果，只有中等的学习动机才能使学习效果达到最佳，所以教师制订的学习计划要保持在中等动机状态。对于创造力的培养而言，教师在教学过程中要设置更多的进行开放性提问，给学生更多的进行发散思维的机会，并且要鼓励学生积极大胆地表达自己的想法，并且教师要积极地肯定学生的想法，这样才能培养学生更多的创造力。总之，教育心理学有助于教师把握教学规律，并根据教育规律制定科学有效、切实可行、并且能有效提高教学质量的教学计划。

教育故事

一次公开课之后，老师把课堂上用过的精美卡片作为奖励发给同学们，然后对他们课堂上的表现给予表扬。从这之后，老师渐渐发现注意力不集中的宋铭铭同学在课堂上的听课状态有了明显的好转。一个偶然的机会他的母亲说："自从老师奖励给他那个'特殊'的奖励后，他对自己的要求严格了。"

经过询问后才知道，原来老师在奖励同学的时候是按顺序发的，宋铭铭正好得到一张最大的，回家后他告诉母亲"老师可能觉得我这节课表现好，所以把最大的一张送给我。"直到现在这张卡片还贴在他的床头。这位老师无意中的举动，却造就了一个"美丽的误会"。

教师是人类灵魂的工程师，一定要善于发现和引导，正确的激励与引导成就辉煌的人生。

（三）有助于提高教师的班级课堂管理水平

课堂是学生掌握知识、发展技能最主要的阵地，有效的课堂才能保证教学目标的实现。所谓有效的课堂，就是在有限的时间内创设积极的学习模式和学习环境，同时减少问题行为的发生。作为一个出色的教师，应当有能力维持良好的课堂气氛，激发学生的学习兴趣和学习动机，提高学生学习效率，这也是课堂管理的最高境界。那么，如何进行课堂管理，创设有效课堂呢？同样，需要教育心理学有关知识的指导。

例如，为了提高大部分学生的注意力和表现能力，教师可以根据表现制定奖励机制，这种奖励机制是大部分人通过努力都可以达到的。例如，针对幼儿园和小学的学生，可以用课堂上积极发言、踊跃参与就发放代币，这些代币积累到一定数量就可以换取一些东西。而年龄稍大的孩子更加在乎群体归属感、注重团队的利益，就可以利用集体规范或团队压力，让那些在课堂上爱捣乱的孩子约束自己，不敢再扰乱课堂纪律，这样教师也达到了自己的教育目标。

每个学生都是班级集体中的一员，一个班集体的氛围，也就是我们常说的班风，对班级里的每个成员都起着重要的引导作用。良好的班风会引导大家积极向上、锐意进取，使每个人健康发展。相反，如果一个班级纪律松散、意志消极、不求上进，那么它会使班级里的每个人都没有前进的动力。特别是对年龄小、模仿性强的儿童和价值观不够稳定的青少年来说，良好班集体的建设更加重要。教育心理学中有关班集体形成的特点、过程以及如何建立良好班集体等内容，可以有助于教师掌握一些科学有效的管理方法和途径，使其更好地胜任建立积极健康班集体的工作。

（四）有助于教师开展品德教育

学生在学校不仅要学习科学文化知识、掌握各种技能，同时也要形成良好的道德品质。培养学生良好的道德品质与教授科学文化知识同等重要。

名人名言

> 德国教育家第斯多惠说："一个坏的教师奉献真理。一个好的教师教人发现真理。"

为了培养学生良好的道德品质，教师不仅要掌握教育的技能，也要具备高尚的品质。"学高为师，德高为范"，教师同时兼具才能和品德，可以起到最大的示范作用和最好的影响作用。但是，品德的形成并非模仿那么简单，影响品德形成的因素是复杂的，品德的培养是艰巨而困难的，因此，教师只有了解了学生品德的心理结构，品德形成的心理规律、影响因素，掌握学生良好品德培养的途径和不良品德的矫正方法，才能更好地进行品德教育的工作。

二、教育心理学对教学的作用

(一)教育心理学对教学设计的作用

教学设计是研究如何确定教学目标、了解学生的准备状态、制订教学程序计划、分析确定教学任务、评定教学结果，以及激发和维持学习动机的理论和技术。教师在教学设计中，要把某种教学理论成果转化为教学技术时，可采用的方案、方法可以说是多种多样的，在这种情况下，究竟采用何种方案或模式，必须对各种方案、模式的效能进行全面比较，选取其中效能最佳的方案或模式。

在进行教学设计最优化抉择时，教师不仅要考虑到眼前的效益，同时要兼顾长远的效益。不要仅顾眼前简单方便易行，更重要的是要有发展价值。当然，在方案和模式的选择中要善于选择那些节省教学时间、应用范围广、适应性能强、派生作用大的最优化方案或模式。要注意教学设计最优化的根本问题是，针对不同的学习者使用何种教学方法才能收到最理想的效果。因此，教学设计要考虑教育对象、教育过程、教育效果和教育的价值。教育心理学中的相关内容能够优化教学设计的各个环节。

(二)教育心理学对教学策略的作用

教学策略不是指具体教学方法，而是指适合达到一定教学目标的一整套教学步骤、方法和媒体等。针对不同的知识类型，为了达到最佳的学习效果，教师需要运用不同的教学策略。教育心理学的内容对此有具体的阐述。

1. 以陈述性知识为主要目标的课程

例如，小学开设的常识，中学开设的历史、地理和生物，其中大多数课程属于此类。这类知识可以通过告知目标、复习旧知识、呈现新知识、促进新知识的理解的过程来设计教学策略。整个过程要注意激发兴趣、激活原有知识、选择性地知觉新信息，同时使新知识进入原有认知图式，理解新知识。

2. 以程序性知识为主要目标的课程

例如，小学语文、数学，中学的语文、数学、外语，其中大多数课程属于此类。以程序性知识为主的课程教学策略与以陈述性知识为主的课程教学策略相似，唯一不同之处就是对新知识的复习与巩固阶段所采取的方法。以程序性知识为主的课程在复习阶段要设计变式练习，指导学生练习，及时提供反馈，纠正练习中的错误。而以陈述性知识为主的课程则要布置思考题，让学生带着问题复习、讨论等，同时为学生的复习、记忆方法提供指导。而目前在教学实践中，许多教师把以程序性知识为主要目标的语文课或外语课教成陈述性知识课，结果学生记忆了许多名词术语、语法概念、写作规则，却不会开口讲外语，也写不出语句通顺的文章。

因此，针对不同的知识类型要运用不同的教学策略，这能够省时省力，使教学效果达到最优。掌握这些教学策略对于教师有针对性地制订教学计划具有指导性意义。

(三)教育心理学对教学评价的作用

预定的教学目标是否达到了？要回答这个问题，教师作为教学设计者必须学会开发学生学习结果的测量与评价工具，以通过科学的评价工具来检验教学效果是否达到。教育评价是指按照一定的价值标准和教育目标，利用测量和非测量的方法系统地收集资料与信息，对学生的发展变化及影响学生发展变化的各种要素进行价值分析和价值判断，并为教育决策提供依据的过程。

教育评价包含如下几个共同的要点：

①强调以教育目标为标准的价值判断过程。

②强调用多种方法(测量和非测量)系统收集资料与信息。

③教育评价的内容既可以是教育计划，也可以是课程；既可以是学生的学习结果，也可以是某种教育现象、教学活动、教育目的或教育程序。

④强调为学生发展和教育决策服务。"评价最重要的意图，不是为了证明，而是为了改进。""评价是对某些现象的价值，如优缺点的系统调查，为教育决策提供依据的过程。"

科学的评价对于促进教学质量、改进教学方法都具有重要的意义，同时也是检验教学效果以及教学效果的科学性和针对性的重要手段。科学的评价是促进教学良性循环的基础。教育心理学对制定科学的评价工具具有很细致科学的研究，教师掌握了这些科学的方法，将其运用到实践中，对教学将起到很大的引导作用。

本章小结

1. 教育心理学是教育学和心理学的一门交叉学科，它是教育学和心理学相结合的产物，是心理学的一个重要分支，是心理学科体系中一门应用性学科。教育心理学是研究教育教学情境中教与学的基本心理规律的科学，它主要研究教育教学情境中师生教与学相互作用的心理过程、教与学过程中的心理现象。

2. 教育心理学是研究在学校教育和教学条件下教与学的心理现象和心理发展规律的科学。具体来讲，它研究受教育者在教育影响下形成道德品质、掌握知识和技能、发展智力和个性的心理规律，研究教育、教学过程中教师心理活动的规律以及教师的教学设计与管理，研究学生的个别差异以及与之相应的教育，并阐明教育同心理发展的相互关系以及教育工作中的其他方面的心理学问题。

3. 教育心理学帮助教师建立科学的教育理念，帮助教师制订科学的教学计划，有助于提高教师的班级课堂管理水平，有助于教师开展品德教育。

4. 教育心理学能够优化教学设计，指导教学策略的实施以及制定科学有效的教学评价体系。

关键术语

教育心理学、学习心理、教学心理、教学策略、教学设计

思考题

1. 什么是教育心理学？
2. 教育心理学的研究对象、任务和内容？
3. 教育心理学对教师的作用有哪些？
4. 教育心理学对教学的作用有哪些？

拓展阅读

1. 陈琦，刘儒德. 当代教育心理学（第 2 版）. 北京：北京师范大学出版社，2007.

该书力求文字简练、概念明确、举例精当、引文翔实，新增许多图片、图解和表格，试图在提高学术水准和符合学术规范的基础上实现易读性、实践性和操作性。主要内容包括学生与教师心理、一般学习心理、分类学习心理、教学心理等。

2. 莫雷. 教育心理学. 北京：教育科学出版社，2007.

该书具体内容包括教育心理学概述、学习策略的学习、智力与创造力的培养、动作技能的学习、品德的形成、影响学习的动机因素、课堂管理等。其中，每个章节均设置了"内容摘要""学习目标""关键词""正文""主要结论与启示"等部分。该书可作为高等师范院校教育心理学教材，也可作为广大教育工作者的自学用书。

3. 皮连生. 教育心理学（第四版）. 上海：上海教育出版社，2011.

该书是专为我国高等师范院校心理学系和教育系本科生编写的教材，其前身是1983 年出版的《教育心理学：教与学的原理》，1988 年经过大幅度的修订后，书名改为《教育心理学》，被列为国家教委推荐的高等学校文科教材。该书已成为我国修订次数最多、使用时间最长、使用范围最广的教育心理学教材之一。第四版在第三版的基础上做了部分章节的调整和增加，内容更加全面。

参考文献

1. 皮连生. 教育心理学(第三版). 上海：上海教育出版社，2004.

2. 姜智. 教育心理学. 长春：吉林大学出版社，2005.

3. [美]Robert J. Sternberg，Wendy M. Williams. 教育心理学. 张厚粲，译. 北京：中国轻工业出版社，2003.

第二章　学习的性质

学习目标 ▶

1. 理解学习的实质。

2. 熟悉学习的分类。

3. 理解学习的发生过程。

导入 ▶

黑猩猩"坎齐"(Kanzi)堪称世界上最聪明的黑猩猩，经过不断的训练，它能够轻而易举地用计算机与人类交流，而且还能够演奏音乐，甚至可以烹饪美食，照顾4岁的幼崽泰科(Teco)。

坎齐掌握的词汇量已经完全可以与人类进行简单对话。坎齐能够熟练地操作一个巨大的触屏电脑，电脑屏幕上共有400多个图标，它用手指灵活地点击图标，就可以准确地表达出自己的想法。它不仅通晓"香蕉""苹果"这样的名词性词汇，对"快乐""悲伤"这类的抽象类情感词汇也能够心领神会。

坎齐还是一位厨艺高手，它可以用石头打制而成的刀具烹制出各类美食，它的拿手菜是煎蛋卷，深受泰科的喜爱。

为什么坎齐经过训练可以做出人们意想不到的行为？这种训练是学习活动吗？学习是什么？学习有哪些类型呢？学习是怎么发生的？本章将会对以上问题进行探讨。

第一节　学习的概念

提到"学习"两字，人们总会想到学校的学习，从小学到大学，我们的确学到了众多宝贵的知识，但是小朋友骑自行车算不算学习呢？雏鸟变成雄鹰的过程是否也发生了学习呢？小马从不会站立到学会站立算不算学习呢？

一、什么是学习

什么是学习？各个学派都有自己的看法，并且各有其可取之处。剖析当下被广泛接受的定义，"学习是人体在特定情境下由于练习或反复经验而产生的行为或行为潜能的比较持久的变化。"[1]我们可以从中了解到，学习的实质主要包括以下四点。

第一，这些经验不仅包括个体获得的各种外部刺激，同时也包括在练习的过程中个体与外界环境的交互作用。

第二，个体的学习必然会引起变化，而这些变化最终会通过行为表现出来。个体在学习的过程中，所形成的变化是内在的，不能直观地看到，但是心理结构的变化会引发行为的变化。个体从不会使用筷子到熟练地用筷子夹取食物，从不会游泳

> **想一想**
> 生病所产生的变化是不是学习呢？

---

[1] G. H. 鲍尔，E. R. 希尔加德. 学习论——学习活动的规律探索. 邵瑞珍，皮连生，吴庆麟，等，译. 上海：上海教育出版社，1987.

到在水中灵活地畅游，无不证明了学习的发生。

第三，学习所产生的行为或行为潜能的变化具有稳定性、持久性。比如，个体在学会骑自行车后，并不会因为多年未骑就不会骑了，只要适应一下就能够恢复到原来的水平了。

第四，学习是个体适应环境的一种活动。个体要在复杂的环境中生存、发展，必须适应环境的变化。个体在与外界环境进行交互作用的过程中，不断地调节或构建自身的心理结构，最终通过改善行为来改善与外界的交互方式，使个体能够更好地生存、发展。

二、学生的学习

学生的学习，除了具有上述学习的本质特点外，还具有其独特的特点，表现在以下四个方面。

(一)间接性

学生的学习并不是直接去经历、发现，更多的是去接受已有的经验，间接地进行学习，掌握间接经验。

(二)目的性

学生的学习具有明确的目的，这样可以高效地得到某些知识。

(三)集体性

学生的学习不是独立的，是在学校中、班级里进行的。因此，集体中的人际关系在很大程度上影响着学生的学习。

(四)言语性

学生学习的主要方式是通过言语信号，学生从中不仅能够获得经验，还能够提高其抽象、概括能力。这种学习特点有助于学生在脱离学校生活后，仍然能够有效地进行学习。

第二节 学习的类型

我们研究学习的最终目的是帮助个体学会学习，让个体能够创造性地利用所学知识解决各种问题。然而，学习是个抽象的概念，这让很多教育者不知从何处入手，本节将着重分析学习，探讨学习的分类，让我们更好地理解学习，掌握学习的目标，从而促进教学，更好、更科学地达成教学目标。

一、加涅的学习分类

(一)加涅的学习水平分类

根据个体进化水平及学习的复杂程度，可将学习的水平分为不同的类别。而此种划分方式以 20 世纪中后期著名心理学家加涅（Gagné，1916—2002）的划分最具有代表性，加涅按照学习的繁简程度将学习划分为八类。

1. 信号学习

信号学习属于经典的条件反射，是指个体对某种信号做出反应。此类学习是一种最简单的学习，是个体对某一信号做出某种具有弥散性的反应。例如，小孩看到药瓶就会想到吃药，并想到吃药的痛苦。这种痛苦的表现就是通过信号学习引起的。这类学习是所有学习的基础。

2. 刺激—反应学习

刺激—反应是指操作性条件反

射，是指个体对一定的情境或某个刺激产生的联结，并在之后受到强化，做出精确反应。例如，儿童正确地背诵了一首古诗而得到父母的表扬，经过多次表扬，就变得更加喜欢背诵古诗。

3. 连锁学习

连锁学习是在刺激—反应学习的基础上形成的两个及两个以上的刺激—反应联结。该类学习，需要个体首先要有刺激—反应学习的基础，经过多次的联系形成某种反应。例如，在学习骑自行车的时候，必须学会双脚蹬脚蹬子、双上握紧车把、保持平衡才能够顺利地学会骑车。

4. 言语联想学习

言语联想学习是在个体能够言语的基础上形成的，本质是言语的连锁学习。个体在拥有言语的基础上，将语言作为连锁学习的单位。例如，将单词联结，形成合乎语法的句子。

5. 辨别学习

辨别学习是指个体能够对不同的刺激进行辨别，并对不同的刺激做出相应的反应。这里的刺激包括简单的物理刺激，如颜色、形状等，也包括相对复杂的多重辨别，如同义词汇、相近词汇，辨别之后能做出与之相对应的反应，其中多重辨别很容易造成混淆。

6. 概念学习

个体能够对不同的刺激进行分类，并对属于此分类的刺激做出与此类刺激相对应的反应。分类是依据事物的本质特征而不是外部物理特征进行的，如昆虫概念的学习。

7. 规则学习

规则学习亦称原理学习，是由两个及两个以上概念组成的，将不同的概念按照某种规则组合在一起，学习和掌握概念之间的关系，并以此来指导行为。此类学习要与第四种学习相区分，它并不是纯粹的表述，是具有指导意义的规则。例如，V＝S/T(速度＝路程/时间)，首先要了解速度、路程、时间三个概念及概念之间的关系。

8. 解决问题的学习

解决问题的学习亦称高级规则的学习，需要个体进行内在思维的学习，运用自身所学习的概念、原理解决问题，从问题的初始状态达到目标状态。

加涅将学习进行了精细的划分，同时也阐述了这八类学习之间的递进关系，由低级到高级，将整个学习分类串通。低级学习的获得为更高级的学习奠定了基础。加涅的学习分类让我们更加清晰地了解学习，使学习不再是只可意会不可言传的概念，有助于教育工作者更好地、更有针对性地指导个体学习。

(二)加涅的学习结果分类

从八类学习中我们可以看出，加涅是按照学习发生的不同水平进行划分的。那么不同的学习最终的结果是如何的呢？加涅完善了自身的理论体系，将学习按照产生的结果进行了分类。他从人类习得的性能中区分了五种学习的结果，也称为五种习得的性能。

1. 智慧技能

智慧技能是个体应用符号或者概念办事的能力。智慧技能指的是利用学到的各种"程序性知识"，完成某种智慧行为。智慧技能又分为五个类型，由简单到复杂分别是辨别(如区分不同的面孔)，具体概念(如识别鸟类)，定义性概念(如大小、长短)，规则(如速度＝路程/时间)和高级规则。最简单的智慧技能就是辨别，个体根据不同的刺激做出不同的反应；根据对事物本质的认识，进行总结，并对同类事物进行归类，形成概念；再经过各种概念的组合，形成可以指导个体行为的规则；利用原来的学习，最终拥有能够解决复杂问题的能力。各个技能之间环环相扣，低层是更高层的基础，并有自身的特性，个体

考试要点

教师招聘考试真题(2013 年黑龙江省)

掌握若干概念之间关系的学习称为(　　)。

A. 符号学习
B. 概念学习
C. 命题学习
D. 规则学习

答案：CD

名人名言

如果学生不记住人们在日常生活中永远记牢的、不假思索就能回答的几十个、几百个试题，那么抽象的数学思维对他来说就是完全不可企及的事。

——苏霍姆林斯基

通过不断学习，最终按照已形成的高级规则实现问题的解决。

2. 认知策略

在加涅看来，技能可分为三类：第一类是智慧技能；第二类是认知策略，即一种特殊的智慧技能；第三类为动作技能。智慧技能是个体利用概念、规则解决问题，而认知策略则侧重如何利用这些概念、规则来解决问题。后者负责对智慧技能进行监控和调节，支配个体学习、记忆、思维、行动，指导个体进行更高效的学习，以达到更好地解决问题的结果。认知策略对于个体来说至关重要，学习者可以选择认知策略作为解决新异问题的模式。例如，运用口诀背诵长篇文章。

3. 言语信息

言语信息是一种我们能够"陈述"的知识，它是"知道什么"或"陈述性知识"。其实言语信息旨在表明个体获得的一项最为熟悉的技能，即使用语言进行表达的能力。许多内容的学习，不单单需要回忆出来，还需要我们用自身的语言表达出来。加涅根据言语信息繁简程度，将言语信息形式分为三类：①符号学习，是一种意义学习，包括词汇学习，非词汇学习（图片、实物、表格等）和实事性知识；②有组织的言语信息学习，是指个体对按照某种规则组成的各种符号信息的学习；③事实学习，是个体对以言语信息形式储存下来的具有意义的事实信息的学习。

4. 动作技能

加涅的技能分类第四类为动作技能，即身体和肌肉协调的能力。动作技能可分解为构成整个操作的"部分技能"。学会将已习得的部分技能综合起来，对整体动作的学习有非常重要的意义。同时，动作技能的学习最好是通过重复练习来完成。

5. 态　度

加涅认为态度是一种能够影响人对某一类物、某一类事或某一类人做出个人选择的内部状态。这种态度并不是行为本身，而是从行为中观察推断出来的，是可以通过个体的行为进行测量的。它是通过学习而建立起来的一种影响人选择自己行动的内部状态，仅凭借言语说教很难令其改变。

> **温馨提示** ♥
>
> 历年教师资格证考试、教师招聘考试，加涅的学习分类常考简答题。

加涅自提出学习说之后，学习观不断完善，视野也更加开阔，在1985年出版了《学习的条件与教学论》，该书成为学习分类的经典著作，对之后的教学设计有着重要的影响。

二、奥苏伯尔的学习分类

与加涅同时期的奥苏伯尔同样对学习进行了阐述，创造性地吸收了著名心理学家皮亚杰（Piaget，1896—1980）、布鲁纳等人的认知同化理论及结构理论，按照学习方式和学习内容对学习进行分类。

（一）按学习方式划分

奥苏伯尔认为学习按学习方式分为接受学习和发现学习。接受学习是指个体所学习的内容是依靠直接接受他人已经掌握及吸收的经验，将现成的已成定论的知识与自己内部知识结构联系起来，并将其转化为自身经验的过程。而发现学习则与之相反，个体不依靠接受他人的知识来丰富自己，而是依靠自己的力量去发现各种新知识，去解决问题。两种学习方式相互制约、相互促进。

（二）按学习内容划分

按照学习内容将学习划分为机械学习和有意义学习。机械学习是指个体并不理解学习内容的含义，经过反复的记忆将所学的内容刻入自己的知识框架中。而有意义学习是指个体在主观上想要将所学内容融入自身知识框架，同时所学内容具有实际意义，这样有意义学习才会发生，否则所发生的学习则是机械学习。

奥苏伯尔将学习按照两个维度进行划分，但是两者并不是无关的。接受学习可以是机械的，也可以是有意义的；而发现学习同样可以是机械的和有意义的。一些教育工作者所秉承的传统教育按照"填鸭式"的方法给个体强行灌输知识，在当下知识大爆炸的今天早就不合时宜。奥苏伯尔的有意义学习理论给我们找到一条出路，即接受学习也可以是有意义的，揭示了个体的学习是以有意义接受学习为主的规律。这一分类方式的提出，对发展个体智能、培养创造力、实现教育目标有重大的理论意义和指导作用。

三、布卢姆的教育目标分类

布卢姆（Bloom，1913—1999）等人于20世纪50年代公布教育目标认知领域的分类，20世纪七八十年代将学习分为认知领域、情感领域与动作技能领域三大类，每一领域又包含一些子类别。

考试要点

教师资格证考试小学《教育教学知识与能力》真题（2013年统考）

将教学目标分成认知、情感、动作技能三大领域的教育学家是（　　）。

A. 布卢姆
B. 奥苏伯尔
C. 杜威
D. 布鲁纳

答案：A

（一）认知目标

认知方面的目标包括知识、领会、应用、分析、综合和评价六级水平。

1. 知　识

个体认识并记忆的特定信息，包括个体学习到的名词术语，特定事实，观念，处理问题的方法、原则、过程、理论等。

2. 领　会

领会即个体对观念、事实、理论等进行初步理解、把握其意义的能力。例如，个体能够将自己所学知识，用自己理解的语言进行解释；或是对其中的某一项内容进行说明或者概述。

3. 应 用

个体将所学概念、法则、原理进行应用的能力。在不同的环境下，正确地使用已经理解和记忆的知识、原理进行问题的初步解决，这需要以前面谈到的两个较为低级水平的目标知识和领会为基础。应用是较高水平的理解。

4. 分 析

个体对自己所学内容进行分解，解构成组成要素，并理解各要素之间关系。这一级目标需要既理解知识的内容，又理解知识的结构。

互动平台

请通过对布卢姆认知目标分类的学习，分析教学中的优缺点，帮助学生真正成为学习的主体，激发学生的兴趣和创造力。

5. 综 合

个体在分析的基础上，对经过全面分析的内容进行重新组合，以便更好、更有效地解决问题。这一级目标主要包括制订合理计划的能力、创作新产品的能力、融合多种观点形成新理论的能力等。

6. 评 价

评价是认知领域教育目标中的最高层次，是指个体综合了以上五种能力，理性而深刻地对事物做出有说服力的评判，并全面分析，做出符合客观事实的推断。

(二)情感目标

情感方面存在接受、反应、形成价值观念、组织价值观念系统和价值体系个性化五种基本的目标。

1. 接 受

个体专注于特定现象或刺激，如专注于课堂教学活动、教科书、音乐等，即意识到愿意注意某一刺激(听或看)。从教学的角度看，它与引起、保持和支配个体的注意有关，简言之，学习结果是注意。

2. 反 应

个体选择特定活动，积极参与，并以某种方式做出反应。例如，教师提一些有关的问题，会引起个体关注某一特定现象，提高注意效果。其学习结果，着重在默认的反应(如阅读指定教材)、自愿的反应(如自愿阅读未指定的教材)、满足的反应(如为满足兴趣或享受而阅读)等方面。

3. 形成价值观念

形成价值观念涉及个体对特定的对象、现象或行为的价值或重要性的认识。其程度和范围从较简单的价值接受(如希望提高小组的技能)到承担较复杂的任务(如为了小组能有效地发挥作用而承担责任)。它是以一组内部价值为依据的，但个体需要通过外部行为去表达这些价值。学习结果注重行为的连贯性和足够的稳定性，如态度这一教学目标。

4. 组织价值观念系统

学习过程或学习后所形成的价值观念，可能与个体原有的价值观念一致，也可能与原有价值不同，还可能与原有价值观相结合形成新的价值观。该目标的重点在于价值的比较、联系和综合，试图解决价值间的冲突以及建立一种内部协调的价值体系。其学习结果注重价值概念的形成（如认识自己对改善人与人之间关系的责任）、价值体系的建立等。

5. 价值体系个性化

当个体具有了一种价值体系后，这一价值体系会自觉地控制个体的行为，并使之形成独特的"生活方式"，并具有一致性和可预测性。例如，有的个体认为，学好数理化能解决实践中的问题，这种价值体系会控制个体的行为，使个体将大部分业余时间花在数理化学习上。这一目标的最终结果是世界观、人生观的形成。

(三)动作技能目标

这一方面的目标有知觉、模仿、操作、准确、连贯和习惯化六种。时至今日，这一方面的目标至今仍然被多数不直接从事体育教育的教师所忽视。

1. 知　觉

个体通过感官对动作、物体、性质或关系等的意识能力，以及进行心理、躯体和情绪等的预备调节能力（如表现出外部的感觉动作）。

温馨提示

> 本小节内容在多次教师资格证考试及教师招聘考试中以选择、填空的方式出现。

2. 模　仿

个体按提示要求行动或重复所显示动作的能力，但个体的模仿性行为经常是缺乏控制的（表演动作是冲动的、不完善的）。

3. 操　作

个体按提示要求行动的能力，是可控的而不仅仅是模仿性的（按照指示表演或练习动作等）。这就是说个体要能进行独立的操作。

4. 准　确

个体的练习能力或全面完成复杂作业的能力。个体通过练习，可以把错误减少到最低限度（有控制地、正确地、准确地再现某些动作）。例如，能表演一个可以接受的后空翻，成功率至少为75%。

5. 连　贯

个体按规定顺序和协调要求去调整行为、动作等的能力（如准确而有节奏地演奏）。

6. 习惯化

个体自发或自觉地行动的能力（如经常性的、自然和稳定的行为就是习惯化的行为），也就是说，个体能下意识地、有效率地、各部分协调一致地操作。

个体达到了动作技能方面的目标，就意味着发展了某种特定的表现能力。

第三节 学习的过程

在日常生活中，学习时时刻刻都在发生。也正是由于学习现象屡见不鲜，我们容易忽略学习产生的过程。本节我们将对此进行细致的讲解，以此来指导学生进行更好的学习。

一、加涅的学习信息加工模型

(一)加涅的学习信息加工模式

1974年，加涅总结出了影响深远的信息加工模式(见图2-1)用来说明学习的结构和过程。该模式对于理解教学以及安排教学事件具有极大的应用价值。

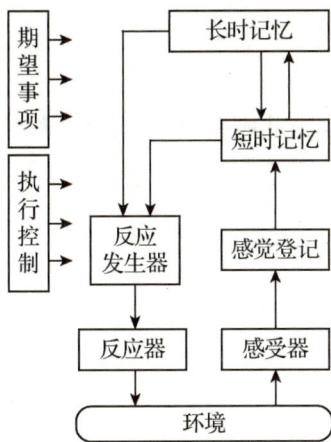

图 2-1 学习的信息加工模式

加涅详细分析了一个学习活动从头至尾所发生的加工阶段，以及完成每一加工阶段所需要的学习条件。他认为学习活动分为以下几个阶段。

1. 注 意

注意决定着输入信息的接收程度和性质。

2. 选择性知觉

对经过感觉登记并被注意到的信息进行模式识别，并把它们转换成某种形式，使之进入短时记忆存储。

3. 短时记忆和复述

相关链接

> 编码就是对信息进行转换，使之获得适合记忆系统的加工过程。

经过知觉选择的信息以视觉和听觉的编码形式存储于短时记忆中。短时记忆中的信息经过不断的复述，可以进入长时记忆中。

4. 语义编码和长时记忆

在短时记忆中，具有一定知觉特性的信息转变成概念的或有意义的形式，存储于长时记忆之中。

5. 搜寻命题

更为复杂的形式是各种概念的层次关系和提取。存储于长时记忆中的信息经过搜寻和提取可回到短时记忆、工作记忆之中，与新习得材料相配合，以推动反应发生器。

6. 反应组织

反应组织决定着反应的基本形式，即操作是否包括语言、肌肉运动以及操作中运动的序列和时间等。

7. 操　作

激活效应器，导致可观察到的活动，表明业已习得的能力和倾向。

8. 反馈和强化

反馈和强化使学习者看到他的操作效果。虽然反馈常常要求外在的控制，但其主要结果是内在的，它用来巩固学习，使学会的能力或倾向持久地运用，这种现象就是所谓的强化。

除了信息流程之外，该模式还包括期望事项和执行控制两个重要的结构。期望事项是指学生期望达到的目标，即学习的动机。正是因为学生对学习有某种期望，教师给予反馈才会具有强化的作用。执行控制，即已有经验对现在学习过程的影响，它决定哪些信息从感觉登记进入短时记忆，如何进行编码，采用何种提取策略等。总之，整个学习过程都是在这两个结构的作用下进行的。

(二)加涅的学习阶段论

加涅在说明学习的信息加工模式的结构及其内部加工过程之后，又进一步分析了学生学习的实际过程，并提出其对应的教学设计。他认为一个学习行动的阶段就是构成单个学习的内部和外部事件的系列或锁链，而每一阶段都有它各自的内部过程和外部事件，如图 2-2 所示。

1. 动机阶段

动机阶段是整个学习过程的开始阶段。一定的学习情境成为学习行为的诱因，激发个体的学习活动，表现为对达到学习目标的心理预期，即开始产生学习的愿望并付诸行动。

2. 选择阶段

学生已具备学习的动力，并注意同学习目标有关的刺激，如对来自感觉登记的信息进行选择，并对有关信息进行短时记忆，淘汰无关信息。这个过程是短暂的心理状态，称为心向，它起着定向的作用。

```
                              ┌──────┬──────┐
                              │ 作业 │ 反馈 │
                       ┌──────┼──────┴──────┘
                       │ 概括 │ 强化 │
                ┌──────┼──────┴──────┘
                │ 回忆 │ 反应 │
         ┌──────┼──────┴──────┘
         │ 保持 │ 迁移 │
  ┌──────┼──────┴──────┘
  │ 获得 │ 检索 │
┌──────┼──────┴──────┘
│ 选择 │ 存储 │
```

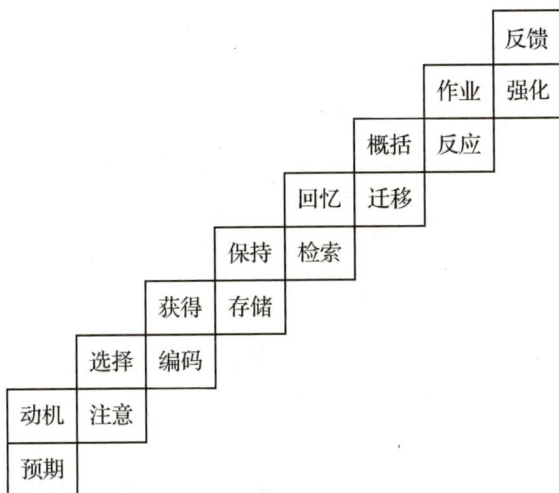

图 2-2　加涅的学习过程阶梯模式

3. 获得阶段

这个阶段起着编码的作用，即对选择的信息进行加工，将短时记忆转化为长时记忆。

4. 保持阶段

获得的信息经过复述、强化之后，以一定的形式（表象或概念）在长时记忆中永久地保存下来。

5. 回忆阶段

这一阶段为检索过程，也就是寻找储存的知识，使其"复活"的过程。

6. 概括阶段

把已经获得的知识和技能应用于新的情境之中，这一阶段涉及学习的迁移（正迁移）问题。

7. 作业阶段

反应发生器激起反应器活动，使学习付诸行动，表现为新作业或新操作的完成。这一阶段初步表现出获得了解决问题的能力。

8. 反馈阶段

学习者因完成了新的作业并意识到自己已达到了预期目标，从而使学习动机得到强化。加涅认为："值得注意的是强化主宰着人类的学习，因为学习动机阶段所建立的预期，此刻在反馈阶段得到了证实。"

加涅划分的八个阶段是分别以学习者在学习中所发生的心理活动过程为依据的，相应的八种心理过程为：预期、注意、编码、存储、检索、迁移、反应和强化。从学习动机的确立，到学习结果的反馈，从学习愿望的产生到愿望的满足，都揭示了学生掌握知识、技能，形成能力的发展过程。

二、维特罗克的生成学习模型

维特罗克（Wittrock，1931—　）吸取并借鉴了信息加工理论的研究成果，结合自己对学习过程的研究，提出生成学习模式的信息加工流程图，如图 2-3 所示。

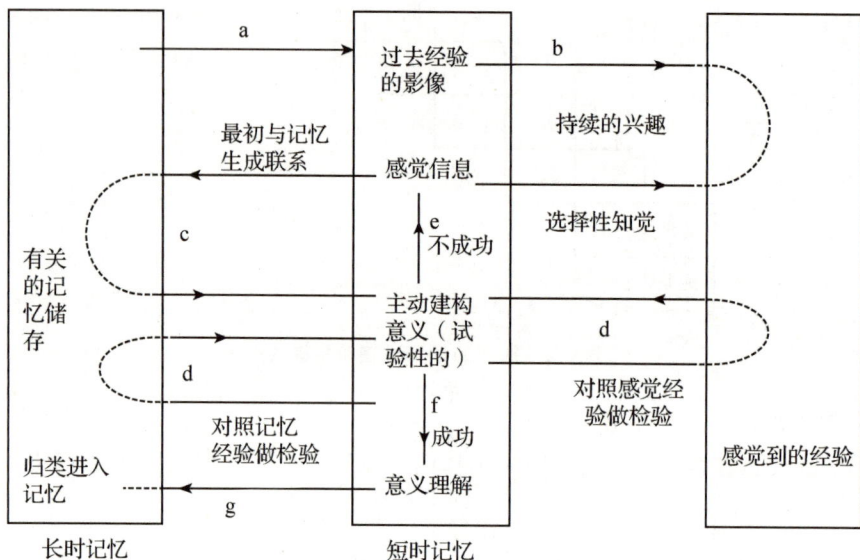

图 2-3　维特罗克生成学习模式的流程图

维特罗克将个体学习的生成过程分为了三个阶段。

(一)注意和选择性知觉阶段

维特罗克认为个体在成长过程中会不断地累积知识经验，这些知识经验会对学习过程产生影响(a)。

由于过去经验的影响，个体会生成具有自己独特个性的感觉倾向，这些倾向则会影响个体对知觉到的信息进行注意。个体根据自己的兴趣、爱好以及外在因素去选择性注意那些引起个体兴趣的内容，并将这些注意到的信息作为感觉信息存储在短时记忆中(b)。

(二)主动建构意义阶段

为了将感觉信息纳入已有的知识结构当中，个体需要对选择性注意到的信息进行进一步的加工，从而建构起信息对于个体的意义。当然，这种联系的建构过程是主动的，而不是被动的(c)。

新意义的建构需要对感觉信息与长时记忆中已有的信息反复对照、检验，以确定是否成功构成联系(d)。

检验包括两个方面：如果感觉信息与长时记忆中已有的信息主动建构意义不成功，则返回去重新检查感觉信息(e)；倘若建构意义成功，则达到了意义理解的目的(f)。

(三)建构完成和意义生成阶段

理解感觉信息的意义后，这些信息将会从短时记忆归入长时记忆中，实现同化或顺应(g)。

三、梅耶的学习过程模型

梅耶(Mayer，1873—1967)的学习过程模型，同样开始于个体接受外界信息的刺激，通过注意个体选择了与当前学习任务有关的信息，并将有限的心理能量集中在

相应的信息上，同时激活储存在长时记忆中的与新信息有关的原有知识；新输入的信息进入工作记忆，在此，学习者找出新信息各部分的内部联系，然后学习者使新信息与原有知识相联系，找出新旧知识间的异同，最后，新习得的知识进入长时记忆，如图 2-4 所示。

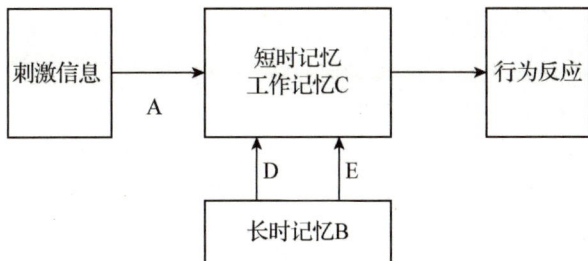

（A注意　B原有知识　C新知识的内部联系
D新旧知识之间的联系　E新知识进入长时记忆）

图 2-4　梅耶的学习过程模型

梅耶的模型省去了瞬时感觉记忆阶段，也略去了在不同记忆阶段的知识表征形式，他更多关注的是对来自外界刺激的选择与注意。很明显，此处的选择是学习者对信息进行主动的信息加工，与加涅的信息加工理论所不同的是，梅耶学习的模型中引入了工作记忆，并将其处于一个很关键的位置。它是连接短时记忆和长时记忆的一个桥梁。工作记忆是学习者将长时记忆中的信息在新的学习中提取出来，并与已有相关知识建立起一种外部联系的过程，这一过程恰恰需要将经过组织的信息与学习者记忆中已有的知识结构联系起来，即进行编码与整合。

此模型的信息流程与加工方式关注的是两种通道中信息的选择与在工作记忆中新信息与长时记忆中已有信息间的内部加工，它强调外界刺激如何促进学习者形成自我的认知建构，这是一个心理学和教育学开创以来就存在的经典问题。在梅耶看来，如果能够理解人是如何学习的，更具体地说，理解如何帮助人学习，个体就会对心理学和教育学做出伟大的贡献。

本章小结

1. 学习是个体在特定情境下由于练习或反复经验而产生的行为或行为潜能的比较持久的变化。

2. 学生学习除具有学习的本质特点外，还具有其独特的特点，包括间接性、目的性、集体性、言语性。

3. 加涅根据个体学习水平将学习分为信号学习、刺激—反应学习、连锁学习、言语联想学习、辨别学习、概念学习、规则的学习、解决问题的学习八类。

4. 根据学习结果，加涅把学习分为智慧技能、认知策略、言语信息、动作技能、态度五类。

5. 奥苏伯尔根据学习的方式把学习分为接受学习和发现学习，根据学习内容把学习分为机械学习和有意义学习。

6. 布卢姆根据教育目标的不同对学习进行了划分，其中认知方面的目标包括知识、领会、应用、分析、综合和评价六级水平；情感方面存在接受、反应、形成价值观念、组织价值观念系统和价值体系个性化五种基本的目标；动作技能方面有知觉、模仿、操作、准确、连贯和习惯化六种目标。

7. 加涅的学习信息加工模式认为学习活动的加工阶段包括注意、选择性知觉、短时记忆和复述、语义编码和长时记忆、搜寻命题、反应组织、操作、反馈和强化；对应学生学习过程的是：动机、选择、获得、保持、回忆、概括、作业、反馈。

8. 维特罗克将个体的学习分为注意和选择性知觉、主动建构意义、建构完成和意义生成三个阶段。

9. 梅耶的学习过程模型为：个体接受外界信息刺激，选择与当前任务有关的信息并激活长时记忆中与之相关的原有知识，新输入的信息进入工作记忆，将新信息与原有知识联系起来并寻找异同，最后，新知识进入长时记忆。

关键术语

学习、信号学习、刺激—反应学习、连锁学习、言语联想学习、辨别学习、概念学习、规则学习

📓 思 考 题

1. 什么是学习？学习的实质包括哪些？
2. 学习可以如何归类？
3. 加涅的学习分类有哪些？
4. 简述加涅的学习水平分类。
5. 简述奥苏伯尔的学习分类。
6. 简述加涅的学习信息加工模式。
7. 如何评价加涅的学习信息加工模型？

📖 拓 展 阅 读

1. 彭聃龄. 普通心理学(修订版). 北京：北京师范大学出版社，2004.

该书是心理学的基础教材和入门教材，可以作为学生学习心理学、掌握心理学基本内容和基本框架的首选教材，也可以作为入门读物使普通人初步了解心理学。

2. [美]理查德·格里格，菲利普·津巴多. 心理学与生活. 王垒，王甦，等，译. 北京：人民邮电出版社，2003.

该书是世界多所大学心理学系指定教材，它将心理学理论和知识与人们的日常生活与工作有机结合起来，是一般大众了解心理学与自己的极好读物。

参考文献

1. 彭聃龄. 普通心理学(修订版). 北京：北京师范大学出版社，2004.

2. 陈琦，刘儒德. 当代教育心理学(第 2 版). 北京：北京师范大学出版社，2007.

3. 朱金卫. 教育心理学. 西安：陕西师范大学出版社，2012.

4. 黄正夫. 教育心理学. 北京：北京师范大学出版社，2011.

5. [美]罗伯特·斯莱文. 教育心理学：理论与实践. 姚梅林，译. 北京：人民邮电出版社，2004.

6. 蒯超英. 学习策略. 武汉：湖北教育出版社，1999.

第三章　学习理论与应用(上)

学习目标 ▶

1. 了解各行为主义学习理论的基本观点。

2. 理解各认知学习理论的基本内容。

3. 比较各行为主义学习理论之间的异同以及各认知学习理论的异同，并能运用学习理论分析教育问题，解决实践中的具体问题。

导入▶

　　学习是如何发生的，它存在哪些规律，学习又是以怎样的方式进行的？近百年来，教育学家和教育心理学家围绕着这些问题，从不同角度、运用不同的方式进行了各种研究，试图回答这些问题，也由此形成了各种各样的学习理论，其中影响较大的两派理论是行为主义学习理论和认知学习理论，本章将对它们进行详细介绍。通过对本章的学习，请大家想一想这两种理论有何本质的区别？

第一节　行为主义学习理论及应用

一、桑代克的联结主义理论

　　桑代克是美国著名心理学家、教育家，联结主义学习理论的创始人，同时也是美国动物心理实验的创始人之一。他根据动物实验的结果提出，学习的过程即刺激与反应之间的联结，知识和技能的获得必须是尝试—错误—再尝试的过程，他的这一理论又被称为联结—试误说。

桑代克

（一）猫走迷笼实验

　　桑代克在 1896 年开始进行有关动物学习的实验，其中最为著名的就是饿猫走迷笼的实验（见图 3-1）。他把一只饥饿的小猫放入迷笼，把食物放在笼外它看得见的地方，然后详细记录猫在笼子中的行为表现，开始饿猫无法走出迷笼，只能在里边乱撞，偶然碰到按钮打开门吃到食物。第二次，再把小猫放进迷笼时，它虽然出现类似于第一次的多余动作，但大多在靠近门的位置活动，而且从进迷笼到逃出来的时间比第一次少。如此，经过多次重复，它学会了打开开关，逃出迷笼。

图 3-1　桑代克迷笼

（二）桑代克的学习理论

1. 联结—试误说

桑代克基于其对动物学习研究的结果，创立了学习的联结—试误说，桑代克认为，学习的实质在于形成刺激—反应联结；所谓联结是指某情境仅能唤起某些反应，而不能唤起其他反应；联结需要通过尝试错误才能建立，而且其遵循一定的学习规律；动物的学习是盲目的，而人的学习是有意识的。

2. 桑代克的学习律及其修正

桑代克在他的《教育心理学概论》一书中提出，学习的过程遵循着三条重要规律，即准备律、练习律、效果律。

准备律(law of readiness)，指学习者在学习开始时的准备状态。在学习的过程中，当学习者准备表现某一行为时，去做就会引发满意，不去做就会引发苦恼；反之，如果学习者没有准备进行某一活动而被强制进行时就会引发苦恼，不去活动则会感到满意。

练习律(law of exercise)，指在学习过程中，刺激与反应的联结经常被重复，经常被练习和运用，则其联结的力量就越来越强；练习的时间越接近，联结保持的力量也越大，反之则联结力量越小。后来桑代克对这一规律进行了修改，他指出仅仅重复并不能有效地增强联结的力量，对反应的结果给予奖赏能更有效地增强联结。此外，需要指出的是，虽然他还坚持练习的作用，但实际上在1930年以后他几乎放弃了整个练习律。

效果律(law of effect)，指在学习过程中，如果其他条件相同，学习者对刺激情境做出特定反应之后，如果得到满意结果联结会增强，如果得到烦恼结果联结会削弱，即满意结果促使个体趋向和维持某一行为或者说这一行为反应得到了强化，而烦恼结果则会使个体逃避和放弃某一行为。所谓强化，是指通过某一事物增强某种行为的过程，而这里提到的满意结果增强了这一行为，也就是强化了这一行为。关于强化的主要内容将在下面的部分进行具体阐述，因此在本部分不再赘述。对这一规律，桑代克也在后来进行了修正，修正后的效果律认为，奖励可以增加联结强度，而惩罚并没有对联结强度产生影响。

桑代克开拓性地为学习和行为的概念化提供了一种取向，创造性地对随意行为进行了研究，并为之后的研究者指引了一个方向，斯金纳就是在这一基础上发展出了系统的操作性条件反射理论。

二、巴甫洛夫的经典条件反射理论

巴甫洛夫(Ivan Pavlov，1849—1936)是俄国著名的生理学家和心理学家，是最早提出经典条件反射理论的学者，并因为对动物消化腺的创造性研究荣获诺贝尔奖。

巴甫洛夫

(一)巴甫洛夫的经典实验

巴甫洛夫早先致力于消化系统的生理过程即唾液分泌的研究,但是他在对狗的消化研究中,观察到狗的唾液分泌情况的变化,而这一变化引起了他的兴趣,并由此开始了他对经典条件反射的研究。

为了研究这一变化,巴甫洛夫设计了更为严格的实验,将狗置于严格控制声音的实验室内,并使用了经典的实验装置(见图3-2)。在实验中,首先向狗呈现铃声刺激,半分钟后给予食物,观察并记录其唾液分泌反应。然后将铃声和食物反复配对呈现,观察记录狗的唾液分泌反应。多次配对呈现后发现,当只有铃声呈现时,狗也会做出唾液分泌反应。最初,该实验中的食物可以引起狗的唾液分泌,而铃声不能引起唾液分泌反应,此时食物称为无条件刺激(UCS),食物引起的唾液分泌反应称为无条件反应(UCR),铃声叫作中性刺激(NS)。在实验过程中,当铃声和食物多次配对呈现之后,即使单独呈现铃声而没有食物时,狗也会分泌唾液,此时铃声变成了条件刺激(CS),单独呈现条件刺激便能引起的唾液分泌反应称为条件反应(CR),至此经典条件反射形成。

图3-2 巴甫洛夫的实验研究装置

(二)经典条件反射的规律

巴甫洛夫虽然并没有明确地概括学习的规律,但是后来的研究者根据他的实验概括出以下的一些学习规律。

1. 习 得

条件刺激(CS)反复与无条件刺激(UCS)相匹配,从而使个体学会对无条件刺激做出条件反应(CR)的过程即习得条件反射。它形成的基本过程可表示为:

建立前:US $\longrightarrow$ UR

建立中:CS + US $\longrightarrow$ UR

建立后:CS $\longrightarrow$ CR

在条件反射的习得过程中,条件刺激与无条件刺激呈现的时间间隔具有重要的作用。当条件刺激与无条件刺激同时或间隔很久之后呈现,则难以建立条件反射;条件刺激一定要优先于无条件刺激呈现,且在条件刺激还未消失时呈现无条件刺激,然后两者同时消失,此时最易形成条件反射,否则难以建立联系。

2. 消 退

条件反射形成后，如果不加以强化即条件刺激重复出现而没有无条件刺激伴随呈现，则条件反应会变得越来越弱，并最终消失。巴甫洛夫在其后续实验中观察到，当条件反射消退一段时间后，如再呈现 CS，消退的条件反应仍能重新出现，即条件反应自发恢复现象。巴甫洛夫认为，消退并不是对 CS 与 US 联结的遗忘，而是个体主动以某种方式抑制自己对条件刺激做出条件反应。许多学者表示赞同这一观点：消

> **概念解析**
>
> 习惯化：用于消除条件反射的策略，具体通过反复呈现条件刺激，直到条件反应减轻。

> **概念解析**
>
> 对抗条件反射：用于消除条件反射的策略，具体是通过把条件刺激与新刺激配对，从而干扰原来的条件刺激和条件反应的联结。

退并非已形成联结的破坏或丧失，而是形成了一种新的联结，表现为抑制性[①]。另有研究者认为消退不仅包括抑制，也可能包括其他过程。比如，取消无条件刺激可能导致个体动机下降，即消退过程可能包括动机因素[②]。需要指出的是消退或解除一个已经形成的条件反射是比较困难的，当需要解除一些不良的经典条件反射可以采取习惯化、对抗条件反射的策略来达到使其暂时消退的效果。

3. 泛化与分化

泛化指在条件反射形成后的初期，另外一些类似的刺激也会引起条件反应，即对相似性事物的反应。例如，我们所说的俗语"一朝被蛇咬，十年怕井绳"。新刺激与原条件刺激的相似程度决定了泛化的强度，两者越相似，诱发的条件反应也越强烈。泛化能使我们的学习从一种情境迁移到另一种情境。

分化是泛化的互补过程，它是指对事物的差异的反应。通过选择性强化和消退有机体学会对条件刺激和与条件刺激相类似的刺激做出不同反应。与泛化不同，分化可以使我们对不同的情境做出不同的恰当的反应，避免盲目的行动。

4. 高级条件反射

高级条件反射是指在已形成的条件反射基础上，将条件刺激作为无条件刺激，使它与另一个中性刺激之间建立新的条件反射，也就是使原来的条件刺激获得无条件刺激的功能。在高级条件反射中，条件反射的发生不需要无条件刺激的帮助，因而它极大地拓宽了经典条件反射的范围。此外，对高级条件反射的研究，也有助于我们理解人类的许多复杂行为。

(三)经典条件反射的应用

对经典条件反射的原理进行了解是必要的，但理论最终都是在实践中得到验证

---

① Delamater，A. R. Effects of several extinction treatments upon the integrity of Pavollovian stimulus—outcome association. *Animal Learning and Behavior*，1996(24)：437-449.

② Mackintosh，N. J. *Conditioning and associative learning*. Oxford：Oxford University Press，1983.

的，因此，利用经典条件反射的原理来帮助人们消除或建立某种行为是更为重要的。后来的学者在相关研究结果的基础上提出了一些行为治疗模式，试图以此改变那些非功能性的以及非适应性的行为或心理活动，而运用最为广泛的就是系统脱敏。

系统脱敏是应用经典条件反射原理的一种心理治疗技术，其关键在于建立新的条件反应与已形成的条件反应相对立，也就是建立对抗性条件反射的过程。系统脱敏可以有效治疗恐惧症、焦虑等，它的基本思想在于：向处于完全放松状态下的患者呈现微弱的可能会引起焦虑或恐惧的刺激，但这些刺激不足以引起患者的反应，逐渐增加对患者呈现的刺激的强度，个体通过放松和适应，逐渐使得这些刺激失去作用，其根本目的就是利用放松反应对抗焦虑或恐惧反应。系统脱敏主要包括三个阶段：一是建立焦虑等级，选取一系列引发焦虑的事件，按规律排序。二是教患者学会放松，让他们体验不到焦虑的感觉。三是想象放松，让他们想象焦虑等级最弱的项目，并在他们体验到这一项目时诱发他们的放松感，完成之后，让被试想象下一焦虑等级的项目，如此类推，直至即使想象最高等级的焦虑事件也不会紧张，也能保持放松状态，至此完成脱敏。在教学过程中，教师可以利用此项技术缓解学生的考试焦虑问题。

三、华生的刺激—反应理论

华生（John B. Waston，1878—1958）是美国心理学家，行为主义心理学的创始人。他认为，学习就是一种刺激代替另一种刺激建立条件反射的过程。他主张，一切行为都以经典条件反射为基础，因此他的行为主义又被称为刺激—反应(S-R)心理学。

华生

（一）恐惧形成实验

华生认为，人类生来仅仅具有几个反射（如膝跳反射）和情绪反应（如爱、怒等），而其他的所有行为都是通过条件作用学习而来的。例如，在他看来，恐惧也可以通过学习而产生。为了验证他的理论，他利用经典条件反射的原理做了一个恐惧形成实验，现在看来，这个实验严重违背了伦理原则。

华生找来一名刚出生11个月的婴儿阿尔伯特作为恐惧形成实验的被试，他的目的是使阿尔伯特对白兔产生恐惧反应。首先，他让阿尔伯特接触中性刺激的白兔，阿尔伯特并没有表现出害怕；然后，白兔出现后，紧接着呈现一个尖锐的噪声，这一噪声会引发阿尔伯特的恐惧反应。经过连续7次配对呈现后，阿尔伯特在看见白兔后就开始哭叫躲避，形成了恐惧条件反应。实验后，阿尔伯特甚至将这种恐惧反射泛化到白围巾、棉花等物体上。

（二）华生的刺激—反应理论

根据恐惧形成实验，华生提出学习的形成在于形成习惯，即把条件刺激与条件反应"组织"起来，形成一定联结的过程，即只要确定刺激和反应的关系，就可以控制环境、任意塑造人的行为。而且在他看来，人的各种行为不外乎"肢体的习惯""言语的习惯""脏腑的习惯"，人格就是我们所有各种习惯的最终产物。

华生认为，习惯的形成遵循两条规律，即频因律（frequency）与近因律（recency）。频因律是指当其他条件相等情况下，某种行为联系得越多，习惯形成得就越迅速。近因律是指当反应频繁发生时，最新近的反应比较早的反应更容易得到强化。

华生的这一刺激—反应理论将学习的机械性推至极端，他曾有一句名言：给我一打健康的婴儿，并在我设定的环境中养育，我担保，可以任意挑选一个婴儿，把他训练成我所选定的任何类型的特殊人物，如医生、律师或乞丐、小偷，而不管他的才能、倾向、天资以及他们父母的职业和种族如何。由此可见，华生是一个典型的"环境决定论"支持者，他强调环境对人类行为的影响，而忽略了遗传素质在人类行为形成中的重要作用，因此形成了一种机械主义的学习理论，而且这一理论对西方尤其是对美国的教育心理学产生了重大影响，其在美国整整统治了五十多年，至今，它的地位虽不如以前但其影响还远未消失。

四、斯金纳的操作性条件反射理论

斯金纳（B. F. Skinner，1904—1990）是美国心理学家。操作性条件反射理论的奠基者，是世界心理学史上最为著名的心理学家之一，他的思想甚至影响着当今的心理学研究、教育和心理治疗。

（一）操作性条件反射实验

桑代克的工作为操作性条件反射理论奠定了基础，而斯金纳则使这一理论得到了系统的发展。斯金纳在桑代克的饿猫迷笼实验的基础上进行了改进，创造性地发明了一种学习装置"斯金纳箱"（见图3-3），并以白鼠与鸽子等动物为实验对象进行精细研究，最终提出了操作性条件反射。

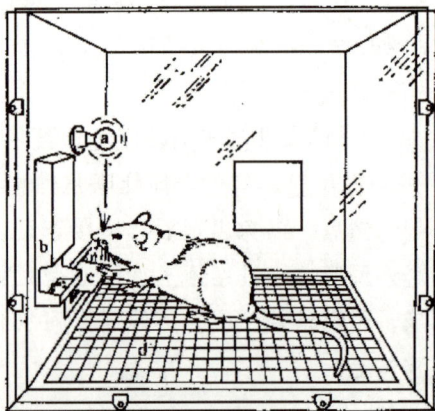

a灯 b食物槽
c杠杆或木板 d电格栅

图 3-3　斯金纳箱

斯金纳将白鼠放入斯金纳箱，刚开始白鼠盲目随机活动，偶尔触动则获得食物；此后，动物在杠杆周围活动的时间增多，获得的食物次数增多；最后，动物逐渐学会按压杠杆获取食物，即建立条件反射。

(二)操作性条件反射

斯金纳将行为分为两类：一是应答性行为，即由已知的刺激引起的，有机体被动地对环境刺激做出反应；二是操作性行为，指有机体自身发出的，最初是自发行

> **想一想**
> 试比较经典条件反射与操作性条件反射的异同？

为，如小白鼠按压杠杆等，随后这些行为由于受到强化而在特定情境中随意或有目的地呈现。相应地，他把条件反射也分为两类：应答性条件反射(经典条件反射)和反应性条件反射(操作性条件反射)。所谓的操作性条件反射，是指在某种情境中，由于个体自发的反应产生的结果而导致反应强度的增加，并最终与某一刺激或事件建立起新的联系的过程。在这一过程中，操作之后的强化起到至关重要的作用，基于此斯金纳提出了强化理论。

(三)强化理论

强化理论是斯金纳操作性条件反射理论中最为重要的组成部分，也是其理论的基础。在斯金纳的理论体系中，强化是最主要的自变量，他认为，正是因为受到强化的作用，人的行为才发生变化，因此，控制了强化便控制了行为。

1. 强　化

斯金纳提出，凡是能提高反应发生的概率或可能性的手段、措施或方法等都可以被称为强化，而能提高反应发生概率的事件或刺激则被称为强化物。强化物既可以是具体的刺激、物品，也可以是行为、活动或是心理上的需求满足等。根据强化或强化物的不同性质，我们可以将强化分为不同的类型。

首先，可以将强化分为正强化与负强化。呈现刺激以提高反应概率的过程，即正强化，也称为积极强化，而此时的刺激为正强化物，如儿童表现出恰当行为后父

> **想一想**
> 负强化与惩罚的异同？

母给予的物质奖励。取消厌恶刺激以提高行为概率的过程，即负强化，也称为消极强化，而这里所说的厌恶型刺激为负强化物，如动物做出正确反应才能停止电击，电击就是负强化物。需要指出的是，无论是何种强化，最终是为了提高反应发生的概率，这与惩罚不同，惩罚是消除或抑制某种反应，是降低反应发生的概率，具体见表 3-1。

表 3-1　强化和惩罚

	增加行为概率	降低行为概率
呈现刺激	正强化（呈现愉快刺激，如表扬）	实施惩罚（呈现厌恶刺激，如关禁闭）
消除刺激	负强化（消除厌恶刺激，如免做家务）	撤销惩罚（撤销满意刺激，如禁止游戏）

其次，可以将强化分为一级强化和二级强化。一级强化是满足人和动物的基本需要，如食物、水、安全等。二级强化是任何一个中性刺激与一级强化物反复联合，就能获得自身的强化性质，如言语表扬常伴随着糖果的奖赏，那么表扬便逐渐具有强化性质。二级强化物是与一级强化物相配后产生的，如笑容、名声、奖品、自由等，其中许多强化物具有社会性。

值得注意的是，在实际教育中，因个体和时间的不同，人们对同一强化的反应也有所差异。比如，有的学生因老师的口头表扬而受到激励，有的学生则不然。因此教师要根据被强化者的特点来选择有效的强化物。

2. 强化的实施

除了了解强化的内容，我们还必须知道如何实施强化才能得到有效的结果。斯金纳及其他操作主义者都指出，强化必须紧跟我们试图增强的行为。例如，教师若想提高学生回答问题的积极性，要在学生回答完毕之后马上给予鼓励或肯定，而不能过了一段时间之后再给予表扬。除此之外，强化还必须考虑强化的程式。

强化程式是指反应受到强化的时机和频次。强化程式可以分为连续强化程式和间隔强化程式，而间隔强化程式根据时间

考试要点

教师资格证考试《教育教学与知识能力》真题（2013 年统考）

小红是韩老师班上的学生，她孤僻、羞涩，当她主动与同学交谈或请教老师时，韩老师会给予肯定，这种心理辅导方法是（　）。

A. 强化法
B. 系统脱敏法
C. 理性情绪疗法
D. 来访者中心疗法

答案：A

和比率的固定和可变两个维度组合出四种强化程式，如图 3-4 所示。

连续强化：给予每个反应强化

强化

间隔强化

定时强化：固定时间短给予强化

变时强化：不定时给予强化

定比强化：固定反应次数后给予强化

变比强化：在不定反应次数后给予强化

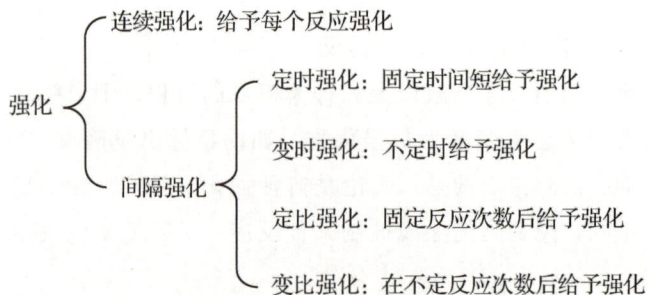

图 3-4　强化的程式

每种不同的强化程式都会产生相应的反应模式，不同的强化程式也会有不同的强化效果。变比强化和变时强化的好处在于使强化不可预测，从而使行为更为持久。

从效率上来说，变比强化是最为有效果的，在每次加入强化物之后不会出现一定时间的反应停滞，反应会一直增加；其次，定时强化中，会在每次加入强化物后出现一定时间的反应停滞；变时强化中，反应数也会增加，但是不如变比强化那样迅速；效率最低的是定时强化，在每次加入强化物后，会出现一定时间的反应下降，后来反应又会上升。

相关链接

19世纪60年代，宾州大学的马丁·赛利格曼为了研究狗的恐惧反应曾设计了一个叫"穿梭箱"的实验仪器（如下图）。实验人员将一只良好状态的狗放在"穿梭箱"的一侧，通常它是安静地待着，一动不动的。然后有一盏灯亮了并且在10秒后狗的脚会受到长达60秒的电击，电击让狗异常痛苦，除非他们跳过挡板逃到穿梭箱的另一侧。在这一过程重复了30多次的时候，狗习得了当灯亮时，通过跳跃来避免遭受痛苦电击，这是经典条件反射与操作性条件反射共同作用的结果。

穿梭箱图

赛利格曼为了验证狗的跳跃行为无论在何种条件下都可以被灯光激发，他又做了一个实验：首先将狗束缚住，让狗形成灯光＋电击结合的经典条件反射，这一过程重复80次，并且在这一阶段狗不能跳跃，不能逃避灯光和电击，起初狗还在不断挣扎，试图通过跳跃停止痛苦，当重复了60次时，狗看到灯亮便趴在地上一动不动地哀号等待电击的到来与结束。然后，他们解开狗的束缚，让狗在"穿梭箱"学习跳跃，但是这只狗在解开束缚后仍然一动不动，并且一直没学会用跳跃来逃避电击，绝望地等待电击痛苦的来临，这就是习得性无助。

习得性无助（learned helplessness）是指通过学习形成的一种对现实的无望和无可奈何的行为、心理状态。

"习得性无助"产生的绝望、抑郁、意志消沉心灵偏差现象，正是许多心理和行为问题产生的根源。学生学业不良状态的长期积淀导致了非智力品质的弱化，一部分学生曾经努力过，也曾经洒过汗水，但无论怎么努力，仍然常常失败，很少甚至没有体验到成功的欢乐。一次次的失败使他们对此做出了不正确的归因，认为自己天生愚笨、能力不强、智力低下，不是学习的材料，因而主动地放弃了努力，举起了白旗。也有另一部分学生同样努力过，也曾经取得过自认为不错的成绩，但是往往不如他人，因而很少得到班主任老师的表扬，长期被忽视，便逐渐丧失了自尊心，变得破罐子破摔。这便形成了"习得性无助"的学生群体。无助感与失尊感均是"习"得的，不是天生的，是经过无数次的重复、无数次的打击以后慢慢养成的一种消极心理现象。在厌学群体中，此类学生占了很大的比重。为了帮助这类学生，教师或家长应该以恰当的方式评价他们，并教给他们合理正确的归因。

(四)操作性条件反射在课堂中的应用

操作性条件反射的原理可以普遍应用于多个领域，且被认为是有效的，它不仅适用于良好行为的塑造，也适用于矫正不良的行为或习惯。

小贴士

在课堂中有效使用操作性条件反射的指导方针：
- 确定强化学生的频率。
- 确定获得奖励所必需的强化物的百分比。
- 确定每天给予强化的次数和强化物的数量。
- 确定何时给予学生奖励。

1. 塑造良好行为

对想要的行为进行即时强化是学习的关键。在这一部分我们将介绍一些在课堂中用来改变行为的策略：塑造、普雷马克原理。

(1)塑　造

斯金纳认为个体接受强化的经历决定了他成为什么样的人。人格，可以说就是被塑造而成的。因为，人格通常可以被看作连续复杂的行为模式，而这些行为模式又是通过不断强化建立起来的。所谓塑造(shaping)，是指强化个体逐步趋近预期目标(或最终目标)的行为。就行为的形成，尤其是复杂行为的形成而言，塑造是一种非常重要的手段。例如，在培养小学生在课堂中保持安静的习惯时，教师就常常用到这一策略。小明是一名小学一年级的学生，生性好动，难以在教室保持安静，老师跟他约定，若小明可以在教室保持安静5分钟就可以得到小红花，当他能够安静5分钟之后，重新约定若他能够保持安静10分钟才能得到小红花，如此，逐步增加小明保持安静的时间并给予小红花的奖励，最终使小明养成在课堂保持安静的好习惯。在这一案例中，教师就使用了塑造的策略。简言之，塑造就是循序渐进地强化个体的逐渐进步的行为。

(2)普雷马克原理

大卫·普雷马克(David Premack)提出一条非常有用的策略，他认为高频率的自发行为可以用作增加另一种低频率行为的奖励。比如，教师为了塑造学生在课堂上集中注意力的行为,对学生说如果你在课上每注意听讲 1 分钟,就可以获得 2 分钟额外的休息时间,注意听讲 2 分钟,获得 4 分钟额外休息时间,如此增长学生注意集中的时间。这位教师就是运用了普雷马克原理。所谓普雷马克原理是指在偏好强化物和非偏好活动间建立"如果—那么"的强化策略。在上述的案例中,额外休息时间就是学生的偏好强化物,而注意听讲是学生的非偏好强化物,教师的做法就是在这两者之间建立联系。

代币制度是在行动中体现普雷马克原理的典型例子。当教师或家长对孩子的满意行为给予各种代币奖励(如小红花、小硬币)时,就是在使用该原理。代币(token economy)是用于强化个体某种行为的各种象征性强化物,如筹码、小红花等。这些象征性强化物属于二级强化物,个体可以根据自己的喜好和需要使用代币兑换其他强化物。代币容易携带且不容易产生满足感,但是在使用代币的过程中应注意:代币只能用于奖励良好的行为;考虑个体的需要,提供多种能满足个体需要的有价值的强化物用于兑换代币;要鼓励个体消费和使用代币。

2. 矫正不良行为

教师可以用很多策略来矫正课堂中的不良行为。这些策略包括消退、反应代价法、结合消退和强化、餍足或消极学习等。

孩子的哭闹有可能是父母强化出来的结果。比如,一个孩子在超市中哭闹着要玩具,而父母为了制止他的哭闹而买给他,父母的这种行为无疑让孩子形成只要哭就可以得到想要的东西的想法,并且强化了孩子的这种想法。若想改善孩子的哭闹行为,恰当的做法是父母对孩子的哭闹行为不予理会,甚至不看他,不对其强化,孩子就会自动投降,这就是消退的基础。所谓消退(extinction),是指在操作性条件反射中忽视不良行为,或不良行为后不跟随任何刺激的策略。虽然很多人对这种方法持怀疑态度,但是消退是一种减少以前曾经强化过的不良行为的有效方法。但是需要注意的是,除非确定某种反应或行为是可以一直被忽视的,否则不能仅仅通过忽视来达到消退行为的目的。

如果学生发现因为其自身的不良行为而导致他们失去某些重要或有意义的东西,那么他们绝大部分会放弃不良行为,这就是反应代价法的基础。所谓反应代价法(response costs)是指每次表现出不良行为,就减少一些确立的强化物。教师可以使用此策略,规定学生若违反一次课堂纪律,就减少 5 分钟休息时间。需要申明的是,只有在已经制定强化方案的前提下,反应代价法才是有效的。

有这样一个学生坐在后排,在课堂上咕哝,老师对此视而不见,而当这个学生停止咕哝时,老师立刻对其认真听讲提出表扬。该案例中,教师就是使用了消退和强化结合的方法,即把消退(或忽视)不良行为和正强化所期望行为配对的策略,也被称为"强化竞争性刺激",也有人将它称为"捕捉人们的良好状态"。强化所期望的反应促使该反应增加,不良行为就会自动消失。

当教师站在讲台上正在讲课时，突然飞来一只纸飞机，教师找出那名折纸飞机的学生，并要求他给全校师生各折一只，当这个学生折到 20 多个后感觉自己手指都要断了。该教师就是采用了餍足或消极练习（satiation or negative practice）的策略，即强调让学生持续一种不良行为，直到这种行为失去吸引力甚至厌倦这种行为。但仍需要注意的是，教师不可以滥用餍足。

五、班杜拉的社会学习理论

行为主义学习理论强调刺激—反应（S-R）和反应—刺激（R-S）的学习模式。但有新行为主义者开始关注无法直接观察但可以推断的行为，他们认为脱离机体内在的心理活动（O），就无法解释复杂的人类的社会功能，他们将学习的过程拓展为 S-O-R 的模式，而这其中最重要的代表就是班杜拉的社会学习理论。

阿尔伯特·班杜拉（Albert Bandura，1925— ）是社会学习理论的代表人物。班杜拉认为，"学习是通过直接经验获得的"这一观点对动物而言或许可以成立，但是对人类而言未必成立，因为人类对许多知识、技能以及社会规范等的学习来自间接经验。人们可以通过观察他人的行为及行为的后果而产生学习，班杜拉称为观察学习，这是一种间接学习。此外，班杜拉还提出了一套综合且广为接受的模仿理论——社会学习理论（social learning theory），后来他将其修改为社会认知理论（social cognitive theory）。

（一）班杜拉的经典实验

班杜拉的观察学习理论建立在他及合作者的大量实验研究的基础上，他在早期做过这样一个实验：让学前儿童观看一场电影，在电影中，一个人正踢打一个充气娃娃。第一组儿童看到那个人因为这种行为受到奖励；第二组儿童看到那个人受到惩罚；第三组儿童没有看到任何结果。看完电影之后，这些儿童被带到有充气娃娃的房间，结果发现：第一组儿童最具攻击性，踢打玩具；第二组儿童攻击行为最少，但是，如果他们被告知，模仿电影中的行为可以受到奖励，他们会增加攻击行为。这说明，榜样的攻击行为的后果是决定儿童是否自发模仿这种行为的关键因素。

与实验中的结果相似，在日常生活中，儿童攻击性也是在观察和强化中习得的。儿童通过某些途径观察到一些攻击行为后，在偶然表现出一点攻击性时，如果家长不但不予以纠正，反而还高兴地夸奖孩子学到东西了，如此这般，儿童的攻击性自然会形成。纵观现实，当今许多家长往往只重视儿童的学习成绩，而忽视儿童早期行为习惯的培养，家长在自己的行为中也没有起到好的表率作用，这样的做法，不利于儿童人格的健全发展，甚至会危及孩子的一生。

（二）班杜拉的观察学习

社会认知学者将学习分为参与性学习和替代性学习。参与性学习（enactive learning）是通过实践并体验行动结果而进行的学习，也就是"做中学"。参与者会保留那些带来成功结果的行为，舍弃那些导致失败后果的行为。替代性学习(vicarious learning)是指通过观察别人而进行的学习，在学习过程中学习者没有外显的行为。在这一学习过程中，榜样起到了重要作用。班杜拉将榜样定义为能够成为学习者观察学习对象的人，也称为示范者。他认为榜样有三种形式：活的榜样，具体的活生生的人；符号榜样，通过语言或影视图像而呈现的榜样；诚例性榜样，即以语言描绘或形象化方式表现某个带有典型特点的榜样，以告诫儿童学习或借鉴某个榜样的行为方式。

班杜拉认为，观察学习包括四个过程，即注意、保持、动作复现以及动机过程①(见图 3-5)。

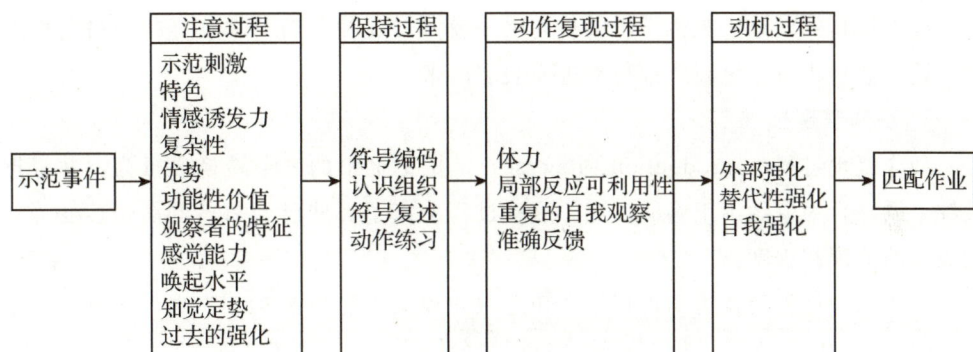

图 3-5　观察学习的四个子过程

1. 注意过程

注意过程(attention processes)被认为是观察学习的起始环节。它是指学习者对榜样情境的各个方面的注意和知觉。如果学习者未注意到示范行为的重要特征，或不能正确知觉榜样行为，就无法通过观察进行学习。班杜拉认为，注意过程的诸多因素影响着学习的效果。影响因素主要有以下三种：①榜样行为的特征。观察学习的速度和水平取决于榜样行为的显著性、复杂性、普遍性和实用价值。一般来说，榜样行为越简单独特、越流行，越容易被模仿。此外，被奖励的榜样行为更能引起他人的模仿。②榜样的特征。观察者比较容易注意到那些在年龄、性别、兴趣爱好，以及社会背景等方面与自己相似的榜样。③观察者特点。观察学习的效果还受到观察者本身特点的影响，如观察者的信息加工能力、情绪唤醒水平、知觉定势、人格特征等，一般来说，信息加工能力强，情绪唤醒水平高的个体能从观察学习中学到更多东西。

2. 保持过程

保持过程(retention processes)是指利用言语和形象将获得的信息转换成适当的表象并加以保存。班杜拉认为在观察学习中，个体对榜样行为的保持依赖两个储存

---

① Bandura, A. *Social foundation of thought and action：A social cognitive theory*. Englewood Cliffs, NJ：Prentice Hall，1986，52.

系统：表象系统、言语编码系统。

表象系统是将榜样行为以表象的形式储存在记忆中，这样在之后的情境中，即使不存在客观事物，榜样行为的表象也可以被唤起。尤其是那些在表象系统与言语编码系统之间已经建立了联系的学习者，只要听到某一事物的言语信号刺激，就能回忆起该事物的表象。

为了更准确地保持和再现榜样行为，个体会将榜样行为的特征转换成言语编码的形式储存在记忆中，因此在观察学习过程中言语编码系统的作用显得格外重要。因为，就榜样行为的保持而言，除了对榜样行为进行编码和认知上的组织外，复述也会提高保持的效果。观察学习的最高水平就是首先使用符号对榜样行为进行组织和复述，然后再将它付诸外部行动进而表现出来。

3. 动作复现过程

动作复现过程（reproduction processes）是把记忆中的表象转换成行为，并根据反馈来调整行为以做出正确的反应。这一过程决定了那些已经习得的动作转变为行为表现的范围和程度。

由于这一过程涉及运动再现的认知组织和根据信息反馈对行为进行调整等一系列认知和行为的操作，班杜拉将这个过程又分解为：反应的认知组织、反应的启动、反应的监察和依靠信息反馈对反应进行改进和调整等几个环节。事实上，榜样行为能否再现取决于学习者记忆中榜样行为各部分是否完整以及学习者是否具备再现这些行为的技能，而学习者的监控和信息反馈能力则决定了示范行为的精确性。

4. 动机过程

动机过程是指能够再现榜样行为之后，学习者是否能够经常表现出榜样行为还受到行为结果因素的影响。班杜拉认为三方面的因素影响着学习者再现榜样行为：他人对榜样行为的评价；学习者本人对自己再现行为能力的评估；他人对榜样的评价。他把这三种对行为结果的评价分别称为：外部强化、自我强化和替代性强化。这三种强化都是制约榜样行为再现的重要驱动力量。因此，班杜拉把它们看成是学习者再现榜样行为的动机力量。

对复杂技能的学习，一般要通过观察和参与实践相结合的结果。学习者首先要观察榜样解释并示范这些技能，然后进行大量练习和实践，并从指导者那里获得反馈和激励。

总之，观察学习在人类学习中有非常重要的作用。人的许多社会行为都是通过观察学习而获得的，所以，观察学习对我们进行社会规范教育和道德品质培养具有

温馨提示 ♥

社会学习理论在很多地方都非常有用，尤其是在课堂学习中，牢记教师是非常重要的榜样。

◆ 培养新行为。

◆ 改善已经习得行为。

◆ 通过直接或替代强化和惩罚，加强或减少学生的行为。

◆ 在社会情境中培养学生的好恶感。

一定的借鉴意义。在实际的德育工作中，教师应注意为学生提供良好的学习和借鉴的榜样，引导学生学习和保持榜样行为，并为学生创造再现榜样行为的机会，对良好行为给予及时的表扬和鼓励，对错误行为则给予批评和教育。

第二节　认知学习理论及应用

一、早期认知学习理论

(一)格式塔的学习理论——顿悟说

格式塔心理学派提出一种学习理论——完形—顿悟说，它是认知主义学习理论的先驱，代表人物有韦特海默(M. Wertheimer，1880—1943)、苛勒和考夫卡(K. Koffka，1886—1941)，该学派反对把心理还原为基本元素，把行为还原为刺激—反应联结，反对桑代克的联结—试误说。

1. 经典实验

格式塔学派也以动物实验来证明他们对学习中发生的变化的实质及其原因的理解。其中最为著名的是苛勒在1913—1917年对大猩猩所做的一系列实验，证明了黑猩猩的学习是一种顿悟，而不是尝试错误。

苛勒的实验经常从简单的问题入手，然后逐步增加难度。他设计的实验主要包括箱子实验(见图3-6)和棒子实验(见图3-7)。

图3-6　箱子实验

图3-7　棒子实验

在箱子实验中，苛勒把黑猩猩置于放有箱子的笼子内，且笼顶悬挂有香蕉。笼中黑猩猩试图跳起摘取香蕉，连续失败几次之后，停止不跳了，它静静地待了一会儿，若有所思，突然把事先放在木笼内的箱子拖到放香蕉的地方，一个够不到，然后将两个箱子叠在一起，并爬上箱子取下香蕉，三天后，苛勒稍稍改变实验情境，但黑猩猩仍能用先前的经验解决问题。

在棒子实验中，笼外放有食物，木棒放在食物和笼子之间，复杂情境下大猩猩只有将两个木棒连接在一起才能获得食物，

苛勒

最初它一会儿用大木棒，一会儿用小木棒试着拨弄香蕉，但怎么也拨不到，不得已它只能拿着两个木棒，突然它无意将小木棒的末端插入大木棒，形成一根长木棒，并用它拨到香蕉，黑猩猩很高兴，因此它不断重复这一动作。在第二天的重复实验中，黑猩猩很快将竹竿连接起来，而不需要经过漫无目的的尝试。

2. 顿悟说的内涵

格式塔心理学家认为，学习是学习者利用其自身的智慧与理解力对情境以及情境与自身关系的顿悟，而不是动作的累积

> **想一想**
>
> 试比较顿悟说与试误说的内容？

或盲目的尝试。个体可以通过观察问题情境，理解它的各个组成部分及其各部分间的相互联系，分析制约问题解决的各种条件，从而发现通向目标的途径。学习过程中问题的解决，都是通过个体对情境中事物关系的理解而构成一种完形来实现的，而这里所说的完形是指在机能上相互联系和相互作用的整体结构，它是一种心理结构，是对事物关系的认知，它具有组织功能，能够填补缺口或缺陷，使有机体不断发生组织形成完形。他们还认为，学习的过程实质上就是一个不断构建完形的过程，这一过程需要个体的创造性思维（productive thinking）。在韦特海默看来，对情境、目的和解决问题的途径等各方面相互关系的新的理解是创造性地解决问题的根本要素，而过去的经验也只有在一个有组织的知识整体中才能获得意义并得到有效的使用。

(二)托尔曼的符号学习理论

托尔曼是美国心理学家，以研究行为心理学著称，代表作有《动物与人的目的性行为》。他与早期的行为主义者一样重视行为的研究，但他反对"刺激—反应"的理论框架，而强调"刺激—反应"的"中介变量"。在他看来，一个完整的行为包括三个方面：①由外部环境或内部生理状态所激发，②经过某些中介变量，③进而表现出的行为反应。

托尔曼基于他与同事进行的大量白鼠实验的结果，提出了符号学习理论。该理论认为：学习是有目的的行为，而不是盲目的；学习是对"符号—完形"的认知。外部刺激（S）和行为反应

托尔曼

(R)之间存在中介变量(O)。托尔曼将中介变量划分为三大类，分别是需求系统、行为空间和信念—价值体系，并且主张将行为主义 S-R 公式改为 S-O-R 公式，O 代表机体内部变化。

相关链接

最初，托尔曼把中介变量划分为需求变量和认知变量两大类，前者本质上就是动机，后者则包括对客体的知觉、再认等。认知变量是对"是什么"问题的回答，而需求变量则是对"为什么"问题的回答。这种不能直接观察到的中介变量，通过实验设计并加以数量化，就可以被人们间接地推断出来。例如，他以动物被剥夺食物的时间来定义饥饿，根据某些操作的测量来定义能力等。后来，受格式塔心理学派库尔特·勒温(Kurt Lewin)的影响，托尔曼将"生活空间""心理场"等概念引入自己的理论体系，对中介变量进行了修改和补充，把中介变量划分为三大种类：需求系统、行为空间和信念—价值体系。

1. 位置学习实验

托尔曼用白鼠走迷宫实验(见图 3-8)研究了位置的学习。

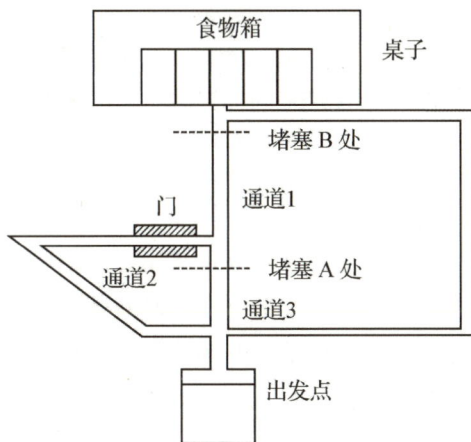

图 3-8 白鼠位置学习实验所用迷宫图

迷宫包括一个出发点、一个食物箱和三条长度不等的从出发点到达食物箱的通道。实验开始，将白鼠置于出发点，然后让它们自由地在迷宫内探索。一段时间后检查他们的学习结果。检验时，再将它们置于出发点，并对各通道做一些处理，观察它们的行为。结果发现，若是三条通道畅通，白鼠选择最短的通道 1 到达食物箱；若堵塞 A 处，白鼠选择通道 2；若 B 处堵塞，白鼠选择最长的通道 3。他认为，白鼠在学习迷宫图时，并非学习一连串的刺激与反应，而是在头脑中形成一幅认知地图，即"目标—对象—手段"三者联系在一起的认知结构。在他看来，学习不是简单的机械运动反应，而是学习"达到目的的符号"及其所代表的意义。

2. 潜伏学习实验

托尔曼认为，强化不是学习所必需的。为此他设计了一个实验，研究白鼠学习迷宫过程中食物对学习的作用。他将白鼠分为三组：甲组不给食物（无食物奖励组），乙组每天给食物（有食物奖励组），甲、乙均为控制组。丙组为实验组，开头 10 天不给食物，第 11 天才开始给食物奖励。实验结果，乙组有食物奖励，逐渐减少错误比甲组快，但实验组丙自给食物奖励后，其错误下降比乙组更快。他由此得出结论：丙组在开头 10 天的练习中虽不给其食物，但在每次练习中同样地探索迷津的每一部分，形成了认知地图，只是没有在外部行为中表现出来而已。[①] 托尔曼把这种现象称为潜伏学习（latent learning），也就是说，学习在内部确实发生了，只是学习活动一直处于潜伏状态（见图 3-9）。

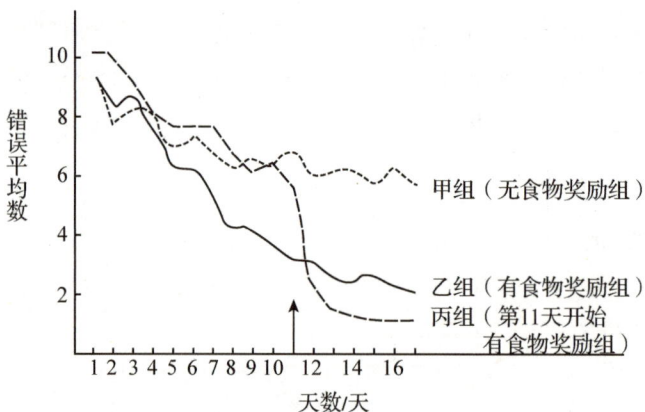

图 3-9　托尔曼的潜伏学习实验结果

托尔曼的主要影响在于：他反对和部分抵制某些较严格的行为主义先驱及与他同时代的行为主义者所接受的限制性前提。"认知"在托尔曼的理论中占有重要的地位，因此有人认为托尔曼是认知心理学的开创者，而他提出的认知学习理论和内部强化理论对现代认知学习理论的发展有一定的贡献。

二、现代认知学习理论

（一）布鲁纳的认知—发现理论

布鲁纳，美国心理学家和教育家，生于美国纽约。他是认知心理学的先驱，是致力于将心理学原理实践于教育的典型代表，也是被誉为杜威之后对美国教育影响最大的人。布鲁纳主张，学习即学生利用发现学习的方式，使学科的基本结构转变为头脑中的认知结构，进而促进认知能力发展的过程，因此他的理论被称为认知—发现学习理论。

布鲁纳

---

① Hilgard，E. R. *Theories of learning*. New York：Appleton-Century-Crofts，1956.

1. 认知学习观

布鲁纳认为，学习并不是被动地形成刺激—反应的联结，而是主动地形成认知结构。学习者主动地获取知识，并通过把新获得的知识和已有的认知结构联系起来，积极地构成自身的知识体系。认知结构是个体理解新事物和学习新知识的重要基础，简单来说，它是学习者头脑中的知识结构，是他们已有的全部观念内容和组织，它是个体在先前学习活动中逐步形成的对外界事物进行感知、概括的一般方式或经验组成的观念结构。

布鲁纳认为学习包括三个几乎同时发生的过程，即知识的获得、转换与评价。①知识的获得，即在学习过程获得新知识，这些新知识往往与学习者已有的知识相违背，或者是对先前知识的替代，或者是个体对先前知识的重新提炼。②知识的转换，即学习者对所获得的知识进行加工，转换为各种不同方式，使之超越最初所给的信息，适合需要解决的新任务的过程。通过知识的转换过程，学习者可以扩展所获得的知识。③知识的评价，是指学习者对学习过程的判断，包括加工知识的方法是否适当、对新知识的概括是否合理、是否适用于需要解决的新任务等。任何一门课程的学习都包含着知识的获得、转换、评价三个过程，因此，布鲁纳认为，学生不是被动的知识接受者而是积极的信息加工者。

2. 学习和教学的基本原则

布鲁纳不仅研究学习问题，而且研究教学问题，他还指出了学习和教学的几项基本原则。

（1）知识结构的重要性

布鲁纳认为，掌握事物的结构就是理解它与其他事物之间的有意义联系。简单地说，学习结构就是学习事物是怎样联系的。因此教学目标应是促进学生对学科基本结构的理解，当学生了解了一门学科结构，就会把该学科看作一个相互联系的整体，就容易掌握整个学科的基本内容，就容易记忆学科知识，就能促进学习迁移，提高学习兴趣，并促进其智力和创造力的发展。

（2）掌握学科基本结构的教学原则

动机原则　布鲁纳认为知识的获得是一种积极的过程，动机是维持学习的基本动力，而内部动机的效应要比外部动机的效应更强也更持久。他认为学生一般都具有内在学习的愿望，并且指出学生具有三种最基本内在动机，即好奇内驱力(求知欲)、胜任内驱力(成功的欲望)和互惠内驱力(人与人之间和睦共处的需要)。这三种内驱力都具有自我奖励作用，因而，其效应是持久的。教师应善于促进并调节学生的探究活动以激发这些内在动机，从而达到预定的学习目标。

结构原则　为了使学习者容易理解教材的一般结构，教师要教给学生最基本和最佳的知识结构。他认为任何知识结构都可以用动作、图像和符号三种表征形式来呈现。动作表征是凭借动作进行学习，无须语言的帮助；图像表征是借助表象进行学习，以感知材料为基础；符号表征是借助语言进行学习，经验一旦转化为语言，逻辑推理便能进行。教师应根据学生的年龄、知识背景和学科性质来选择以何种方式呈现教材，以促进学生的学习。

程序原则 布鲁纳认为，教学就是引导学习者有条不紊地陈述一个问题或大量知识的结构，以提高他们对所学知识的掌握、转化和迁移的能力。通常每门学科都存在不同的程序，它们对学习者来说有难有易，不存在对所有学习者都适用的唯一程序；在特定条件下，任何具体的程序总是取决于不同的因素，包括过去所学的知识、智力发展的阶段、个体差异等。

强化原则 为了提高学习效率，学习者还必须获得反馈，知道结果如何。因此，教学规定适当的强化时间和步调是学习成功的重要一环，知道结果应恰好在学生评估自己作业的时刻。知道得太早，易使学生慌乱，从而干扰其探究活动的进行；知道得太晚，易使学生失去受帮助的机会，甚至有可能不接受正确信息。

3. 发现学习

布鲁纳认为发现是教育儿童的主要手段，学生掌握学科的基本结构的最好方法就是发现法。布鲁纳认为发现不限于那种寻求人类尚未知晓的事物与行为，正确地说，发现包括用自己的头脑亲自获得知识的一切形式或方法。学生所获得的知识，尽管都是人类已知晓的事物，但如果这些知识是依靠学生自己的力量引发出来的，那么对学生来说也是一种"发现"。在教学中运用发现法，一般来说是没有固定模式的，但其一般步骤是：①提出和明确学生感兴趣的问题；②使学生体验到某种程度的不确定性，以激发探究欲望；③提供解决问题的各种假设；④协调学生收集和组织资料；⑤组织学生审查有关资料，得出应用结论；⑥引导学生运用分析思维去验证结论，最终解决问题。总之，在整个过程中，要求教师向学生提供材料，让学生亲自发现应得的结论和规律，使学生成为发现者。

布鲁纳认为发现学习具有以下一些优点：有利于激发学生的潜力，有利于加强学生的内在学习动机，有助于学生学会学习，有利于知识的保持与提取。但是发现学习也存在着一定的局限性：它无视学生学习的特点，歪曲了接受学习的本意；对学习的界定缺乏科学性和严密性；发现学习比较浪费时间，不能保证学习的水平。因此，发现学习不能成为学习的主要方法，教师应根据教材性质和学生特点灵活安排，扬长避短，以达到良好的教学效果。

(二)奥苏伯尔的认知同化理论

奥苏伯尔，美国心理学家、学者，他提出的最重要的一个观念是对意义学习的描述。他曾根据学习进行的方式把学习分为接受学习和发现学习，又根据学习材料与学习者原有知识结构的关系把学习分为机械学习和有意义学习，并认为学生的学习主要是有意义的接受学习。

奥苏伯尔

1. 有意义学习

（1）有意义学习的实质

奥苏伯尔提出，有意义学习（meaningful learning）过程的实质是学习者将认知结构中已有的适当观念与新知识建立起实质的、非人为的联系，从而使认知结构不断发展。所谓实质的联系，是指新的符号或符号代表的观念与学习者认知结构中已有的表象和已经有意义的符号、概念或命题的联系，这种联系是非字面的联系。比如，学习"等腰三角形"这个新命题，应把握"两条边相等的三角形"。非人的联系，是指新知识与认知结构中有关观念在某种合理的逻辑基础上的联系。例如，等腰三角形的概念和学习者原有的认知结构中已有的三角形的概念是特殊与一般的关系。

（2）有意义学习的条件

学习材料的性质与学习者的自身因素都会影响有意义学习的产生。前者是影响学习的外部条件，后者是影响有意义学习的内部条件。就外部条件而言，有意义学习的材料必须是有逻辑意义的，在学习者的心理上是可以理解的，是在其学习能力范围内的。而有意义学习的内部条件则包括：首先，学习者必须具有有意义学习的心向，也就是说，学习者积极主动地把符号代表的新知识与认知结构中原有知识加以联系的倾向性；其次，学习者认知结构中必须具有适当的知识与新知识相联系；最后，学习者必须积极主动地使新旧知识相互作用，使旧知识得到改善，使新知识获得心理意义。上述条件缺一不可，否则就不能构成有意义学习。

2. 认知同化过程

奥苏伯尔认为，当学生把教学内容与自己的认知结构联系起来时，有意义学习便发生了。奥苏伯尔所谓的认知结构就是指学生自己现有的知识的数量、清晰度和组织结构，它是由学生眼下能回想出的事实、概念、命题和理论等构成的。因此，要促进新材料的学习，首先要增强学生认知结构中与新教材有关的概念。

有意义学习的内部心理机制是同化，同化实质上是新知识与已有认知结构中固有知识或观念之间的相互作用。奥苏伯尔根据新旧观念的概括水平及其联系方式不同，划分了三种同化模式。

（1）下位学习

当认知结构中的原有的有关观念在包摄和概括水平上高于新观念时，新旧观念（或知识）之间构成类属关系，或称为下位关系。这种新旧知识之间的相互作用过程称为下位学习（subordinate learning），又称为类属学习。比如，通过对正方形、长方形的学习形成轴对称图形的概念。在学习圆时，"圆为轴对称图形"这一命题被纳入原有概念，新的命题很快获得意义，学生马上就可以发现圆具有轴对称图形所具有的一切特征。

（2）上位学习

当学习者的认知结构中已经形成了几个概念，新的学习要在几个原有概念的基础上设置一个包摄性更广、概括水平更高的概念或命题时，就产生了上位学习（superordinate learning）或称为总括学习。比如，儿童在学习"苹果""橘子""梨"等概念后，再学习"水果"这个概括性的概念时，新学的概念总括了原有的概念，新的概念就有了意义。

（3）并列结合学习

当新的知识与认知结构中原有的观念既不能产生从属关系，又不能产生上位关系，而只是并列关系时，这种学习称为并列结合学习（combination learning）。比如，数理化中许多知识的学习都是该种学习，如质量与热量、热与体积、遗传结构与变异等概念间的关系。

3. 接受学习

奥苏伯尔认为学习是通过接受而发生的，他否认学习是通过发现而发生的。所谓接受学习（reception learning），是指人类个体经验的获得来源于学习活动中主体对他人经验的接受，把别人发现的经验经过

> **想一想**
>
> 试总结接受学习与发现学习各自的优缺点。
> 如何使用这两种方式进行有效的学习？

掌握、占有或吸收，转化成自己的经验。他认为教师的责任就在于给学生提供有组织的、有序列的、完整的资料，并且这些资料是经过仔细考虑的，对学生而言是最有用的。他将这种强调接受学习的方法称为讲授教学，即教师以一种有组织、有意义的方式将知识讲授给学生，其主要适用于有意义的言语学习。

我国现行的教学模式就是以讲授教学为主，它的特点有以下几个。①需要师生之间进行相互作用。讲授教学虽然以教师讲为主，但是在课上需要学生做出反应，进行思考，要始终抓住学生的注意。②大量利用例子来证明其内容。虽然讲授教学强调有意义的言语学习，但可以以图画或图解作为例证。③讲授教学是最初呈现一般内涵概念，然后从中引出特殊概念，它是演绎的。④讲授教学是有序列的，材料呈现有一定步骤，首先呈现的就是先行组织者。

奥苏伯尔认为，影响接受学习的关键因素是认知结构中起固定作用的观念的可利用性。因此，他提出了先行组织者（advanced organizers）的教学策略。所谓先行组织者，是指教师在讲授新知识之前，给学生提供一些相关的和包含性最广的、最清晰稳定的引导性材料。它的抽象概括和综合水平高于学习任务，并且与认知结构中原有的观念和新的学习任务有关联。其目的是为新的学习任务提供观念上的固着点，增加新旧知识之间的可辨别性，以促进学习的迁移。

先行组织者可分为两类：①比较性组织者，与新知识类似或相邻近的认知结构中的知识，通过比较提高可辨别性，促进对新知识的理解。②陈述性组织者，为新知识提供一个上位的组织者。例如，学生将要学习"地形"方面的新材料，陈述性组织者课设计为："各种特殊形状和大小的陆地构成的总和就是地形"。其中，"陆地"

是学生在过去已经掌握的上位概念，抽象和概括性要高于"地形"这一新概念，而"地形"相较于要学习的正式材料"山脉""平原"等而言，其抽象性和概括性要高。学生首先学习这个组织者后，便将这些高度抽象概括化的概念移入认知结构中，当学习新材料时，就有了可利用"固定概念"了。

奥苏伯尔的认知同化理论强调的是有意义的接受学习，同时强调学生的认知结构和有意义学习在知识获得中的重要作用，但是其过于强调接受学习与讲授方法，没有给予发现学习应有的重视，而实际上，在学习活动中，有意义的接受学习和有意义的发现学习各有利弊且各具特色，都是重要的学习方式，两者是相辅相成、互相补充的。

(三)加涅的信息加工学习理论

加涅是美国教育心理学家，他将计算机模拟的思想引入对学习和教学心理的研究中并自成体系。他认为，学习是一个有始有终的过程，这一过程可分为若干阶段，每一阶段进行不同的信息加工。在每个信息加工阶段发生的事件，称为学习事件，是学生内部加工的过程，它形成了学习的信息加工理论的基本结构。与此相应，教学过程既要根据学生的内部加工过程，又要影响这一过程。因而教学阶段与学习阶段是完全对应的。在每一个教学阶段发生的事情，即教学事件，是学习的外部条件。教学就是由教师安排和控制这些外部条件构成的，而教学的艺术在于学习阶段和教学阶段的完全吻合。关于这一部分的内容已在第二章进行了具体的阐述，因此在这里仅就它在教学中的应用进行简单介绍。

相关链接

信息加工学习理论的八阶段：

动机阶段	领会阶段
习得阶段	保持阶段
回忆阶段	概括阶段
作业阶段	反馈阶段

1. 帮助学生集中注意力

教师注意根据学生的心理发展水平设计课程。随着时间的推移，学生获取新信息的能力和分辨重要信息的能力在不断变化。教师要通过不断引入变化和新奇的东西维持学生的好奇心，合理地安排座位使学生的注意力集中在课堂上。

(1)利用注意信号

设计一种信号告诉学生停下手中的事将注意力集中在教师身上，如一种掌声，利用重复信号将学生的注意力集中到重点上。

(2)让学生集中注意力参与课堂

在课堂上综合采用多种教学方法让学生集中注意力参与，如让学生亲身参与角色扮演、演示以及调查等。

（3）考虑注意资源的有限性

读懂学生的肢体语言和面部表情，识别他们何时需要改变节奏。在久坐之后提供休息时间对幼儿和小学低年级儿童特别有效。

2. 帮助学生有效地存储和提取信息

经验丰富的教师知道如何把新知识融入到学生已有的知识结构里使新知识富有意义，知道如何评价学生的进步。下面简单介绍几种策略。

（1）组　织

个体组织信息的能力不同，教师可以为学生提供策略上的辅助。有助于组织信息的教学策略包括以下几种：以清晰而有逻辑的方式呈现信息，给学生大纲，在每堂课结束时总结；帮助学生了解信息是如何联系的，如提供概念图、图表等；将新信息与先前知识联系起来，在讲新课前以讨论、提问的方式激活先前知识；给学生组织想法和回答的时间，恰当地使用等待时间等。

（2）概念理解

教师可以通过以下方式加强学生对概念的理解，帮助学生培养专长：帮助学生分辨重要概念，认识有意义的模式；关注含义而不是背诵；讲述重点时停顿，要求学生复述；布置任务、小测验等为学生提供练习和复习重点知识的机会。

（3）任务分析

学生一次只能加工有限的信息，所以教师应使用各种方法使工作记忆的信息加工效率最大化，最常用的方法便是任务分析，即把大块的教学任务分成一个个可实行的小任务。从认知的角度看，任务分析包括确定特定的知识、行为以及掌握特定技能的认知过程。

（4）关　联

有时学生完成了任务却不能理解知识在哪些情境下应用，教师应设计合适的教学活动使学生明白什么时候、在什么地方、为何使用这些策略或信息。

本章小结

1. 学习理论是描述人类或动物学习的类型、过程及影响因素的学说，是探索人类学习本质及其形成机制的理论。

2. 学习理论主要包括行为主义学习理论、认知学习理论、建构主义学习理论以及人本主义学习理论。

3. 行为主义学习理论强调学习是刺激—反应的联结，一切学习都是通过条件反射，在刺激（S）和反应（R）之间建立联系的过程。

4. 桑代克的联结—试误说认为，学习是动物或人类通过不断的尝试形成刺激—反应联结，从而不断减少错误的过程；巴甫洛夫的经典条件反射说认为，学习即通过使中性刺激与非条件刺激反复配对呈现，进而使中性刺激与条件反应建立联结的过程，该理论提出习得、消退、分化与泛化的学习规律；斯金纳的操作性条件反射强调了强化对刺激—反应联结的作用，认为正是因为受到强化的作用人类行为才发生变化。

5. 认知学习理论认为，学习的实质是有机体主动地在头脑中构造完形形成认知结构，是通过顿悟与理解而获得期待的过程，有机体当前的学习依赖于长时记忆系统中的认知结构和当前的刺激情境，受主体预期的引导，而不是受习惯的支配。

6. 格式塔顿悟说认为，学习是学习者利用自身的智慧与理解力对情境以及情境与自身关系的顿悟，而不是动作的累积或盲目的尝试；布鲁纳认知—发现说主张，学习即学生利用发现学习的方式，使学科的基本结构转变为头脑中的认知结构，进而促进认知能力发展的过程；奥苏伯尔的认知同化说强调有意义的接受学习，他认为学习新知识的过程，就是学习者积极主动地使用认知结构中已有的旧知识与新知识相互作用的过程，进而使旧知识得到改善，新知识获得意义；加涅的信息加工理论将计算机模拟的思想引入对学习的研究中，认为学习即学习者摄取信息的一种程式。

7. 班杜拉的社会学习理论强调观察学习在社会学习中的作用，它既承认学习的目的在于刺激与反应间形成联结，同样也认为联结的形成必须以认知为中介，因此该理论既可以归为行为主义学习理论，也可归为认知学习理论。

[关键术语]

联结、准备律、练习律、效果律、无条件刺激、无条件反应、条件刺激、条件反应、消退、泛化、分化、高级条件反射、经典条件反射、操作性条件反射、强化、普雷马克原理、反应代价法、格式塔学派、参与性学习、替代性学习、观察学习、模仿、认知结构、潜伏学习、发现学习、意义学习、下位学习、上位学习、并列结合学习、先行组织者

📖 思 考 题

1. 桑代克和斯金纳是怎样解释学习现象的？他们的理论有何异同？

2. 经典条件反射的泛化与分化有什么区别？

3. 如何利用强化程式使学习者维持一个新行为？

4. 经典条件反射与操作性条件反射的异同点是什么？

5. 观察学习经历了哪些过程？在课堂中如何运用观察学习？

6. 托尔曼的认知—目的说的主要内容是什么？对教学有何意义？

7. 认知—发现理论和认知同化理论的异同及其对教学工作的指导意义。

8. 试述加涅的信息加工学习理论与教学阶段的关系。

📖 拓 展 阅 读

1. [美]罗杰·霍克. 改变心理学的40项研究. 白学军，等，译. 北京：人民邮电出版社，2010.

该书是心理学专业学生必读的一本课外拓展书，详细阐述了对心理学影响巨大的40个经典实验，其中对班杜拉进行的观察模仿的一系列实验做出了具体介绍。该书语言精练，通俗易懂，所介绍实验逻辑清晰，使读者能充分了解这些实验的经典之处，可提高学生对心理学学习的兴趣。

2. 皮连生. 教育心理学(第四版). 上海：上海教育出版社，2011.

该书是教育心理学的一本经典教材，主要介绍了不同学习理论流派的内容及其争论的问题，而且对各理论流派的认识论基础进行了详尽的介绍。全书内容简洁，逻辑分明，从学与教两个部分对教育心理学进行了介绍，易于学生理解。

3. 李伯黍. 教育心理学(第二版). 上海：华东师范大学出版社，2001.

该书是高校心理学专业和师范类专业的基础课教材，也可作为在职教师的培训用书或参考读物。该书共分为四部分，主要内容包括：德育心理、学习心理、教学心理、差异心理，分别论述了与学校教育实践紧密相连的四个方面的心理学问题。其中，从学习性质的角度对学习的理论进行了介绍。全书内容丰富，体系完整，既反映了学科前沿发展动态，又贴近素质教育的现实要求，文字流畅，可读性强。

参考文献

1. 彭聃龄. 普通心理学(修订版). 北京：北京师范大学出版社，2004.

2. 冯忠良，吴新春，姚梅林，等. 教育心理学. 北京：人民教育出版社，2010.

3. 姚梅林. 学习心理学——学习与行为的基本规律. 北京：北京师范大学出版社，2006.

4. [新加坡]陈允成，[美]理查德·D. 帕森斯，斯蒂法妮·刘易斯·亨森，等. 教育心理学：实践者—研究者之路(亚洲版). 何洁，徐琳，夏霖，译. 上海：上海人民出版社，2007.

5.［美］B. R. 赫根汉，马修·H. 奥尔森. 学习理论导论（第七版）. 郭本禹，崔光辉，朱晓红，等，译. 上海：上海教育出版社，2011.

6.［美］克里斯托弗·彼得森，史蒂文·迈尔，马丁·塞利格曼. 习得性无助. 戴俊毅，屠筱青，译. 北京：机械工业出版社，2011.

第四章　学习理论与应用(下)

学习目标 ▶

1. 了解建构主义和人本主义学习理论的内容。
2. 理解建构主义的知识观、学习观、学生观、教学观。
3. 理解人本主义的教学模式。
4. 理解建构主义的教学方式。

导入 ▶

孔子向东游历,见到两个小孩在争辩,就问他们争辩的原因。一个小孩说:"我认为太阳刚升起的时候距离人近,而到正午的时候距离人远。"另一个小孩认为太阳刚升起的时候距离人远,而到正午的时候距离人近。一个小孩说:"太阳刚升起的时候大得像车盖。到了正午就像圆盘一样大,这不是远的小而近的大吗?"另一个小孩说:"太阳刚出来的时候很清凉,到了中午的时候就像把手放进热水里一样烫,这不是近的热而远的凉吗?"孔子不能决断。两个小孩笑着说:"谁说你见多识广啊?"

为什么对于同一个问题,两个小孩的观点截然不同呢?他们的观点一定要有对错吗?对于教师来说,课堂上遇到这种讨论又该如何处理呢?

第一节 建构主义学习理论及应用

一、建构主义的兴起

(一)建构主义兴起的背景

20 世纪 80 年代,由于信息技术对教育的挑战,传统的教育学习理论已不能适应新的要求,于是人们根据信息技术的需要,不断注入新成果,形成了新的学习理论思潮——建构主义,它进一步强调了学习者在学习过程中的主动性,突出了意义建构和社会文化互动在学习中的作用,因而斯莱文(Slavin)在 1994 年说过"建构主义是教育心理学的一场革命"[1]。

建构主义思想来源于认知加工学说和维果茨基(Lev S. Vygotsky,1896—1934)、皮亚杰和布鲁纳等人的思想。以皮亚杰的理论为基础,科尔伯格(L. Kohlberg,1927—1987)对认知结构的性质和发展条件做了进一步的阐释;维果茨基着重人类社会的语言和人际交往对心理发展的影响;斯滕伯格(R. J. Sternberg,1949—)和卡茨(D. Katz,1884—1953)则强调了个体主动性对知识建构的作用。这些研究为建构主义学习理论的繁荣昌盛提供了充分支持。

建构主义有两种主要的观点。

一种是以皮亚杰为代表的个人建构主义。他提出了"发生认识论",认为人的认知结构是在不断适应客观环境的过程中主动建构而成的,是一种由主客体相互作用而产生的结果。它

皮亚杰

---

[1] Slavin,R. *Educational psychology*:*Theory and practice*(*4th ed*).Boston:Allyn and Bacom,1994.

不是客体的简单复写，也不是主体的预先构成或天赋，而是主体通过活动不断自行构成的。"发生认识论"主要研究人类认识的发展，解决人的认知怎样由低级向高级发展，以及基于怎样的机制以及经历了怎样的过程。

皮亚杰将认知发展分为认知结构和认知技能两部分。认知结构即图式，图式能够表征我们行动或经验的固定形式，是个体经过组织形成的思维和行为方式。认知技能分为内外两部分，内部的为组织，外部的为适应。适应涉及两个基本过程："同化"和"顺应"。所谓同化，是指主体将外部信息吸收过来，融入自己原有的认知结构（图式）中；而顺应，是指主体无法同化外部信息时，主体的认知结构会发生重组和改造来适应外部环境的变化。简单来说，同化是认知结构数量上的改变，顺应是认知结构性质的变化。

考试要点

中学教师资格证考试《教育教学知识与能力》真题（2015统考）

中学生小波通过物理实验发现，钟摆的摆动幅度不取决于钟摆的材料或重量，而是取决于钟摆的长度。根据皮亚杰的认知发展阶段理论，小波的认知发展水平已达到（　　）。

A. 感知运动阶段
B. 前运算阶段
C. 具体运算阶段
D. 形式运算阶段

答案：D

相关链接

皮亚杰将人的认知发展分为四个阶段：

1. 感知运动阶段（0~2岁）：儿童依靠动作感知来适应外部环境，构建动作图式。

2. 前运算阶段（2~7岁）：儿童从具体动作中摆脱出来，开始构建表象与形象图式。

3. 具体运算阶段（7~12岁）：儿童可以脱离表象，逐渐进行抽象思维。

4. 形式运算阶段（12岁以上）：儿童从具体抽象思维中摆脱出来，逐渐进行脱离具体形式的抽象思维。

维果茨基

皮亚杰将影响认知发展的因素分为四类，分别为成熟、物理环境、社会环境和平衡化。成熟指生理上的成长，尤其是指神经系统的发展；人从与物体的相互作用下可以获得来自物理环境的经验；人在与人以及社会的交往中，可以获得新的认识；平衡化是指在个体不能同化环境中的信息时，这种不平衡状态会驱动个体去调节自己的认知结构，从而达到一种新的平衡状态。

另一种是以维果茨基为代表的社会建构主义。他强调社会文化对思维的影响，认为人的思维不是一成不变的，而是随着社会文化的变化而变化的。儿童刚出生时，并不能成为完全意义上的人,他是在社会文化的影响和熏陶下,在与成人交往和逐渐内化的过程中,才渐渐完善,成为完全意义上的人。

相关链接

　　维果茨基是"内化"概念的提出者之一。内化指儿童在与成人的交往过程中,将外部世界的经验转化为自我内部经验的过程。

　　维果茨基认知发展理论的核心为语言。他认为语言是发展的媒介与思维的工具,是社会交往与活动的工具,是自我调控与反思的工具。根据学生的实际发展水平和经过教师指导的潜在发展水平之间的差异,维果茨基提出了最近发展区这一概念。支架式教学就是教师帮助学生通过最近发展区的一种教学方法,这一内容将在下文详细阐述。

想一想

　　如何促使儿童运用语言促进自身的认知发展?
　　研究显示,天才儿童的父母往往会鼓励孩子使用语言来预测、监控和检测自己的行为。例如,"你认为故事的下一步会发生什么呢"?在儿童出现这种自我监控的行为时,父母可以帮助他们使用语言表述出来,从而促进他们思维能力的发展。

(二)建构主义学习理论的不同取向

　　建构主义本身不是一种学习理论流派,而是一种理论思潮,目前仍处在发展过程中,还未达成统一意见。以下是对教育实践影响最大的四种理论。

1. 激进建构主义

　　这是以皮亚杰的思想为基础发展起来的建构主义,以冯·格拉赛斯费尔德(Von Glasersfeld)和斯特菲(Steffe)为代表。激进建构主义有两条基本原则:知识不是通过感觉被个体被动地接受,而是由认知主体主动建构起来的,建构是通过新旧经验的相互作用而实现的;认识的机能是适应自己的经验世界,帮助组织自己的世界,而不是去发现本体论意义上的现实。激进建构主义者相信,世界的本来面目是我们无法知道的,而且也没有必要去推测它,我们所知道的只是我们的经验。所以冯·格拉赛斯费尔德认为,个体图式随经验的扩展不断进化,所有知识都以个人认知为基础,都是个体通过与经验世界的对话建构起来的。激进建构主义深入研究了概念的形成、组织和转变,但主要关注个体与其物理环境的相互作用,对学习的社会性则重视不够。

2. 社会建构主义

　　社会建构主义主要是指以维果茨基的理论为基础、以鲍尔斯菲费尔德(H. Bauersfeld)和库伯(P. Cobb)为代表的建构主义,它也在一定程度上对知识的确定性和客观性提出了怀疑,并认为所有的知识都是有问题的,没有绝对优胜的观点,但它又比激进建构主义稍温和。它认为,世界是客观存在的,对每个认识世界的个体来说是共通的。知识是在人类社会范围里建构起来的，又在不断地被改造，以尽可能与世界的本来面目相一致，尽管永远达不到一致。另外，它把学习看成是个体建构自己的知识和理解的过程，但它更关心建构过程中社会性的一面。他们认为，知识不仅是个体与物理环境相互作用、内化的结果，语言等符号在此过程中也具有极为重要的意义。学习者在自己的生活经验形成的个体经验叫作"自下而上的知识"。它从具体水平向知识的高级水平发展，走向以语言实现的概括，具有理解性和随意性。在个体学习中，知识首先以语言形式的符号出现，由概括向具体经验领域发展，所以也可以称为"自上而下的知识"。

3. 社会文化取向的建构主义

社会文化取向的建构主义与社会建构主义有很大的相似之处，受到了维果茨基的影响，把学习看成是建构的过程，关注学习的社会性方面。但是，该取向认为，心理活动是与一定的文化、历史和风俗习惯密切联系在一起的。知识与学习都存在于一定的社会文化背景中，不同的社会实践活动是知识的来源。所以，该取向着重研究不同文化、不同时代、不同情境下个体的学习和问题解决等活动的差别。社会文化取向的建构主义者认为，学习应该像这些实际活动一样展开，学生在问题提出和解决中都处于主动地位，而且在其中可以获得一定的支持。这种观点提倡师徒式教学，就像工厂中师傅带徒弟一样地去教学。

4. 信息加工建构主义

信息加工理论认为认知是一个积极的心理加工过程，学习不是被动地形成 S-R 联结，而是包含了信息的选择、加工和存储的复杂过程。就此来说，信息加工比行为主义大大前进了一步。但是信息加工论假定，信息或知识是事先以某种形式存在的，个体必须首先接受它们才能进行认知加工，并没有将知识完全看成新旧经验间的反复的、双向的相互作用过程。信息加工建构主义比信息加工理论前进了一步。虽然它仍然坚持信息加工的基本范式，但接受了"知识是由个体建构而成的"观点，强调外部信息与已有知识之间存在双向的、反复的相互作用。新经验意义的获得要以原有的知识经验为基础，从而超越所给的信息。而原有经验又会在此过程中被调整或改造。但这种观点并不接受"知识仅是对经验世界的适应"的原则。所以信息加工建构主义也往往被称为"温和建构主义"。斯皮诺（R. J. Spiro）等人的认知灵活性理论就是一种这样的建构主义。

二、建构主义学习理论的基本观点及其应用

（一）对知识的理解

建构主义者强调知识的动态性，质疑知识的客观性和确定性。他们认为，任何一种传载知识的符号系统都不是绝对真实的表征，知识不是对客观现实完全正确的反映。它只不过是人们对客观世界的一种假设，绝不是问题的最终答案，它必将随

着人们对于事物认识程度的深入而不断被改写，从而出现新的假设。

知识不能绝对准确地概括整个世界的法则，不能提供对所有问题都实用的解决方法。在具体的问题解决中，知识需要针对具体问题的情境而进行再创造，不是一成不变的。

尽管语言赋予了知识一定的外在形式，但是知识不可能以实体的形式存在于个体之外。真正的理解是由学习者基于自己的经验背景而建构起来的，取决于特定情况下的学习活动过程，因此学习者对相同的知识具有不同的理解。否则就不叫理解，而是死记硬背，是被动的复制式的学习。

总之，尽管建构主义的某些观点过于激进，但它确实提出了不同的观点，向传统的教学和课程理论提出了巨大挑战。它颠覆了传统教学中灌输式的教学方法，认为知识是由个体主动建构的；它反对学习是一种模仿行为，认为学习是个体主动内化为自身知识的过程；它认为在教学中，知识是先建立框架，由整体到部分，而不是切割为部分被掌握。

(二)对学生的理解

建构主义者强调，学习者不是空着脑袋进入学习情境中的，他们在日常生活和过去各种形式的学习中已经形成了有关的知识经验，因此本身对于任何事情都有自己的看法。即便有些问题他们从来都没有接触过，但当问题呈现出来时，他们会基于以往的经验，依靠自己的认知能力来解释问题、提出假设。

教学不能无视学习者的已有知识经验，简单强硬地从外部对学习者实施知识的"填灌"，而应当把学习者原有的知识经验作为新知识的生长点，引导学习者从原有的知识经验中，生长出新的知识经验。教学不是知识的传递，而是知识的处理和转换。教师不单是知识的呈现者，也不是知识权威的象征，他应该重视学生自己对各种现象的理解，倾听他们时下的看法，思考他们这些想法的由来，并以此为据，引导学生丰富或调整自己的解释。

教师与学生之间、学生与学生之间需要共同针对某些问题进行探索，并在探索的过程中相互交流和质疑，了解彼此的想法。由于经验背景的差异不可避免，学习者对问题的看法和理解也经常千差万别。其实，在学生的共同体中，这些差异本身就是一种宝贵的现象资源。同时，建构主义虽然非常重视个体的自我发展，但是也不否认外部引导，即教师的影响作用。

(三)对学习的理解

建构主义认为，学习是学习者从不同背景、角度出发，通过独特的信息加工，主动地建构意义的过程。当代建构主义者主张，世界是客观存在的，但是对于世界的理解和赋予意义确实是由每个人自己决定的。由于我们的经验不同，我们对外部世界的理解便也迥异。所以，学生不是简单被动地接受信息，而是主动地建构知识的意义，这种建构是无法由他人来代替的。学习者的知识建构过程具有三个重要的特性。

1. 主动建构性

学习不是教师向学生传递知识，而是学生主动建构自己的知识；学生不是被动的信息接收者，而是信息意义的主动建构者，这种建构不可能由其他人代替。

维特罗克的生成学习理论认为，大脑不是被动地学习和记录信息，而是积极主动地建构它对信息的解释，从而做出推论。面对大量的信息，我们不可能接受所有的信息，只能忽视某些信息而有选择地注意其他信息。他提出了学习的信息加工流程图(参见第二章图 2-3)，并将人类的学习分为注意和选择性知觉、主动建构意义、建构完成和意义生成三个阶段(有关各个阶段的介绍详见第二章)。

2. 社会互动性

学习是通过某种社会文化的参与而内化相关的知识和技能、掌握有关工具的过程，这一过程常常要通过一个学习共同体的合作互助来完成。

3. 情境性

知识不可能脱离活动情境而抽象地存在，学习应该与情境化的社会实践活动结合起来。首先，学习只是存在于具体的、情境性的、可感知的活动之中；其次，人的学习应该与情境化的社会实践活动联系在一起，如师徒式教学；最后，学习和理解的关键是形成对具体情境中的"所限"和"所给"的调适，即学习者能理解该情境中的限制规则，理解在社会互动和实践活动中存在的"条件—结果"关系，从而对自己的活动过程及结果做出预期。

(四)对教学的理解

激活学生原有的相关知识经验，促进知识经验的"生长"，促进学生的知识建构活动，以实现知识经验的重新组织、转换和改造。教学要为学生创设理想的学习环境，激发学生的推理、分析、鉴别等高级的思维活动。

1. 随机通达教学

斯皮诺等人认为，学习分为两种：初级学习和高级学习。初级学习要求学习者知道一些重要的事实和概念，高级学习则要求学习者把握概念的复杂性，并广泛而灵活地运用到具体的情境中。适合于高级学习的教学应该能够帮助学习者清晰地理解和把握概念并能与具体的情境联系起来。为此，他们提出了随机通达教学，认为对同一内容的学习要在不同时间多次进行，每次的情境都是经过改组的，分别着眼于问题的不同侧面，以便使学习者对概念获得新的理解，即教学中要充分利用变式，分别用于说明不同方面的含义。

2. 情境性教学

建构主义者提倡情境性教学，认为传统教学是一种使学习去情境化的做法，主张在教学中，首先应该使学习在与现实情境相类似的情境中发生，以解决学生在现实生活中遇到的问题为目标。因此，学习的内容要选择真实的任务，不能进行简单化的处理。其次，教学过程应该与现实的问题解决过程相似，教师不是把准备好的内容教给学生，而是在课堂上展示与现实的问题解决相类似的探索过程，提供解决问题的原型并给予指导。最后，情境性教学不需要独立于教学过程的测验，而是采用融合式测验或教学与学习过程一致的情境化评估。

相关链接 👉

如何使用支架式教学？

1. 在遇到问题时，教师首先示范解决问题的步骤，而后让学生自己操作。

2. 教师解决问题时，使用语言讲述自己的思维过程，从而帮助学生理解思路。

3. 根据学习内容，适当提问，在了解学生理解程度的同时调整教学。

3. 支架式教学

支架的本意是建筑行业使用的脚手架，建构主义者用它来形容一种教学模式。该模式认为，教师在引导教学的过程中，让学生掌握、建构和内化他们所学的知识，从而使他们学习更高水平的认知活动，即通过支架（教师的帮助），把管理学习的任务逐渐由教师转移给学生自己，最后再撤去支架。

建构主义者认为，支架式教学一般包括三个环节：预热、探索和独立探索。因此，支架式教学将监控学习和探索的责任由以教师为主转化为以学生为主。教师不可越俎代庖，替学生完成他们有能力完成的任务，但是应该留意观察他们努力的过程，给予所需的支持和帮助。

4. 合作学习

合作学习是学生以小组的形式互相帮助的学习形式。小组规模可大可小。当满足以下两个条件时，合作学习可以提高学生的学习成绩，第一是实行小组奖励，第二是每个人都要承担社会责任，可以使用个人测评的方法评价各人的贡献，在让他们感兴趣的基础上促进责任感的产生。

合作学习还可以加强学生之间的相互联系和依赖。在合作小组学习中，当学生为他人讲授知识时，他们对部分内容的理解通常更加深入。合作学习方式有以下五种。

（1）STAD（学生—小组—成就—区分）

该方式适合能力参差不齐的小组，小组成员与过去相比进步最大者获得奖励。教师在讲授知识后，小组成员互相督促完成作业，共同学习但单独参加测验，个人总分影响团队总分，个人对总分的贡献取决于进步的大小。

（2）组合式课堂

将学习内容分成与小组人数对应的部分，每个小组学习相同内容的成员讨论学习，再由他们回到自己的小组进行讲解。或者，所有成员都学习全部内容，之后分别负责一部分，去和其他小组学习相同内容的成员讨论。

（3）共同学习

该方式包含四个部分：面对面交互、积极地互相依赖、个人责任感、团队人际交往能力的培养。主要注重情感和社会互动，4人或5人组成不同质小组，重点是讨论和团队建设。

（4）小组调查

将学习任务分派给各个成员，各人独立完成，然后小组集合在一起，对问题进行整合和总结。教师的作用是促使学生开展研究并保持小组的合作状态。

（5）合作改编

学生两人一组，学习知识后互相阐述，一人倾听，指出问题，两人互相充当教师角色。

教育故事 ✐

王老师是一位小学三年级的班主任，他最擅长利用学生的多元背景来促进合作学习。在他初带这个班级时，并没有着急组织合作学习，而是注意观察学生各自的性格和兴趣，在对学生有一定了解之后，才根据掌握的这些信息进行分组。为了增进学生的关系和交流，他采用了一系列破冰方法。例如，游戏访谈，通过游戏输赢让学生选择组员进行访问，更加了解彼此，从而促使他们在平等、尊重的基础上交流互动。

在日常的学习讨论中，让每个学生独立思考，并比较小组内成员之间的不同答案，讨论并给予彼此反馈，在不能解决问题时，可以要求老师帮助。

三、评　价

纵观建构主义学习理论对知识、学生、学习、教学的理解及其教学应用实践，都可以发现其独到之处。建构主义学习理论拓展了学习研究的领域，对当今教育界产生了广泛的影响，该理论不仅重视学校学习，还重视日常生活中的学习，深化了关于知识、学习的本质性认识，实现了由客体到主体、由外部向内部的认识论倒转，推动了认知科学、教育信息技术的发展，提供了多种具有启示意义的教学模式。建构主义学习理论改变了记忆和知识结构、问题解决和推理的分析、对儿童早期的基础认识、元认知过程和自我调节能力以及文化体验与社区变化，促进了教学改革。

但是建构主义的主观经验主义倾向、实用主义倾向和相对主义、怀疑主义倾向也引发了诸多批评。该理论过于强调知识的相对性，否认知识的客观性；过去强调学生个体信息加工过程的个别性，否认其共同性；过于强调知识的情境性和结构性，否认知识的逻辑性和系统性，走向了另一个极端。[1]

---

[1]　黄正夫.教育心理学.北京：北京师范大学出版社，2011.

第二节 人本主义学习理论及应用

人本主义是20世纪六七十年代继行为主义和精神分析学派之后涌起的第三思潮,其主要代表人物是马斯洛(A. H. Maslow,1908—1970)和罗杰斯。人本主义的学习与教学观深刻地影响了世界范围内的教育改革,是与程序教学运动、学科结构运动齐名的20世纪三大教学运动之一。

一、马斯洛的学习理论

(一)自我实现的人格发展观

人本主义心理学家认为,人的成长源于个体自我实现的需要,自我实现的需要是人格形成发展、扩充成熟的驱力。马斯洛的自我实现的需要是指人对于自我发挥和完成的欲望,也是使人们潜力得以实现的倾向。通俗来说,所谓自我实现,就是一个人能够成为什么,他就成为什么,因为他要忠于自己的本性。正是由于人有自我实现的需要,才能使自我的潜能得以实现。

马斯洛

自我的正常发展必须具备两个基本条件:无条件的尊重和自尊。无条件的尊重是自尊产生的基础,因为只有别人对自己有好感,自己才会对自己产生好感。如果自我正常发展的条件得以满足,那么个体就能根据真实的自我而行动,就能真正实现自我的潜能,成为心理健康者。人本主义心理学家认为,自我实现者能以开放的态度对待经验,他的自我概念与整个经验结构是和谐一致的,他能体验到一种无条件的自尊,并能与他人和谐相处。

> **想一想**
>
> 如何建立良好的师生关系?
>
> 要具备三个基本条件:真诚、理解、接受。
>
> 教师要在全面了解学生的基础上,尊重学生的人格、思想,不但要关心学生的生活学习,而且要接纳学生的观点和想法。

同时马斯洛还认为,人的潜能是自我实现的,而不是教育的作用使然,他认为,"文化、环境、教育只是阳光、食物和水,但不是种子"[①]。他们认为,教育的作用只在于提供一个安全、自由、充满人情味的心理环境,使人固有的优异的潜能自动得以实现。

(二)内在学习论

马斯洛认为,理想的学校应反对外在学习,提倡内在学习。所谓内在学习,就

---

① [美]马斯洛.人的潜能和价值.林方,主译.北京:华夏出版社,1987.

是依靠学生的内在驱力，充分开发潜能，达到自我实现的学习。这是一种自觉的、主动的、创造性的学习模式。这种教育模式会促进学生自发地学习，打破束缚人发展的清规戒律，自由地学他想学的任何课程，充分发挥想象力和创造力。

外在学习是指单纯依赖强化和条件作用的学习，其着眼点在于灌输而不在于理解，属于一种被动的、机械的、传统的教育模式。

马斯洛批判传统的学习是一种外在学习，学习活动不是由学生决定的，是由教师强制的。学生只是对个别刺激做出零碎的反应而已，学生所学的知识缺少个人意义。学生读一本书的唯一理由可能是读书所带来的外部奖励，为了"一纸文凭"或"赚取学位"，这都是外在学习的弊端。

二、罗杰斯的学习理论

（一）知情统一的教学目标观

罗杰斯在 20 世纪 60 年代将他的"患者中心"的治疗方法应用到教育领域，提出了"自由学习"和"学生中心"的学习与教学观。

罗杰斯认为，情感和认知是人类精神世界中两个不可分割的有机组成部分，彼此是融为一体的。因此，罗杰斯的教育理想就是要培养"躯体、心智、情感、精神、心力"融汇一体的人，也就是既用情感方式也用认知方式的情知合一的人，这种人他称为"完人"或功能完善者。当然，这种状态的人只是一种

罗杰斯

理想化的教学目标。罗杰斯认为："只有学会如何学习和学会如何适应变化的人，只有意识到没有任何可靠的知识，只有寻求知识的过程才是可靠的人，才是真正有教养的人。在现代社会中，变化是唯一可作为教育目标的依据，这种变化取决于过程而不是静止的知识。"可见，人本主义重视的是教学的过程而不是教学的内容，重视的是教学的方法而不是教学的结果。

（二）有意义的自由学习观

人本主义强调的教学目标是促进学习，学习并不是教师填鸭式地强迫学生学习枯燥乏味的教材，而是学生在好奇心的驱使下吸收任何他自觉有趣和需要的知识。罗杰斯认为，学生的学习主要有两种类型：认知学习和经验学习；其学习方式也主要有两种：无意义学习和有意义学习。他还认为，认知学习的很大一部分内容对学

生自己是没有意义的，只涉及心智而不涉及感情和个人意义，是一种"颈部以上的学习"，而这正是无意义学习；而经验学习以学生的经验生长为中心，以学生的自发性和主动性为学习动力，把学习与学生的愿望、兴趣和需要有机地结合起来，因而经验学习必然是有意义的学习，必能有效地促进个体的发展。

有意义的学习不仅是一种增长知识的学习，而且是一种与个人各部分经验都融合在一起的学习，是一种使个体的行为、态度、个性以及在未来选择行动方针时发生重大变化的学习。需要区分的是，罗杰斯和奥苏伯尔的有意义学习并不相同，前者关注的是学习内容与个人之间的关系，后者强调新旧知识的联系，只涉及理智，不涉及个人意义。因此罗杰斯认为，奥苏泊尔的有意义学习也是"颈部以上的学习"。

罗杰斯认为有意义学习应该具备四个特征。

①全神贯注：整个人的认知和情感均投入到学习活动之中。

②自动自发：学习者由于内在的愿望主动去探索、发现和了解事件的意义。

③全面发展：学习者的行为、态度、人格等获得全面发展。

④自我评估：学习者自己评估自己的学习需求、学习目标是否完成等。因此学习能对学习者产生意义，并能纳入学习者的经验系统中。

> **想一想**
>
> 教师资格证考试中学《教育教学知识与能力》真题(2015年河北省)
>
> 董老师总是希望在课堂上尽可能地满足学生爱与被爱的需要。董老师的做法体现了哪种课堂管理取向？(　　)
>
> A. 建构取向
> B. 行为取向
> C. 认知取向
> D. 人本取向
> 答案：D

总之，有意义的学习结合了逻辑和直觉、理智和情感、概念和经验、观念和意义。若我们以这种方式来学习，便会变成完整的人。

(三)学生中心的教学观

人本主义在其学习观的基础上提出了自己的教学观，罗杰斯认为，凡是可以由别人教给的知识，相对来说都是无用的；能够影响个体行为的知识，只能是他自己发现并加以同化的知识。因此教学的结果，如果不是毫无意义的，就可能是有害的。教师的任务不是教学生如何学习(认知学派)，不是教学生学习知识(行为主义)，而是为学生提供各种学习的资源，提供一种促进学习的气氛，让学生自己决定如何学习。为此，罗杰斯对传统教育进行了猛烈的批判。他认为在传统教育中，教师是知识的拥有者，而学生只是被动的接受者；教师可以通过演讲、考试甚至嘲弄来支配学生学习，而学生无所适从，教师是权力的拥有者，学生只是服从者。因此，罗杰斯主张废除教师这一角色，代之以"学习的促进者"。

罗杰斯认为，促进学生学习的关键不在于教师的教学技巧、专业知识、课程计划、试听辅导材料、演示和讲解、丰富的书籍等(虽然每一个因素都可以作为重要的教学资料），而在于特定的心理氛围因素，这些因素存在于"促进者"和"学习者"的人际关系之中。那么促进学习的心理气氛因素有哪些？罗杰斯认为包括：

①真实和真诚：学习的促进者表现真我，没有任何虚伪和防御。

②尊重、关注和接纳：学习的促进者尊重学习者的情感和意见，关心学习者的方方面面，接纳学习者的价值观念和情感表现。

③移情性理解：学习的促进者能了解学习者的内在反应，了解学生的学习过程。这种氛围下的学习，才是以学生为中心的，教师只是学习的促进者、协作者或者说是伙伴，学生才是学习的关键，学习的过程就是学习的目的所在。

三、人本主义学习理论的应用

（一）以题目为中心的课堂讨论模式

该模式是指教师提出适合讨论的课题，学生与老师共同参与讨论，各抒己见。该模式能够促进教师与学生、学生与学生之间的关系。教师在该模式中要起到体现人本主义精神的作用，能够尊重每个学生的意见，表现出对学生真诚的爱，要发现每个学生身上的优点，喜爱每个学生。学生在讨论课题时，要能与自身的生活经历相结合，全身心的讨论才能使其对每个人都有意义。另外，教师应该鼓励每个学生的独特性，使课堂更具有个性化。

（二）自由学习的教学模式

该模式适合大学教学，教师与学生签订协议，决定一学期内所要学习的内容数量、方向。由学生决定教师使用怎样的教学方式、讲授什么内容，甚至包括教学内容的来源以及检索方式。学生决定教师使用什么教学辅助工具，如多媒体、录音笔等。自由学习的教学模式可以充分调动学生参与课堂的积极性，使每个学生都投入其中。最终的考试也由学生制定，但考试内容分数的量化由教师和学生共同制定。

（三）开放课堂教学模式

该模式适合高校学生的学习，年龄较小的儿童则不适合。该模式的课堂无拘无束，学生在课堂上可以做想做的事，学习想学的科目，课间时间学生也可以继续自己未完成的项目。教师在其中起的作用就是给学生鼓励和支持，促进其对知识的学习。教师需要对每个学生建立学生档案，详细记录学生的一举一动，并根据学生的情况对他们的学习内容提出建议。

四、评 价

以罗杰斯为主的人本主义心理学家从自然人性论、自我实现论以及"学生中心"出发，在教育实际中倡导以学生经验为中心的有意义的自由学习，这对传统的教育理论产生了冲击，推动了教育改革运动的发展。这种冲击和促进主要表现在：突出情感在教学活动中的地位和作用，形成了一种以知情协调活动为主线，以情感作为教学活动的基本动力的新的教学模式：以学生的自我完善为中心，强调人际关系在教学过程中的重要性，认为课程内容、教学方法、教学手段等都维系于课堂人际关系的形成和发展；把教学活动的重心从教师引向学生，把学生的思想、情感、体验和行为看作教学的主体，从而促进了个别化教学运动的发展。不过，罗杰斯对教师的否定作用是言过其实的，是不正确的。

本章小结

1. 知识和意义不是独立于个体自身存在的，而是个体以自身经验为基础，主动建构起来的。

2. 皮亚杰的个人建构主义提出了发生认识论，认为知识是一种主客体相互作用而产生的结果，是在不断适应客观环境的过程中主动建构而成的。图式是个体经过组织而形成的思维和行为方式。同化是指主体将外部信息吸收过来，融入自己原有的图式中；而顺应是指主体无法同化外部信息时，主体的认知结构会发生重组和改造来适应外部环境的变化。

3. 维果茨基的社会建构理论提出了认知发展论，语言是该理论的核心。

4. 建构主义者认为，知识只是人们对客观世界的一种假设，绝不是问题的最终答案，它必将随着人们对于事物认识程度的深入而不断被改写，从而出现新的假设；学习者在日常生活和过去各种形式的学习中已经形成了各种知识经验，因此对于任何事件都有自己的看法，我们每个人的经验不同，对外部世界的理解也迥异；在教学中，要激活学生的相关经验，促进知识的转换和改造。

5. 人本主义认为，学习是人固有能量的自我实现过程，主要强调人的尊严和自我价值以及无条件的积极关注在个体成长中的重要作用。

6. 马斯洛主要强调了自我实现和内在学习，认为人的潜能是自我实现的，而不是教育的作用使然，一个人能够成为什么，他就成为什么，因为他要忠于自己的本性。而内在学习，是依靠学生的内在驱力，充分开发潜能，达到自我实现的学习。

7. 罗杰斯提出了知情统一的教学、有意义的学习以及以学生为中心的教学，罗杰斯的教育理想就是要培养知情统一的人，这种人他称为功能完善者。有意义的学习不仅是一种增长知识的学习，而且是一种与个人各部分经验都融合在一起的学习，是一种使个体的行为、态度、个性以及在未来选择行动方针时发生重大变化的学习。

8. 罗杰斯认为，凡是可以由别人教给的知识，相对来说都是无用的；能够影响个体行为的知识，只能是他自己发现并加以同化的知识。教师的任务不是教学生如何学习（认知学派），不是教学生学习知识（行为主义），而是为学生提供各种学习的资源，提供一种促进学习的气氛，让学生自己决定如何学习。

关键术语

建构主义、个人建构、图式、社会建构、随机通达教学、支架式教学、人本主义、自我实现、有意义学习、学生中心、自由学习

思考题

1. 个人建构主义与社会建构主义有何不同？
2. 结合实际讨论建构主义学习理论对教育实践的启示。
3. 什么是支架式教学？结合实际为学习设计支架。
4. 什么是随机通达教学？
5. 怎样理解人本主义的有意义学习？
6. 如何理解人本主义心理学的内在学习观？
7. 如何评价罗杰斯以学生为中心的教育心理学思想？

拓展阅读

[美]保罗·埃根，唐·考查克. 教育心理学：课堂之窗（第6版）. 郑日昌，主译. 北京：北京大学出版社，2009.

该书被称为市场上能找到的最实用的教育心理学领域的教科书，详尽阐述了教学中的研究和理论，并提出了许多如何将它们应用到课堂实践中的建议，对于当前教师的课堂教学具有实践意义。

参考文献

1. 彭聃龄. 普通心理学（修订版）. 北京：北京师范大学出版社，2004.
2. 陈琦，刘儒德. 当代教育心理学（第2版）. 北京：北京师范大学出版社，2007.
3. 黄正夫. 教育心理学. 北京：北京师范大学出版社，2011.
4. 朱金卫. 教育心理学. 西安：陕西师范大学出版总社有限公司，2012.
5. 王振宏，李彩娜. 教育心理学. 北京：高等教育出版社，2011.
6. 胡谊. 教育心理学. 上海：华东师范大学出版社，2009.

7.[美]保罗·埃根，唐·考查克.教育心理学：课堂之窗(第6版).郑日昌，主译.北京：北京大学出版社，2009.

8.[美]马斯洛.人的潜能和价值.林方，主译.北京：华夏出版社，1987.

9. Slavin，R. *Educational psychology*：*Theory and practice*（4th ed）.Boston：Allyn and Bacon，1994.

10. 刘志雅，黄建榕.论建构主义的学习理论.现代教育论丛，2004(03).

第五章　知识的学习与教学

1. 了解知识的含义及类型。

2. 掌握知识学习的过程。

3. 领会影响知识学习的因素。

4. 能够运用促进知识获得的策略。

导入▶

知识与金钱的故事

有一天，金钱出去买东西，刚好知识也要去买，他们两个在商场门口相遇了。

金钱对知识说："我们两个打个赌吧，看人们最喜欢谁。"话音刚落，知识说："人们当然最喜欢我了，做任何事情都要有知识才能做得好，没有知识将一无所成。"金钱不服气地说道："你算什么东西，人们最喜欢的肯定是我吧！不是流传着这样一句话吗，瞎子见钱眼开。你看看现在这个社会谁不喜欢金钱，有了金钱，人们想要买什么就能买什么。"总之，知识和金钱各有各的理由，两个人争得不分上下，最后他们两个决定，通过具体事情来证明自己的能力。

知识和金钱约好来到了一家酒楼，老板赶紧把金钱请到了大厅的席位上。这时金钱得意扬扬地对知识说："怎么样，还是我最受欢迎吧！"正当金钱得意的时候，知识突然发现酒楼里散布着一种新的流感病毒，所以他叫大家赶快离开酒楼，由于发现得早，传染的人不多。但是，因为金钱在雅间里待得时间有些长，染上了病毒，住进了医院。事后，人们都表扬知识。

这次事件之后，金钱还是不服气，非要与知识再比一次，于是，他们两个约好来到了房屋中介购买房屋。因为金钱有足够的钱财，所以不假思索地买了一套非常豪华的房子，开始的时候，他住得很好，可是住着住着，逐渐发现房子的很多地方出现了质量问题，简直成了一座危房，再也不敢住了。而知识则通过认真挑选买了一套经济实惠、称心如意的房子。

尽管两次较量都落了下风，金钱还是不服气，于是金钱和知识请来了一位老者，让他来评判一下谁最受人们喜欢，老者拉着知识和金钱的手说："你们各有各的长处和优点，是天生的一对好朋友，人们少了你们哪个都不行，所以你们要全力以赴地去帮助人们，而不是互相攀比。"

遗憾的是，现实生活中总有人认为，有知识根本没什么大用，只是学才高而已；有的人认为，知识没有金钱好，有钱能使鬼推磨，还是金钱好；也有人认为，知识是好，但是没有自由自在、无忧无虑的生活好。其实，只有拥有足够的知识，才能避免或解决各种恼人的问题，无忧无虑地去生活；同时，也只有拥有知识，才能创造各种财富，最终得到自己应有的金钱。所以，我们要好好学习，为自己的未来打好基础，做一个既有知识又有金钱的富翁！

第一节　知识的分类与表征

一、知识的分类

(一)知识的含义

"知识"是一个我们日常生活中经常使用的概念，但人们对知识的定义一直存在不同的观点。例如，把知识定义为对具体事物、普遍原理、方法和过程的回忆，或者是对一种模式、结构或框架的回忆。也有一些学者认为，知识是由信息构成的，并储存于长时记忆的表征中。此外，还有许多西方心理学家倾向于把知识看作言语信息，即用言语符号来表述事物或某些事实。然而，这些定义或者强调知识的结果，不能反映知识产生的真实来源，或者只是对知识的现象进行描述，或者理解过于狭隘。总之，不能全面说明知识的本质。[①]

> **相关知识链接**
>
> 1. 知识具有辨别功能，人可以基于有关知识对感受到的事物进行辨认和归类，从而对它们不再感到陌生。
> 2. 知识具有预期功能，在具备了相应的知识时，人就可以通过推论对事物形成一定的预期，推知事物会是怎样的，它会怎样发展变化等。
> 3. 知识具有调节功能，个体总在以自己的知识为基础来确定活动的程序，并对活动的实施过程进行监控和调节。

通常，可在两种意义上界定知识。一是人类知识，此类知识经常以书籍、计算机或其他载体储存，这类知识构成了人类所具有的信息的总和。二是个体知识，是指个体头脑中具有的信息总和。但人类知识和个体知识，其实质都是通过主客体的相互作用、相互影响产生的，是客观事物的特征与联系在人脑中的能动反映，是客观事物在人脑中的主观表征。

这种定义方法，可以从知识产生的基础和表现形式方面来理解。

从知识的产生基础进行定义，知识是在主客体相互作用的基础上，通过人脑的能动反映活动产生的。主客体的相互作用是指反映活动的主体与客体之间的相互作用。如果没有被反映的客观对象，也就不存在事物的特征与联系，则头脑中也不会产生任何反映。因此，知识来源于客观存在的事物，知识是客观的。

从知识的表征形式进行定义，知识是主客观相统一的产物，是一种主观表征。虽然知识是对客观事物的反映，具有客观性，但它毕竟不是客观事物本身，而是客观事物在人脑中的主观反映，因此知识又具有主观性。

[①] 刘伟，王立宪. 论知识的学习. 济南大学学报(社会科学版)，2001(05).

具体到教育心理学的研究领域中，"知识"的定义也有狭义与广义之分。

狭义的知识，一般是指能储存在语言文字符号或言语活动中的信息或意义，如各门学科的事实、概念、公式、定理等。正是在这种意义上，通常将学校智育的目标描述为：教给学生系统的科学文化知识、形成学生的技能、发展学生的智力。这里的知识、技能和智力是三个不同的范畴，知识是技能和智力发展与形成的前提和基础。

广义的知识，是指个体通过与环境相互作用后获得的一切信息及组织。这里的知识既包括个体从自己的生活实践和人类的社会历史实践中获得的各种信息和组织，又包括获得和使用这些信息和组织过程中形成和发展的种种技能、技巧和能力。就知识的储存方式而言，如果它储存在个体内部，就是个人的知识；如果它储存在书籍等载体中，就是人类的知识。[①]

(二)知识的分类

知识的种类非常丰富，但目前还没有统一的分类标准。研究者们对知识进行科学分类，可以使教师针对不同类型的知识更有效地组织教学，进而促进学生对知识的有效掌握。在教育心理学的发展史上，人们对知识的定义和范围一直存在不同的理解，研究者从知识学习的角度对知识的分类也存在不同看法。根据不同的维度，有以下几种分类方式。

其一，按照知识的来源，可分为直接经验知识和间接经验知识。直接经验知识是指个体亲自参加实践总结出来的知识；间接经验知识是指个体从他人那里获得的经验，其中最重要的是书本知识。

其二，按照对事物属性的反映程度，可分为感性知识和理性知识。感性知识又称具体知识，是指一些具有感性特征的、具体而有形的信息，如关于人物、时间、事件等方面的知识。感性知识主要反映事物的外部特征和具体联系，通常用代表具体事物的符号来表示，一般抽象概括水平较低。理性知识又称为抽象知识，是指一些普遍的、抽象的概念或命题，它反映事物的内部抽象特征和本质联系，通常在感性知识基础上通过概括转化形成，一般抽象概括水平较高。

其三，按照知识所在的学科领域，可以将知识分为数学知识、语文知识、物理知识、生物知识等。

其四，加涅根据学习的结果将知识分为五类：①智慧技能，个体使用符号与外界接触的能力；②认知策略，主要用来指导自己的注意、学习、记忆和思维等，是对内办事的能力；③言语信息，个体陈述事实或观念的能力；④动作技能；⑤态度。生活中狭义的知识就是加涅分类中的言语信息，而通常所说的技能指的是加涅分类里的智慧技能、认知策略、动作技能。

---

① 莫雷. 教育心理学. 广州：广东高等教育出版社，2002.

其五，现代认知心理学从知识的性质和表征方式的角度将知识分为陈述性知识（知识）、程序性知识（技能）和策略性知识（实质是程序性知识）。

陈述性知识也叫描述性知识，主要用来说明事物的性质、特征以及事物之间关系的知识，用于区别和分辨事物。陈述性知识包括事实、规律、个人态度等。这种知识具有静态的特点，我们的教学中所传授的知识大多属于陈述性知识。

> **相关知识链接**
>
> 陈述性知识举例：
> 1. 知道乘法口诀是什么。
> 2. 知道中华人民共和国国歌是什么。

陈述性知识主要用来回答"是什么"的问题。例如，"今天是星期五""明天是春节"等。

程序性知识也称为操作性知识，是关于如何操作的知识。程序性知识是经过大量学习而自动化了的关于行为步骤的知识。程序性知识是个体没有有意识地提取线索，而是借助某种作业形式间接推测其存在的知识。总之，程序性知识是关于如何去做的知识，是操作性的、实践性的知识。与陈述性知识的不同在于，程序性知识是在个体的意识之外，主要用来解决"如何做"的问题。例如，会打篮球、会开车等都是程序性知识的体现。它也可以被称为技能。

根据运用概念和规则办事的方向，又将程序性知识分为两个亚类：一类是运用概念和规律对外办事的程序性知识，称为智慧技能；另一类是运用概念和规则对内调控的程序性知识，称为认知策略。智慧技能和认知策略的区别在于，智慧技能是运用习得的概念和规则加工外在的信息，认知策略是运用习得的概念和规则来调节和控制自己的加工活动。

由于程序性知识同实践操作关系密切，因此具有动态的特点。目前，我国学校教学对这种知识的强调并不充分。

> **相关知识链接**
>
> 程序性知识举例：
> 1. 知道怎样踢足球。
> 2. 知道怎样完成一个数学运算。
> 3. 知道怎样在百度中检索信息。

策略性知识是关于如何学习和如何思维的知识，即个体运用陈述性知识和程序性知识去调控学习方法、学习过程等。从本质上看，它也是一种程序性知识，但和一般的程序性知识有所不同。一般的程序性知识是完成某种具体任务的操作步骤，而策略性知识是一套如何学习、记忆、思维的规则和程序。只有在策略性知识的指导下，陈述性知识和程序性知识才能被有效地加以应用。但传统教学中往往忽视了策略性知识的掌握，因此，在日常教学活动中我们应注重"教会学生如何学习"。

二、知识的表征

(一)知识表征的含义

表征，即知识的表征或知识的心理表征，是指信息在心理活动中表现和记载的方式。[1] 大量研究证明，表征包括内容和形式两个方面。所谓内容，是指表征所具有的实际信息；而形式，是指表达内容的方式。相同的内容可用不同的形式表达，如"世界第一高峰是珠穆朗玛峰"和"珠穆朗玛

> **相关知识链接**
>
> 策略性知识举例：
> 1. 购买电影票是选择找熟人买、自己排队还是网络购票。
> 2. 计算数学运算题是列竖式还是心算。

峰是世界第一高峰"表达的内容虽然相同但形式却不同。相反，同一形式也可表达不同的内容，如"他正在开会"。如果"他"是领导，表示他正在传达会议精神；如果"他"是普通职员，则表示他正在聆听会议精神。

一直以来认知心理学认为，表征代表了外界与个体内部之间的标定关系。知识在人们的头脑中是如何表征的，也一直是认知心理学与教学心理学研究的焦点。

(二)知识的表征形式

1. 陈述性知识的表征形式

(1)概　念

> **想一想**
>
> 陈述性知识的表征形式有哪些？
> 答案：1. 概念；2. 命题；3. 命题网络；4. 表象；5. 图式

构成知识的基本单位便是概念，个体要表征知识就需要表征概念。概念代表着事物的基本特征，是一种比较简单的表征形式。比如，"等边三角形"包含了一些特征：有三条相等的边，有三个相等的角，是一个平面图形，是一个封闭图形等。[2]

(2)命　题

命题，这个逻辑学术语，指的是表达判断的语言形式。[3] 命题是知识的最小单元，它用于表达一些事实或状态，通常由一个关系和一个以上论题组成。论题是指命题中的实体，可以是命题中的主体、受体、目标、接受者等，一般由名词或代词表达；关系是用来限定论题的，一般由动词、副词、形容词或系表结构(是或不是……)来表达，有时也用其他关联词表达。[4] 例如，在"老师是善良的"这一命题中，"老师"是论题，"善良的"是这一命题表达的关系，这一命题使我们只关注老师善良这一特点，而不关注老师的其他特点。虽然一个命题只能有一个关系，但它所包含的论题可以有两个或两个以上。例如，在"小红喜欢画画"这一命题中，命题的关系

---

[1]　王慧萍. 教育心理学. 北京：高等教育出版社，2011.
[2]　冯忠良，伍新春，姚梅林，等. 教育心理学. 北京：人民教育出版社，2010.
[3]　汪凤炎，燕良轼. 教育心理学新编(修订版). 广州：暨南大学出版社，2007.
[4]　张承芬. 教育心理学. 济南：山东教育出版社，2006.

仅有一个，即"喜欢"，但这个命题涉及的论题却有两个，即"小红"和"画画"，而"喜欢"则对这两个论题做了限制，它说明"小红"和"画画"之间的关系是"喜欢"而不是其他的关系。表达命题的方式是句子，但命题又不等同于句子，句子只是表示交流观点的方式，而命题则代表着观点本身，个体将观点储存在头脑中用的是命题（句子的意思）而不是句子（确切的词语）。一个句子可以包含一个甚至多个命题，如"我们正在高兴地玩消消乐游戏"这个句子至少包含了三个基本命题："我们正在玩游戏""玩得很高兴""玩的是消消乐游戏"。可见，虽然命题是由句子来表达的，但命题不等同于句子。

（3）命题网络

命题网络是由具有共同成分的两个或多个命题彼此联系起来形成的，即如果两个命题中有共同的成分，则可以把这两个命题彼此联系起来组成一个命题网络。在命题网络中，一个命题也可以嵌套于另一个命题之中，也就是作为另一个命题的一个论题。在命题网络中，相关论题是具有层次性的结构。科林斯（A. M. Collins）和奎廉（M. R. Quillin）用经典实验支持了这一观点，并提出了一个语义知识表征的层次网络模型（见图 5-1）。

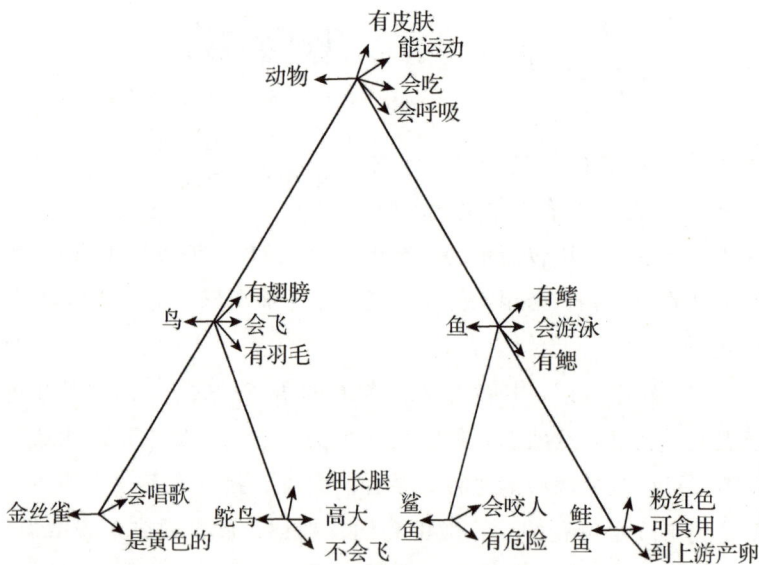

图 5-1 层次网络模型

在这个模型中，动物、鸟、鱼等知识在大脑中是分层次储存的。例如，"会呼吸"是所有动物的属性，这一属性把动物与其他事物区分开来，它储存在大脑的最高水平；"能飞"是所有鸟的属性，储存在比"动物"低一级的水平上，可以用来区分鸟与非鸟的动物。同时，这种层次网络模型包含着一定的推理机制。例如，我们可以通过网络的搜索判断"鸵鸟是动物""鸵鸟是鱼"等句子的真假。他们还假定，由于储存在知识网络中的特征的距离不同，提取他们的反应时也将不同。研究结果表明，概括水平低的问题的反应时较概括水平高的问题的反应时要短，这个结果在一定程度上也说明了命题中的论题是分级储存的。

（4）表　象

表象是指事物不在面前时，人们在头脑中仍出现关于事物的形象。表象不仅仅是一个人的映象，也是一种操作，即心理操作可以以表象的形式进行。

在很多情况下，人们习惯用命题来表征自己所知道的知识，而在一些情况下，人们也用表象来表征自己所知道的知识。大多数情况下，命题表征的是知识的抽象意义，而表象表征的是事物的形象特征。例如，让你判断"大象比河马高"这一说法的对错时，你往往需要一点儿时间才能做出判断。这是因为你在判断的时候，头脑中需要呈现大象的形象和河马的形象，并在头脑中将这两个表象进行对比才能得出答案，就好像在头脑中看到过大象和河马似的。因此，加涅认为，表象是个体保存情境信息与形象信息的一种很重要的途径，命题则做不到这一点。

（5）图　式

图式这个概念最早是由皮亚杰提出的，他认为："图式是一种内化的动作。婴儿最初的图式是吮吸图式。由于同化与顺应的作用，儿童原有的图式得到扩大、调整，形成新的图式以适应变化的环境。"[1]英国心理学家巴特利特第一次正式提出了心理学意义上的"图式"概念，他将图式看作过去的反应或经验的一种积极的组织。他认为人脑中的知识单元、知识组块和知识系统就是图式。在现代认知心理学中，图式是一个极为重要的概念，现代图式理论的一个主要代表人物鲁梅哈特（D. E. Rumelhart，1886—1969）认为，图式是表征储存在记忆中的一般概念的数据结构，这种结构具有网络形式。图式存在于人类的尝试记忆系统中，个体可以根据实际要求提取相应的图式，从而引导个体的各种活动，促进个体对事物及关系的理解。如果提取图式的过程失败，个体的活动也将受阻。[2]

心理学家们之所以提出"图式"这个概念，其目的在于表征人们对某个主题知识的综合特点。命题和表象都只涉及知识的单个观念，而图式能够组合概念、命题和表象。一般情况下，我们认为图式是指有组织的知识结构，是对某个范畴的规律性做出编码的一种形式，而这些规律性既可以是知觉性的、形象的，也可以是命题性的。也正因为这样，图式并不只是简单地将命题表征进行扩展，因为命题只表征事物的抽象含义，并不对知觉的规律性做出编码，而图式则表征了特殊事物间的共同性，而这种共同性既可以是抽象命题，也可以是知觉性的。

现代认知心理学将图式分为很多种，如物体图式、事件图式、动作图式等。有关物体的形状、特点、结构等信息即物体图式，如动物的图式、房屋的图式。各种事件发生的经过及经过之间的关系即事件图式，有时也称为脚本，如去舞蹈房练舞

---

① 汪凤炎，燕良轼．教育心理学新编(修订版)．广州：暨南大学出版社，2007.

② 王慧萍．教育心理学．北京：高等教育出版社，2011.

的图式、去琴房弹琴的图式等。有关动作产生的顺序、力量、幅度、方式等程序性信息图式即动作图式，如体操的图式、跳水的图式等。

> **想一想**
>
> 程序性知识的表征形式有哪些？
> 答案：产生式和产生式系统

2. 程序性知识的表征形式

程序性知识的表征形式不同于陈述性知识的表征形式，心理学家提出程序性知识的表征形式是产生式和产生式系统。

（1）产生式

产生式这个术语来自计算机科学。信息加工心理学的创始人纽厄尔（Newell，1927—1992）和西蒙（Simon，1916—2001）首先提出人脑中储存的技能是用产生式表征的。纽厄尔和西蒙认为人脑和电脑一样都是"物理符号系统"，它们的作用都是操作一系列符号。我们之所以能进行运算、推理和解决问题等各种复杂活动，是因为人们经过学习，在头脑中储存了一系列的以"如果—那么—"形式表征的规则，人类的这一学习过程同计算机程序在本质上是一样的。这种规则就被称为产生式。程序性知识表征的最小单位便是产生式。一个产生式是一个由条件和动作组成的指令。

（2）产生式系统

简单产生式只能完成简单的活动。但在实际活动中，有些问题非常繁杂，需要完成一系列的活动或操作，这就需要许多简单的产生式。经过大量练习，简单的产生式可以形成复杂的产生式系统。这种产生式系统被认为是复杂技能的心理机制。[①]

第二节　知识的学习过程及影响因素

一、知识学习的一般过程

（一）知识的获得

知识学习的第一个阶段是知识的获得，在这一阶段中，新知识进入短时记忆，与长时记忆中原有的知识建立一定的联系，并将新知识纳入原有的命题网络，从而理解新知识。而要理解新知识必须通过知识直观和知识概括两个环节来实现。[②]

---

① 王慧萍. 教育心理学. 北京：高等教育出版社，2011.
② 张大钧. 教育心理学. 北京：人民教育出版社，2002.

1. 知识直观

（1）知识直观的含义

知识直观是个体通过对直接感知到的学习材料的表层意义、表面特征进行加工，从而形成对有关事物的具体的、特殊的、感性的认识的加工过程。知识直观是个体由不知到知的开端，是知识获得的首要环节。

（2）知识直观的类型

实物直观　实物直观，即个体通过直接感知学习材料而进行的一种直观方式。例如，观察各种实物、野外考察、参观等，都是通过实物直观的途径为理解知识提供感性材料。因为只有接触实际事物才能进行实物直观，所以实物直观所得到的感性知识与实际事物间的联系也是比较密切的，因此它在实际生活中发挥作用的速度是很快的。同时，实物直观给人以真实感、亲切感，因此它有利于激发学生的学习兴趣，调动学习的积极性，开发学生的学习潜力。

但实物直观也有它的不足之处，在实际事物中不易突出实物的本质属性。同时，由于时间、空间和人的感官特性等的限制，很多事物很难通过实物直观获得清晰明了的感性知识。

模象直观　模象，即事物的模拟性形象。模象直观，即通过对事物的模拟形象直接感知而进行的一种直观方式。

模象直观的优点：模象直观能够突出事物的本质特征，因而模象直观在很大程度能够扩大实物直观的范围，提高实物直观的效果。

模象直观的缺点：由于模象只是事物的模拟形象，并不是实际事物本身，因此模象与实际事物之间会有一定差距，这就有可能使学生形成不准确的或片面的感性认识。

因此，我们进行模象直观时要注意两点：一是注意将模象与所熟悉的事物相比较；二是在可能的情况下，将模象直观与实物直观结合进行。

言语直观　言语直观是在形象化的语言影响下，个体通过对语言的物质形式（语音、字形）的感知及对语义的理解而进行的一种直观形式。例如，在阅读文学作品时，对有关情境及人物形象的领会；在学习历史、地理知识时，对有关历史人物事件和有关地形地貌的领会等都需要借助言语直观。

言语直观的优点：言语直观不受任何物质条件的限制，可以广泛应用，便于学生对感性知识进行概括。

言语直观的缺点：进行言语直观时所产生的表象，往往不如实物直观和模象直

考试要点

小学教师资格证考题预测：

在实际教学过程中，知识直观的方式主要有实物直观、模象直观和（　　　）。

A. 言语直观
B. 形象直观
C. 感知直观
D. 表象直观

答案：A

观鲜明、清晰、全面、稳定。同时，言语直观经常受到教师的表达能力、学生的想象能力和已有知识经验等因素的影响。

2. 知识的概括

(1)知识概括的含义

知识概括指个体通过对感性材料的分析、综合、比较、抽象、概括等深度加工，而获得对一类事物的本质特征及内在联系的抽象的、一般的、理性的认识活动过程。

(2)知识概括的类型

感性概括 感性概括，也称直觉概括，它是一种低级的概括形式，是在直观的基础上自发进行的。感性概括不能反映事物的本质特征和内在联系，一般概括的只是事物的表面特征和外部联系，是一种知觉水平的概括。

理性概括 理性概括是在前人认识的引导下对感性知识进行自觉的加工改造，以揭示事物的一般的、本质的特征与联系的过程。

与感性概括相比，理性概括是一种较高级的概括形式。它所揭示的是事物的一般因素与本质因素。一般因素是指某类事物所共有的因素，而不是个别或某些事物所特有的因素；本质因素是指那些内在的而非表面的决定事物性质的因素。

(二)知识的保持

所谓保持，就是人脑对信息进行编码和储存的过程，知识的保持是学习过程中的一个重要环节，它既是学生积累知识与应用知识的前提，同时又是进一步学习新知识的准备。作为学习的重要环节，知识的保持与记忆过程紧密联系：一方面，知识的保持是通过记忆实现的；另一方面，要保持知识就要与遗忘做斗争，避免遗忘的发生。

1. 记忆系统及其特征

现代认知心理学家在研究人类的学习与记忆时，根据信息输入到提取经历的时间长短，以及信息编码方式的不同，将记忆划分为三个系统：瞬时记忆系统、短时记忆系统和长时记忆系统。[①]

(1)瞬时记忆

外界刺激停止作用后，感觉信息在一个极短的时间内保存下来，这种记忆叫感觉记忆或瞬时记忆，这也是记忆系统的开始阶段。瞬时记忆的存储时间大约为 $0.25 \sim 2$ 秒。瞬时记忆完全保持外界刺激的原貌，并且有一个相当大的容量，但信息只做短暂的储存。引起注意的信息转入短时记忆，而没有引起注意的信息则迅速消失。

(2)短时记忆

它是瞬时记忆和长时记忆的中间阶段，保持时间为 5 秒到 1 分钟。如果不对学

---

① 黄希庭. 心理学导论. 北京：人民教育出版社，2001.

习材料进行复述，那它在 15 秒左右即可消失，一般不超过 1 分钟。例如，当我们拨打 114 查询到某个电话号码后，马上拨出这个号码，一旦放下电话，刚刚拨过的号码就忘了。但如果加以复述，则可储存较长的时间。短时记忆的保持时间虽然比瞬时记忆长一些，但它的容量相当有限，一般来说短时记忆的信息容量为 7 ± 2 个组块。

（3）长时记忆

它是指信息经过充分的和深度的加工后，在头脑中长时间保存下来。长时记忆是一种永久性储存，它的保存时间很长，从 1 分钟以上到许多年甚至终身。长时记忆就像一座巨大的图书馆，保存着个体过去所有的经验以及获得的关于外部世界和人自身的一切知识，长时记忆没有容量的限制。

2. 知识的遗忘及其原因

（1）遗忘及其进程

遗忘的含义 遗忘是指对学习材料不能正确地回忆或再认。遗忘可分为四种：不完全遗忘（能再认但不能回忆）、完全遗忘（既不能再认也不能回忆）、暂时性遗忘（一时不能再认或回忆）、永久性遗忘（永久不能再认或回忆）等。[1]

遗忘的规律 德国心理学家艾宾浩斯（H. Ebbinghaus，1850—1909）曾对遗忘进程进行了系统的研究。他以无意义音节作为记忆材料，这些无意义音节由子音和母音组成，这样做是为了避免被试产生联想。艾宾浩斯还以自己为被试，用节省法计算保持和遗忘的数量。通过实验，他提出了经典的遗忘曲线，这条曲线反映了遗忘的一般规律：遗忘的进程是不均衡的，其规律是先快后慢，到了一定的程度，就几乎不再遗忘了（见图 5-2）。

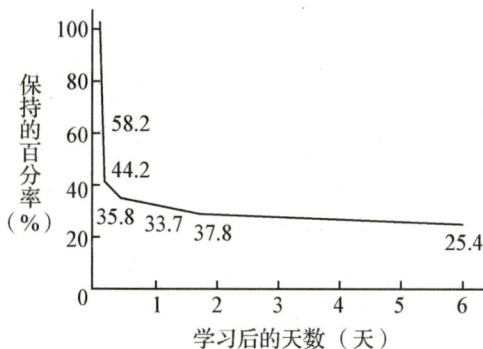

图 5-2 艾宾浩斯的遗忘曲线

遗忘的理论解释 ①衰退说。衰退说是对遗忘原因的最古老的一种解释，该学说认为大脑中不经常使用或回忆的记忆痕迹会随着时间推移而消退。因此，为防止遗忘就应该多加练习。②干扰说。干扰说认为，遗忘是由于受到其他刺激干扰而发

---

[1] 张公社，周喜华. 教育心理学. 北京：中国人民大学出版社，2015.

生的。主要的干扰方式有两种：前摄干扰和倒摄干扰。所谓前摄干扰，是指前面学习的内容对识记或回忆后面学习内容的干扰；倒摄干扰，是指后面学习的内容对保持或回忆前面学习内容的干扰。一般而言，学习内容相同或相似的学习之间容易产生干扰，所以学校的课程和内容的安排应尽量避免干扰的发生。③同化说。同化说是奥苏伯尔根据有意义接受学习理论提出的，他认为遗忘的本质是知识的组织与认知结构简化的过程。遗忘分为积极遗忘和消极遗忘。积极遗忘是指高级观念代替低级观念，目的是为了减轻记忆的负担。消极遗忘是指由于原有知识结构不牢固，或者由于新旧知识产生混淆，也有可能是用原有的观念代替表面相同而实质不同的新观念，从而出现的记忆错误。④动机说。该学说最早是由弗洛伊德提出的，他认为遗忘不是没有保持住，而是记忆被压抑了，也就是说，遗忘是因为我们不想记住，而故意将一些记忆内容排除到意识之外。

（2）影响遗忘的因素

识记材料的性质与数量　大量研究表明，人们对熟悉的动作和直观材料遗忘得较慢，有意义的材料比无意义的材料遗忘要慢得多；学习过程中付出相同努力的情况下，识记的材料越多忘得越快，识记的材料越少遗忘越慢。因此，学习时要根据材料的性质来确定学习的数量，一定不能贪多求快。

学习的程度　大量研究证明，对材料学习的程度较低时容易发生遗忘，而对学习的材料适当过度学习比恰能背诵，记忆效果要好一些。当然，过度学习也是有一定限度的，即过度学习的熟练程度达到150%时，记忆效果最好。过度学习的时间太多，会造成精力与时间上的浪费，使学生产生疲劳感。

识记材料的系列位置　研究发现，人们回忆系列材料时，回忆的顺序是有规律性的。例如，人们对于26个英文字母的记忆，一般开头的几个字母，如A、B、C记忆的效果较好，最后的几个字母X、Y、Z记忆的效果也很好，但对字母表中间部分的内容则很容易遗忘。在一项实验中，实验者要求被试学习英文单词表，学习后要求被试进行回忆，回忆时可以不按英文单词表的顺序。结果发现，最先回忆起来的字母是最后呈现的字母，其次是最先呈现的那些字母，而最后回忆起来的是英文词表中间部分的字母。这种在回忆系列材料时发生的现象叫系列位置效应。最后呈现的材料最容易回忆，遗忘的最少，这种现象叫近因效应。最先呈现的材料较易回忆，遗忘较少，叫首因效应。

学生的态度　学生对学习材料的需要、兴趣等影响着遗忘的速度。大量研究表明，人们不感兴趣的材料、在人们的生活中不占主要地位的材料、不符合人们需要的事情，往往最先被遗忘，而人们需要的、感兴趣的事物，则遗忘得很慢。

（三）知识的应用

学习的目的在于应用。个体怎样将学到的知识迁移到新的情境中去，是学校教育关心的问题之一。为了最大限度地提高学习的效率，"为迁移而教""为迁移而学"

得到广大师生的认同。因此，下面介绍知识学习的应用问题。

1. 知识应用的含义

知识应用，是指将所获得的知识运用于解决同类或类似课题的过程。它是知识学习的最后一个环节，它与知识的获得、知识的保持紧密相连。这一环节在知识学习过程中的实质就是学习迁移的过程。它应在知识理解和巩固的基础上进行，同时又可以检验和促进学生对知识的理解与巩固水平。[①]

2. 知识运用的基本环节

课题的性质与难度对学生应用知识有一定的影响，但就其智力活动而言，知识的运用主要包括审题、联想、类化三个基本环节。

审题就是弄清题意，明确课题的目的和要求，了解已知和未知条件，并试图找出解决问题的思路。审题是应用所学知识使教材得以具体化的首要环节，是通过想象、思维在头脑中进行的一系列的智力活动。因为学生在审题时容易发生困难和出现错误，所以在这一环节中，教师要着重培养学生良好的审题习惯，掌握审题的技能技巧，从而提高审题质量。教师必须经常提醒学生认真审题，使学生掌握审题的一般技巧，并注意课题中较为隐蔽的因素，提醒学生不仅要了解课题，还要记住课题，而且要注意将课题的题材与学生的生活经验相联系。

联想就是在对课题进行了解的基础上，通过联想激活头脑中的有关知识，以辨别该课题的性质，并将其纳入相应的知识系统，为进一步理解和找出解决课题的方法、途径做好准备。学生在再现相关知识时，会经常出现多余、不准确和错误的再现，这除了与学生对知识掌握的程度有关，还可能与旧知识的干扰、学生的疲劳引起的抑制、过分紧张等因素有关。因此教师应采用有针对性的措施，帮助学生顺利再现相应知识。

类化，即根据题意和有关知识的性质将其纳入同类课题的有关概念或原理之中，从已有知识中找到解决问题的方法和措施。课题的类化是在审题的基础上，以课题要求为线索，将课题与有关例题加以比较，从而做出课题类化的判断而实现的。

3. 知识应用的影响因素

（1）学生对知识的理解水平和巩固程度

学生学习的各个过程是相互联系、相互影响的。学生能否顺利地解答课题，关键在于他们对知识理解与保持的水平。如果学生对知识的理解很肤浅，知识之间的关系混乱不清，那么在应用知识解答课题

考试要点

小学教师资格证考题预测：

影响学生知识应用的因素有哪些？

参考答案：1. 学生对知识的理解水平和巩固程度；2. 学生的智力水平；3. 学生的分析和概括能力；4. 学生的元认知策略；5. 学生的动机与情绪；6. 材料的性质。

[①]　张文新 . 高等教育心理学 . 济南：山东人民出版社，2004.

时就常常产生错误。有时由于缺少系统化的加工，往往不能使所学知识融会贯通，则应用起来刻板不灵活，解题也会感到困难。此外，理解了的知识如果得不到复习，不能准确、迅速回忆，则应用知识解题也会发生困难。因此，学生对知识的理解和巩固程度直接影响知识运用的速度和正确性。

（2）学生的智力水平

学生的智力水平对知识的应用有重要影响。智力活动水平较低的学生，其思维活动缺乏目的性，思维混乱、不合理、不灵活。他们经常利用较低级的思维方式进行盲目尝试去寻找解题的方法，思考问题没有正确的顺序与步骤，经常边做边想，死套公式等，这都不利于学生运用知识。

（3）学生的分析和概括能力

在充分条件下，分析概括能力影响着知识的运用。分析与概括能力高的学生能有效地根据自己已有的知识经验对当前复杂的问题进行分解，概括出问题所隐含的原理、规则、新旧学习情境之间本质上相同和相似的条件，加强对新旧知识之间关系的识别，从而促进知识的运用。因为学生平时如果善于将所学的知识做抽象度较高的加工，不但易于产生下位学习而且能提高其理论思维的水平和逻辑能力。

（4）学生的元认知策略

元认知策略是一种典型的学习策略，指学生对自己的认知过程及结果的有效监视及控制的策略。元认知策略控制着信息的流程，监控和指导着认知过程的进行。在学习过程中，元认知策略的使用可以使学生意识到学习的目的、要求和任务以及自己原有的能力、知识水平、学习风格等影响学习的因素；体验到自己所拥有的可选择的学习方法，以及方法的适用范围和条件，自觉地选择、安排、调整并使用最佳的学习方法，提高学习的效果并更好地实现知识的运用。

（5）学生的动机与情绪

学生在学习过程中，如果有积极的运用知识的动机，则有利于知识的运用；如果运用知识的动机不足或动机过于强烈、情绪非常紧张或持无所谓的态度、注意力不集中等，则会影响知识的应用。大量研究证明，各种活动都存在动机的最佳水平，动机过强或不足均会使工作和学习效率降低，中等水平的动机最有利于知识的应用。研究也表明，随着活动性质的不同，动机的最佳水平也有所不同，对于简单的学习材料，工作、学习效率会随着动机的提高而上升，而在较困难的学习材料中，动机强度要降低。

（6）材料的性质

不同类型的学习材料其发生迁移的难易程度是不同的。一般而言，在知识学习领域，知识运用较容易；在情感与品德学习领域，知识运用较难。在知识学习领域，相对而言，陈述性知识的学习比程序性知识的学习更难运用；在程序性知识的学习中，运用技能的学习最易发生迁移，智慧技能的学习次之，认知策略的学习最不易发生迁移。即使是同一性质的学习材料，其内部的组织结构和逻辑层次不同，也会影响迁移的发生。一般的规律是，以抽象形式提出的课题比带有具体情节的类似课题容易应用。套公式的题，形式虽抽象，但与原有抽象知识有较大的相似性，因而学生容易将课题类化到原有知识中去。较具体的课题则需要经过分析、综合，排除无关成分的干扰后才能实现课题类化，因此较困难。在小学算术教学中，学生感到算式题容易，而文字题、应用题难解答就是这个道理。为了减少学生解题的困难，使学生循序渐进地掌握知识，教师布置作业时应注意根据学生掌握知识的不同阶段，布置不同类型的作业。

二、陈述性知识的学习过程

陈述性知识的学习是一个复杂的心理活动过程。我国传统教育心理学教科书中，一般把陈述性知识的学习划分为三个阶段：知识的理解、知识的保持和知识的提取。

(一)陈述性知识的理解

理解就是将有关新经验或新知识的物理形式的刺激（声音刺激或视觉刺激）与长时记忆中的有关知识相联系，激活长时记忆中相应的节点，同时也激活与这些节点有关的若干旧经验或旧知识，这若干节点在工作记忆中被联结起来构成了新经验或新知识。

(二)陈述性知识的保持

保持是学习的重要阶段，这一阶段的实质是新建构的意义储存于长时记忆中，并要进行复习，如果没有复习或新的学习，这些意义就会随着时间的推移而出现遗忘。保持和遗忘是同一过程的两个方面。获得新知识以后，新旧知识的相互作用并没有停止，因为新知识并不是原封不动地储存在认知结构中的，而是要经过进一步的加工和组织以构成新的认知结构。当新的知识与原有知识通过相互作用形成新的认知结构之后，新的知识被保持下来。保持的反面是遗忘，遗忘是指已经获得的知识的可利用性下降。知识的遗忘也是新旧知识相互作用的结果。

想一想

　　某位老师在讲《我的战友邱少云》一课前，计划把课文的最后几句话作为重点，"邱少云像千斤巨石一般，趴在火堆里一动不动。烈火在他身上烧了半个多小时才渐渐熄灭。这个伟大的战士直到生命的最后一息，没有挪动一寸地方，也没有发出一声呻吟。"

　　老师原本想通过这几句话让学生体会这位英雄人物的内心世界，他就让学生讨论这几句话，让学生回答读了之后有什么感想？

　　有的同学说："他的牺牲不是被一颗子弹立即打死的，而是被活活烧死的，还要一动不动，真了不起。"

　　还有同学说："邱少云像电影里演的那些英雄人物一样，在心里高喊：祖国万岁，共产党万岁。"

这时候一个学生说："我不同意他们的看法，我被开水烫过，那种疼痛太难忍了，当时心里就一个念头：挺住，挺住，再挺住，邱少云当时肯定也是这么想的。"

老师听了这些讨论很高兴，刚要表扬这几位同学，突然有一个学生大声说："不对，我觉得有问题，当时火势那么大，他身上带着子弹、手榴弹，火烧了那么长时间，这些易燃物怎么就没有爆炸呢？"

老师当时就惊呆了，这篇课文教了好多遍，从来没想过这个问题，老师也不知怎样回答好。

请大家想一想这个例子阐释了知识学习的哪个过程？这个过程有什么特点？

答案：这个例子阐释了知识学习的理解过程。学生对知识进行理解时，会与长时记忆中的有关知识相联系，激活长时记忆中相应的节点，同时也激活了与这些节点有关的若干旧经验或旧知识，这若干节点在工作记忆中被联结起来构成了学生的新经验或新知识。

(三)陈述性知识的提取

提取就是在必要的时候将储存于大脑中的陈述性知识提取出来并加以利用的过程。

三、程序性知识的学习过程

程序性知识与陈述性知识的获得过程是不同的，在程序性知识的学习过程中，学生要学习的是某项操作或某一系列的操作程序。程序性知识的掌握一般分为三个阶段。

(一)第一阶段：陈述性知识阶段

该阶段是对以陈述性形式存在的程序性知识的学习。学生通过对这类陈述性描述的学习和理解获得该程序性知识的有关命题，此时的程序性知识尚未在实际操作中转化为行为。这一阶段与陈述性知识的掌握是一致的。

(二)第二阶段：转化阶段

该阶段即产生式系统的形成过程。学生通过练习各种变式，将程序性知识从陈述性形式转化为可以表现到实际操作中的程序性形式，并经过大量练习，在准确性和速度上均不断提高。

(三)第三阶段：自动化阶段

这是程序性知识掌握的最高阶段。技能达到相对自动化，可以在无意识状态下支配人的行为。

第三节 促进学生知识获得的策略

一、提高学生对知识的理解能力

学习知识的一个关键问题是记忆，但不能把记忆简单地理解为背诵，而是应该在理解的基础上去记忆。根据奥苏伯尔等人的学习理论和大量的实验，机械识记的效果不如意义识记的效果好，因此，应当尽量促成学生对知识的理解。提高理解力的策略如下。

(一)关键特征策略

所谓关键特征，就是概念的本质特征。大量的研究和教学实践表明，概念的关键特征越突出，学生学习时就越容易，概念的无关特征越多、越鲜明，学生学习时就越困难。因此，学生学习概念时重点在于掌握概念的关键特征。大量研究也表明，概念的关键特征和无关特征的数量与强度影响着学生对学习材料的理解：概念的关键特征越多、越明显，学生对学习材料的理解就越容易；概念的无关特征的数量越多，强度越大，学生对学习材料进行概括时越困难。因此，告诉学生怎样注意关键特征，怎样减少无关特征的干扰，可以使学生较容易地习得概念；同时，让学生自己用言语来表达概念的相关特征，能使其更好地习得概念。

(二)正反例策略

在学习某一知识时可以适当地向学生提供一定数量的正例与反例，以便于学生通过比较一些典型的正例与反例，顺利进行分化，以提高对概念认识的准确性。一般而言，正例表达的信息更有利于学生对学习材料的概括，更有利于学生从正例中概括出共同的特征，所以最好给学生同时呈现多个正例。而反例表达的信息，更有利于学生对学习材料进行辨别，有助于学生对概念本质的认识，如果我们恰当运用反例便可以排除概念学习中无关特征的干扰。[①] 也有一些研究证明，在学生学习概念的过程中，当正例与反例有明显的区别时，在正例一致性非常高的情况下，最容易习得概念。学生从正例中获取的信息比从反例中获得的信息更多些，在一般情况下，同时呈现若干正例似乎更有利于学生学习概念。再者，并排呈现正例和反例，学生更容易看出概念的本质特征与非本质特征，进而易于习得概念。由于小学生的分析概括能力较低，教师对小学生讲解概念时要多举正例，进而提高其对概念的理解。

(三)变式策略

变式是指概念的正例在无关特征方面的变化。例如，为了让学生学习"平原"这

---

① 陈琦，刘儒德. 当代教育心理学(第 2 版). 北京：北京师范大学出版社，2007.

一地理概念，我们让学生观察各种平原地带的图片和地图（变式），比较各个地带上的特征，确定无关特征和共同关键特征，从而得出平原是地势平坦的地形。所以说，在学习概念时如果能向学生提供一些典型的、特殊的变式（变式的运用并不是越多越好，少而精的几个变式的效果往往比多个同类变式的效果好得多），将有助于学生掌握概念的本质特征，同时也能促进学生对概念的识记与保持。

二、为学生提供恰当的学习材料

许多研究表明，一般而言，学生对学习材料的保持量与学习材料数量的多少成反比。这一结果提醒我们一定要为学生提供适量的学习材料，如果提供的学习材料太多，不仅会使学生的记忆困难程度增加，还会引起学生的消极态度。

从学习材料的意义角度看，无意义的学习材料比有意义的学习材料识记要困难，保持时间也短。记忆诗歌、抽象词和无意义音节的保持量的对比研究表明，无意义音节熟记后的第一二天就很快遗忘；而有意义的抽象词和诗歌的保持量要多，并且持久。能否识记和保持有意义材料，关键在于学生能否理解学习材料。由于学生能够理解学习材料，所以有利于使新材料与旧知识建立联系，从而可以整体把握材料，而且易于识记和保持。

学习材料的组织性也对学习效果影响很大。布鲁纳认为，记忆的关键问题就在于组织，即知道到哪里去找信息和如何获得信息。他曾用一套多达30对的配对词为材料，对甲、乙、丙三组12岁的儿童进行记忆实验，对甲组只要求记住；乙、丙两组则利用中介词使配对词联系起来进行记忆，所不同的是，乙组由教师讲解，丙组则由学生自己想办法。比较这三组儿童记忆的效果，发现出现第一个词就能记起第二个词的，乙、丙两组高达95%，甲组则不到50%；乙、丙两组相比，后者又胜过前者。布鲁纳对此结果的解释是："在对信息的组织中，如果信息融入了个体已组成的认识结构中，则减少了材料的复杂性，那就会使那类材料易于恢复。一般而言，根据自己的兴趣和认识结构组织起来的材料，就是最能够在记忆中'自由出入'的材料。"

值得注意的是，在对材料进行组织时，必须要考虑前摄抑制和倒摄抑制对学习材料的干扰，最好不把同类的材料放在一起学习或复习，以免学习痕迹互相影响，导致回忆时发生混淆或误差。

三、提高记忆效果

(一)掌握遗忘规律，合理组织复习

1. 复习时机要得当

遗忘是指对识记过的材料不能再认与回忆，或者错误再认与回忆。德国心理学家艾宾浩斯通过研究提出了艾宾浩斯遗忘曲线，指出人类的遗忘速度是不均衡的，

先快后慢；记忆后间隔时间越长，保持的越少，遗忘的越多。由于遗忘的发生开始得很快，所以必须在遗忘发生以前及时地安排第一轮的复习，当记忆信息刚要遗忘还没遗忘的时候及时强化巩固，比信息完全忘掉以后再复习要节省很多时间。遗忘开始的一般标志是识记的精确性降低，相似、相近的材料在再认和回忆中容易发生混淆，有时也表现为只能再认而不能回忆（不完全遗忘）。所有这些都表明遗忘开始了，复习必须在这些现象发生以前及时进行。值得注意的是，相较成人，小学生遗忘速度比较快，因此在安排复习时更要遵循这一规律，以提高记忆的效率。

2. 复习的方法要合理

（1）合理分配复习时间

从时间分配上来说，复习时间有两种不同的分配形式：一种是分散复习（每次复习时间较短，但次数较多）；另一种是集中复习（每次复习时间较长，但次数较少）。许多研究表明，分散复习的效果比集中复习的效果好，因为分散复习不会使人产生

考试要点

小学教师资格证考题预测：
如何根据艾宾浩斯的遗忘曲线进行合理的复习？
参考答案：1. 合理分配复习时间；2. 阅读与尝试背诵相结合；3. 合理使用整体复习与部分复习。

疲劳感，可以减少前摄抑制和倒摄抑制的影响。因此，要鼓励学生多进行分散复习。

（2）阅读与尝试背诵相结合

对材料的背诵一般有两种方法，一种是单纯的重复阅读，一种是结合尝试背诵的反复阅读。大量研究证明，单纯的重复阅读效果比结合尝试背诵反复阅读的效果差。所以学生在进行阅读时，要边阅读边背诵，两者要交替进行。单纯重复阅读的记忆效果之所以不如结合尝试背诵的反复阅读，原因在于单纯重复阅读不利于及时发现学习中的不足之处，因而在重复学习时没有明确的目的，而结合尝试背诵的反复阅读可以及时发现学习中的不足之处，从而在重复学习时目的明确，可以有针对性地加强薄弱点的学习。

（3）合理使用整体复习与部分复习

整体复习，即每次都对整篇材料进行复习；部分复习，即把材料分成几个部分分别进行复习。大量研究表明，先进行整体复习，然后把材料分成几个部分，进行部分复习，这种综合复习方式的效果更好。当然，我们要结合学习材料的特点选择整体复习、部分复习和综合复习，尽量照顾到影响记忆效果的各种因素。如果学习材料之间彼此没有意义联系，最好采用部分复习法。如果学习材料是彼此具有联系的，则要根据具体情况进行安排：如果学习材料比较简短，则可以采用整体复习法；如果学习材料比较复杂、冗长，则适合采取综合复习法。

3. 复习次数要适宜

许多研究证明，复习的次数对学习材料的保持或遗忘有影响。一般而言，复习次数越多，对学习材料识记和保持的效果越好；复习次数越少，则发生遗忘的速度

越快。因此，研究者们提出了"过度学习"的概念。所谓过度学习，是指在学习达到刚好能背过的程度后又进行的附加学习。例如，阅读一段课文，学生学习20分钟就刚好能背诵，在能够背诵之后增加的学习（如再读5分钟或再读5遍）便是过度学习。当然，过度学习并不代表复习次数越多越好，当学习的熟练程度达到150％时，记忆效果最佳；超过150％时，记忆效果不仅不会递增，还很可能会引起厌倦、疲劳等从而使复习成为无效劳动。由于小学生的学习自主性较差，所以教师在教学过程中要注意复习次数的安排以及对学生复习的监控。

(二)合理利用记忆策略

主要的记忆策略有：复述策略、精加工策略和组织策略。复述策略是在工作记忆中为了保持信息而进行的反复重复的过程。精加工策略，即对学习材料补充细节、举例子或使之与其他观念建立联系，以达到长久保持的目的。精加工策略能帮助学生将学习材料存储到长时记忆中。组织策略，即发现和概括记忆内容的共同特征或性质，从而达到减轻记忆负担的目的，对学习材料的组织是学习和记忆新信息的重要手段。据调查，小学生记忆知识多以死记硬背、简单重复等方法为主，这导致其学习和记忆效率较低，知识的灵活运用能力差。因此，教师应当有意识地对小学生进行记忆策略的教学。

(三)深度加工

深度加工是指对要学习的新材料增加相关信息以增强对新材料的理解深度的记忆方法。深度加工可以使学生多维度地对新材料进行感知并与有关观念建立联系，从而提高记忆保持效果。现代认知心理学特别强调学生对所学新信息的组织加工，如果学生能对新信息进行深度加工，那么新信息就可以在头脑中留下较为深刻的印象，提高保持效果，并且提取时也可获得更多的线索，帮助个体进行回忆。

(四)多重编码

学生之所以会发生遗忘有时是因为提取的线索不清。因此要想提高记忆效果要在学习时采用多重编码的方法。编码就是对输入大脑的外界信息进行加工转化的过程。在整个记忆系统中，存在着不同层次或水平的编码，而且这些编码均以不同的形式存在着。

人们在学习时主要的编码方式是语义编码，即通过理解新信息的意义将其纳入已有的认知结构中适当的位置，从而使所获得的知识保持时间更长久。大量研究表明，人们学习时的编码方式还有形象编码、声音编码甚至动作编码。恰当运用这些编码系统可以为将来提取信息提供更多的线索，从而有助于记忆。如果能够掌握不同

> **名人名言**
>
> 这世上没有所谓记性差的人，大家都有很好的记忆力，只是没有发挥出来而已。那些自己认为记忆力差的人，只要学习了记忆术的诀窍，就能拥有高超的记忆力。
>
> ——美国记忆术专家威廉哈姆·韩森

的编码方式，学生就能把抽象的信息转化为具体、生动、鲜明的信息，就能进行快速记忆。所以当我们要记忆学习材料时，一定要找到能把它们转化为生动图像的编码方式，然后再去记忆。①

本章小结

1. 人们对"知识"的定义有狭义与广义之分：狭义的知识，一般仅指能储存在语言文字符号或言语活动中的信息或意义，如各门学科的事实、概念、公式、定理等；广义的知识，是指个体通过与其环境相互作用后获得的一切信息及其组织。

2. 根据不同的维度，可以将知识分为直接经验知识和间接经验知识；感性知识和理性知识；数学知识、语文知识、物理知识、生物知识等；智慧技能、认知策略、言语信息、动作技能、态度；陈述性知识（知识）、程序性知识（技能）和策略性知识（实质是程序性知识）。

3. 知识的表征指信息在心理活动中表现和记载的方式。主要的表征方式有概念、命题、命题网络、表象、图式、产生式和产生式系统。

4. 知识学习的一般过程包括知识的获得、知识的保持和知识的运用。

5. 陈述性知识的学习一般有三个阶段：知识的理解、知识的保持和知识的提取。

6. 程序性知识的掌握一般分为三个阶段：陈述性知识阶段、转化阶段、自动化阶段。

7. 影响知识学习的因素主要有内外两方面的原因，内部原因主要有学生对知识的理解水平和巩固程度、学生的智力水平、学生的分析和概括能力、学生的元认知策略、学生的动机与情绪；外部原因主要有材料的性质。

8. 促进学生获得知识的策略主要有提高学生对知识的理解能力、为学生提供合适的学习材料、提高记忆效果。

[关键术语]

知识、陈述性知识、程序性知识、策略性知识、知识的表征、概念、命题、命题网络、表象、图式、产生式、产生式系统、知识直观、知识概括、知识保持、知识遗忘、知识运用

---

① 张大钧.教育心理学.北京：人民教育出版社，2002.

思考题

1. 简述知识的分类。

2. 试述陈述性知识与程序性知识的区别与联系。

3. 遗忘的原因和特点是什么？

4. 如何运用记忆规律促进知识保持？

5. 影响知识运用的因素有哪些？

6. 试述促进学生知识获得的策略。

拓展阅读

1. [美]Anita Woolfolk. 教育心理学(第十版). 何先友, 等, 译. 北京: 中国轻工业出版社, 2008.

该书作者安妮塔·伍德沃克(Anita Woolfolk)是美国著名的教育心理学家, 曾担任美国心理学会(APA)教育心理学分会主席, 兼任多个学术期刊的顾问编委。本书从1980年版到现在2007年的第十版, 一直深受全球读者欢迎, 经久不衰。在美国, 这部《教育心理学》被加州大学、斯坦福大学等近2000所高校采用, 也是美国教师资格证书考试的参考教材。它还被翻译成多种语言文字出版, 其影响力非同一般, 设计内容如下: ①教师、教学和教育心理学; ②认知发展和语言; ③个性、社会和情绪的发展; ④学习者差异和学习需要; ⑤文化与多元化; ⑥学习的行为观; ⑦学习的认知观; ⑧复杂认知过程; ⑨学习的社会认知观和社会建构观; ⑩教学中的动机; ⑪积极参与学习——构筑合作与协调学习的社区; ⑫创建学习的环境; ⑬为学而教; ⑭标准化测验; ⑮课堂评价和评定。

2. [美]Jeane Ellis Ormrod. 教育心理学(第四版). 彭运石, 彭舜, 等, 译. 西安: 陕西师范大学出版社, 2006.

这是一本充满趣味、富有意义, 能够激发思维而且信息丰富的教育心理学教材。本书共分为三部分: 第一部分为理解学生的发展和差异, 第二部分为理解学生的学习, 第三部分为理解教学过程。这本书的实用性、可读性与趣味性在同类教材中独树一帜, 作者将心理学的理论和教育实践紧密结合起来, 旨在帮助读者更好地理解学习的过程, 进而更加有效地学习。

参考文献

1. 刘伟, 王立宪. 论知识的学习. 济南大学学报(社会科学版), 2001(05).

2. 莫雷. 教育心理学. 广州: 广东高等教育出版社, 2002.

3. 王慧萍. 教育心理学. 北京: 高等教育出版社, 2011.

4. 冯忠良, 伍新春, 姚梅林, 等. 教育心理学. 北京: 人民教育出版社, 2010.

5. 汪凤炎, 燕良轼. 教育心理学新编(修订版). 广州: 暨南大学出版社, 2007.

6. 张大钧. 教育心理学. 北京: 人民教育出版社, 2002.

7. 陈琦, 刘儒德. 当代教育心理学(第2版). 北京: 北京师范大学出版社，2007.

　　8. 黄希庭. 心理学导论. 北京：人民教育出版社，2001.

　　9. 张公社，周喜华. 教育心理学. 北京：中国人民大学出版社，2012.

　　10. 张文新. 高等教育心理学. 济南：山东人民出版社，2004.

　　11. 张承芬. 教育心理学. 济南：山东教育出版社，2006.

第六章　技能的学习与教学

1. 掌握技能的概念、特点及分类。
2. 掌握动作技能的概念、特点及相关理论。
3. 能够利用正确的方法来培养动作技能。
4. 掌握智力技能的概念、特点及相关理论。
5. 能够利用正确的方法来培养智力技能。

导入 ▶

在学校的教学中，学生在数学课上学习计算，在语文课上阅读，在体育课上学习打球，这些都是在学习技能。那么究竟什么是技能，技能怎么培养呢？本章大家就来一起学习技能的学习与教学。

第一节 技能的概述

一、技能的概念

(一)技能的定义

人们在日常生活中会在领会知识的基础上形成一些技能，这些技能是一种动作或智力活动方式。在形成技能的过程中，

> **名人名言**
>
> 技能强于力量。
>
> ——[英]托·富勒

人们会从不会到会，由陌生到熟练掌握。人们掌握各种技能才能生存，才能改造生活、创造生活。而学生在学习活动中，无论是进行打球、跳远等体育活动，还是从事演奏乐器等音乐活动，抑或是进行阅读、计算等文化课活动都需要技能才能完成。技能的生理基础是大脑皮层运动中枢的神经细胞之间形成的牢固的联系系统。只要在一定刺激的作用下，一系列的动作便可以一个接一个地、自动地产生出来。

对于技能的定义，不同研究者有不同见解。心理学大词典中将技能定义为"个体运用已有的知识经验，通过练习而形成的智力动作方式和肢体动作方式的复杂系统。"[1]简明心理学百科全书将技能定义为"通过练习形成的能完成一定任务的动作和智力操作系统。"[2]皮连生认为，技能是"在练习的基础上形成的按某种规则或操作程序顺利完成某种智慧任务或身体协调任务的能力。"[3]姜智根据前人研究将技能定义为"技能是通过学习而形成的合法则的活动方式。"[4]而李红则认为技能是"人体通过练习而习得的合理的动作系统，是巩固了的一种动作方式或智力活动方式。"[5]

(二)技能的特点

在众多的定义中，研究者们基本都认同技能有以下几个特点。

1. 技能是由一系列动作组成的动作系统

人们所谓的技能，通常是指由一系列动作组成的动作系统，而不是单指某一动

作。比如，人学习骑自行车这一技能时，要学会由上下车、蹬脚蹬、掌握方向等一系列动作组成的动作系统才能说掌握了骑自行车这一技能，而单独的蹬脚蹬这一动作并不能算是技能。而点头、握手等简单动作，更不能算是技能。

2. 构成技能的动作系统是一个合理的动作系统

构成技能的动作系统是由一系列动作组成的，然而这些动作并不是杂乱无序的，而是为了达到预定的目的，以一种有序的、互相协作的方式进行的。这些动作都是完成技能必须存在的，是合乎动作程序的。这个动作系统是合理的。而当一个动作系统中的动作是杂乱无序且无预定目的时，这个动作系统就是不合理的，就不能称为技能。比如，舞蹈家们上台表演的舞蹈就称为技能，而人们高兴时的手舞足蹈就不是技能。

3. 技能是后天经过练习获得的

经过后天练习获得的合理的动作系统才是技能。这将技能和一些先天的本能进行了区分。像膝跳反射、眨眼反射这些行为属于先天本能，不是后天练习获得的，不属于技能。而人紧张或恐惧时腿会抖动，人冷时身体会抖，这些行为也不是练习获得的，也不能称为技能。

总之，可以这样说，技能是经过后天练习而获得的合乎法则的活动方式。

二、技能的分类

他山之石

加涅将技能分为智慧技能、认知策略和动作技能，但实际运用时很难区分智慧技能和认知策略，所以很少使用这种分类方法。

按照技能的性质和特点，研究者们通常将技能分为动作技能和智力技能两类。

动作技能，又叫操作技能或运动技能，是由骨骼、肌肉和相应的神经实现的合理而流畅的外部动作系统，如打球、弹琴、操作仪器等。

智力技能，又叫心智技能、认知技能，是以抽象思维为主导的解决实际问题的技能，是借助内部言语在头脑中完成的，如阅读、心算等思维活动的操作方式。

动作技能和智力技能是两个不同概念，但它们之间既有区别又有联系。动作技能和智力技能之间的区别在于它们的表现形式。动作技能主要表现为骨骼肌的操作活动，是看得见、摸得到的，如跳舞、绘画等；智力技能主要表现为内隐的思维操作性，具有主观性和抽象性，难以从外部观察，如阅读、心算等。但是动作技能和智力技能之间又有密切联系，在进行一些复杂活动时，人总是既需要动作技能又需要智力技能的。比如，司机在驾驶汽车的过程中，既需要熟练操作汽车的动作技能，也需要准确灵活判断行驶途中所遇到的各种问题的技能，两者协调合作，互相统一，才能使我们的生活顺利进行。

第二节 动作技能

一、动作技能的概述

(一)动作技能的概念

对于什么是动作技能，不同心理学家们有不同的理解。例如，克龙巴赫（J. Cronbach，1916—2001）认为"最好是把动作技能定义为习得的、能相当精确执行且对其组成的动作（component acts）很少或不需要有意识注意的一种操作。"伍德沃克（A. E. Woolfolk）等定义动作技能为"完成动作所需要的一系列身体运动的知识和进行那些运动的能力。"而加涅则认为"动作技能是协调运动的能力"和"动作技能实际上有两个成分：一是描述如何进行动作的规则，即动作程序；二是因练习与反馈而逐渐变得精确和连贯的实际肌肉运动。"

虽然对于动作技能的定义不同，但心理学家普遍认为动作技能包括三种成分：动作或动作组、体能和认知能力，也就是说，动作技能是人们用一组动作去完成一项具体任务，而非打呵欠、摇头等单个动作。动作技能需要耐力、力量、韧性、敏捷性等，也需要视觉、听觉、触觉等认知能力，因此动作技能又称为心因性动作技能（psycho-motor skill）。动作技能是在练习的基础上，由一系列实际动作以完善的、合理的程序构成的操作活动方式，是动作的连锁化，即动作一旦形成，只要动作刺激出现，就能自动地完成一系列的动作反应过程，表现出迅速、准确、协调、流畅、娴熟的特点。

(二)动作技能的分类

根据不同的标准可以把动作技能划分为不同类型，而通常将动作技能从四个维度来划分。

1. 连续性与非连续性动作技能

从动作的连贯性和持续时间的长短维度，将动作技能分为连续性动作技能和非连续性动作技能。

> **温馨提示** ♥
>
> 本章中对于动作技能的分类使用的是常用分类方式，不排除其他学者有其他分类方式。同样，本章中对于上面的技能分类和下面的智力技能分类都使用了学术界最常用的分类方式，学习中如有需要，可以自行查阅其他分类方式。

连续性动作技能需要完成的动作序列较长，一般受外部情境制约，需要根据复杂的外部情境信息不断进行调整和校正，动作延续时间较长，动作之间没有明显可以直接感知的始点和终点，难以精确计数。常见的连续动作技能有骑自行车、游泳等。

而非连续性动作技能包含的动作序列较短，是对特定的外部刺激做出特定的反应，较少受外部情境影响。动作持续时间较短，动作具有一定的爆发性，动作间可以直接感觉到始点和终点，可以进行精确计数。常见的非连续性动作有举重、射击等。

2. 封闭性与开放性动作技能

根据主体对外界条件的依赖程度，将动作技能分为封闭性动作技能和开放性动作技能。

封闭性动作技能不需要参照外部环境，完全依赖肌肉的内部反馈信息，如跳水、体操等动作技能，这种技能具有相当固定的动作模式。

开放性动作技能与外部刺激紧密相关，需要根据外部刺激的变化来相应调整自己的动作，如拳击、打乒乓球等动作技能。

3. 精细与粗大动作技能

根据完成动作技能时所参与的肌肉群性质的不同，将动作技能分为精细动作技能和粗大动作技能。

精细动作技能主要用小肌肉群来完成，通常在狭小空间范围内进行，动作协调且幅度小，如写字、刺绣、雕刻等。

粗大动作技能主要用大肌肉群来完成，需要在较大的空间范围内进行，动作幅度大，如踢球、游泳、跑步等。

研究表明，精细动作技能和粗大动作技能之间由于差异较大，两者之间相关很低，学生在获得精细和粗大动作技能的难易程度上表现出较大的个体差异。

4. 工具性与非工具性动作技能

根据完成活动时是否需要工具，将动作技能分为工具性动作技能和非工具性动作技能。完成工具性动作技能需要操作一定的工具或装置，如写字、雕刻等，而完成非工具性动作技能时则不需要操作工具，而只需要利用机体自身的骨骼、肌肉，如唱歌、跳舞等。

(三)动作技能的特点

动作技能属于技能，除了拥有技能通常的特点外，操作技能还拥有以下几点自己的特点。

1. 客观性

就动作技能中动作的对象而言，动作技能具有客观性。在进行动作技能时，操作的对象通常为外在客观物体或机体自身肌肉骨骼。比如，打球的操作对象为球，跳舞需要操纵自身肌肉骨骼，而这两者的操作对象都是摸得到看得见的客观存在，因此动作技能具有客观性。

2. 外显性

就动作技能中动作的进行而言，动作技能具有外显性。通常动作技能需要通过肢体动作来进行展示，而这些肢体动作是外显的，人们可以观察到。例如，当一个人在展示舞蹈这项动作技能时，别人可以通过他外显的动作展示来评判此人对这项动作技能的掌握程度。

3. 展开性

就动作技能中动作的结构而言，动作技能具有展开性。在进行动作技能时，操作活动的每个动作都要切实执行，不可省略或合并，在动作结构上是展开的。例如，在完成打球这项动作技能时，人要按照打球的动作规则将需要的动作进行一一展现，不能省略或合并，这样才能顺利进行这项动作技能。

(四)动作技能的作用

1. 动作技能是适应社会和改造社会不可或缺的因素

动作技能是人们实践经验的总结，是人类在长期的社会生活及实践过程中积累起来的，是社会经验的重要组成部分之一，它是人类变革现实不可缺少的因素。人们借助动作技能一方面能更好地适应社会，另一方面能更好地改造社会，它有助于社会科学技术水平的提高，促进社会生活的发展。

2. 动作技能是操作能力形成和发展的重要因素

动作技能的掌握是要使学生形成顺利地完成某种实践任务的熟练的行动方式，这是培养人才的技术能力和才能不可缺少的重要因素。动作技能的传授及掌握，构成学校教育的重要内容之一，特别是在各种职业教育过程中，动作技能的掌握占有特别重要的地位。

二、动作技能的形成

(一)动作技能形成的阶段

动作技能的形成是指通过练习，学习者逐渐掌握某种动作方式并使之系统化的过程，费茨（T. M. Fitts）和波斯纳（M. I. Posner）将动作技能的形成分为了三个阶段。

1. 认知阶段

动作技能形成的初期是认知阶段，在此阶段学习者通过指导者的言语理解或观察他人示范的动作模式，或自己按照操作说明或使用手册的要求，对所学技能的任务、性质、要点进行分析、了解和领会。在认知阶段，学习者主要通过知觉活动进行，因此也称为知觉学习。例如，在儿童学习毛笔字时，最初要先观察字帖，了解字的笔画、笔顺、框架结构以及每一笔如何起笔、运笔和收笔，这个观察、了解的过程就是认知阶段，而认知阶段的长短取决于动作技能的性质和复杂程度。

在认知阶段，学习者对动作技能各动作比较陌生，只能注意局部动作，注意范围较窄，不能控制动作的细节和局部，精神和全身肌肉紧张，动作忙乱、僵硬、不协调、速度缓慢，会出现多余的动作，动作的连贯性差，难以发现错误和缺点，需要较多的意识控制。

2. 联系形成阶段

在经过认知阶段后，学习者已经对动作技能有了一定的认知，并掌握了局部的、个别的动作，这时就进入了联系形成阶段。在这个阶段，认知方面转向了动作方面，学习者会将一系列局部动作结合起来，形成比较连贯完整的动作系统。在此阶段，局部动作虽然形成了联系，但这种联系还不够紧密牢固，在动作之间转换时会常常出现动作停顿的现象。但经过练习，动作间的转换会加快，局部动作逐渐形成整体的协同动作，而视觉控制作用会逐步减弱，肌肉运动感觉的调节作用逐渐增强，能利用外界反馈信息和内部肌肉反馈信息来调整自身动作。学习者的注意紧张度会下降，动作间矛盾和干扰会下降，多余动作逐渐消失，发现和矫正错误动作的能力增强，形成初步连贯的动作系统。

3. 自动化阶段

动作技能学习的最后阶段为自动化阶段，在这个阶段，各局部动作已经联合成一个完整的自动化的动作系统，成为一个有机的整体固定下来。紧张状态和多余动作已经消失，各动作间相互协调，几乎不需要意识的控制而能熟练操作，并能根据情境变化而灵活、准确、迅速完成整套动作。

总之，动作技能的形成过程就是从领会动作要点和掌握局部动作开始，到建立动作之间的有机联系，最后达到整套动作序列自动化的过程。

(二)动作技能形成的标志

动作技能形成的标志是达到熟练操作。所谓熟练操作，是指动作已经达到较高速度，准确、流畅、灵活自如，并且能对动作组成部分很少或不必有意识注意的状态。心理学家将新手和专家完成同一任务的操作加以比较，发现熟练操作有以下特征。

1. 动作有意识控制减弱，动作自动化

在动作技能的初期，各个动作受意识支配，如果意识不集中就会出现错误或停顿。而经过反复练习后，动作对意识依赖逐渐减弱，渐渐随着动作达到熟练程度，可以达到自动化程度，不需要意识控制了。个体只需要考虑如何运用技能去完成任务，而不用考虑动作本身。

2. 能利用细微的线索

在初步掌握动作技能时，学习者只能对那些明显的线索产生反应，如来自环境中的听觉线索、视觉线索等，不能察觉自己动作的全部情况和错误。而当动作熟练后，学习者能够察觉到自己动作的细微差别，仅凭细微的线索就能改进自己的动作，做出恰当的反应。

3. 动觉反馈作用加强

动作技能的反馈包括两类，一类为外部反馈，一类为内部反馈。在初步掌握动作技能时，学习者主要依据外部的视觉反馈来调节自己的动作，而当动作达到熟练程度后，就主要依靠内部的动觉反馈来调节动作了。

4. 形成运动程序的记忆图式

所谓运动程序的记忆图式，是指在经过长期的练习后，长时记忆中会形成关于动作的有组织的系统性知识，形成协调性的运动模式，它使完整的操作流畅执行。拉斯罗（Laszla）的研究表明，运动技能的熟练程度达到某一阶段时，人的头脑中会产生运动的指导程序，并以此程序来控制运动。

5. 在不利条件下能维持正常操作水平

当掌握动作技能，能够熟练操作时，该项技能在外界情况突然变化或出现突发情况时能够维持正常的操作水平。紧急情况出现时，不熟练者可能会手足无措，而熟练者却可能让技能发挥到巅峰。

（三）动作技能形成的理论

1. 行为派的理论

行为派的理论建立在经典性条件反射基础上，巴甫洛夫认为动作技能是通过建立暂时神经联系而变成后继动作的信号来实现的。苏联学者加加耶娃的动力定型的联结理论认为，动作技能的形成是由低级到高级、由局部到整体、由初步掌握到成为熟练技巧的发展过程，是由简到繁不断完善的过程。

加涅的连锁反应理论认为，动作技能的形成就是刺激—反应（S-R）连锁系列的形成。他认为动作技能就是动作的连锁反应，刺激引起反应，第一个动作的动觉反馈调节着第二个动作，第二个动作的动觉反馈又调节着第三个动作……从而产生了动作技能的连续运动。用连锁反应理论来解释用钥匙开门：首先用手拿钥匙，对准锁孔，确认插入的位置是否准确，将钥匙完全插入并按正确方法旋转、开门。而动作序列的结果（打开门）则是强化物，如果学习用钥匙开门这项动作技能时缺少强化物（打开门），那么用钥匙开门的行为就会消退。按照连锁反应理论，动作技能中的每个动作都是按序列依次进行的，任何一个动作不按照顺序进行，动作技能就不能完成。

加涅的连锁反应理论能够在一定程度上解释动作技能的形成，但是却难以解释一些问题。一方面是反馈时间的问题，按照连锁反应理论，前一个动作反馈调节着后一个动作，但是人能在100毫秒之内开始、进行和停止一个动作，而通常感觉反馈时间要长于此，视觉反馈为190～260毫秒，动觉反馈为120～125毫秒，这种情况不允许感觉反馈来控制运动动作。一名熟练钢琴家有时手指动作可达每秒16次，感觉反馈无法控制这种快速动作之间的连接。另一方面是动作的新颖性问题，人每次签名的动作都是独特的，而不是一模一样的。而按照连锁反应理论，这类动作应该是定型化的，这与实际情况有冲突。

2. 认知派的理论

20世纪六七十年代以来，许多心理学家偏向于用认知理论来解释动作技能的学习。认知心理学的核心概念是认知，因此认知心理学家在承认动作技能本身是一系列刺激—反应联结的同时，更强调动作技能的学习必须有感知、记忆、想象、思维等认知成分的参与。他们认为，在动作技能的形成中，学习者必须理解与某动作技能有关的知识、性质、功用，回忆过去学习的与眼前任务相关的动作行为，预期与假设解决问题所需要的反应和动作范式，形成目标意象和目标期望，把自己的反应与示范者的标准反应进行比较分析，进行归因，找出误差，采取对策监控、调节自己的反应。动作技能的水平越高，越是需要学习者有较高的认知水平。

心理学家们提出了一些认知理论模型来说明动作技能的形成。例如，韦尔福德（Welford）根据信息加工的观点，提出了动作技能形成的模型，如图 6-1 所示。该模型分为三个联系的阶段：①感受阶段。这个阶段学习者通过感觉器官来接受信息。②由知觉到运动的转换阶段。在这个阶段，既对感觉的输入做出反应，又激起效应器的活动。技能的学习就是通过学习、训练，使学习者已有动作之间及它们与新学习动作之间达到同化和融合，从而缩短其反应。③效应器阶段。这是指转换完成后，大脑发出的神经冲动沿着运动神经纤维传到相应的效应器，产生动作。同时动作的进行受到反馈的调节，形成一个反应环路。

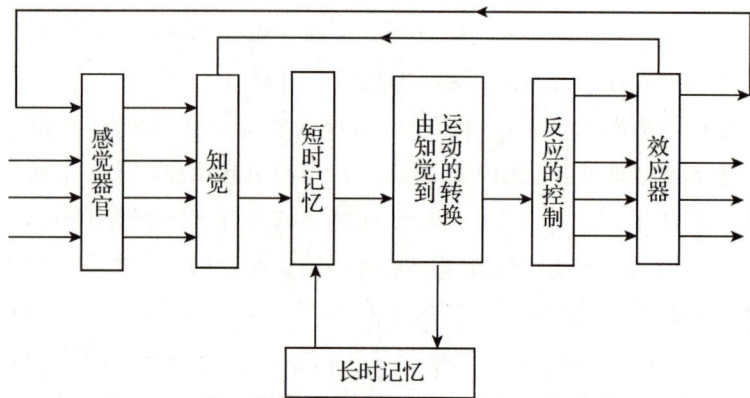

图 6-1　动作技能形成的认知模型①

(四)动作技能的保持与迁移

1. 动作技能的保持

动作技能一旦形成，就不容易遗忘。我们通常有这种经验，一旦学会了骑自行车，尽管好长时间不骑，也不会忘记这项技能。

动作技能之所以不容易忘记，有以下几点原因。第一，动作技能是经过大量练习获得的。动作技能越复杂，练习量越多，遗忘发生得越少；动作技能越简单，练习越少，遗忘也就越明显。第二，许多动作技能是以连续任务的形式出现的。有序连续的动作只要出现某一局部动作，动作的其他连锁就会相应出现，因此连续有序的动作序列构成的动作系统不易遗忘。第三，动作技能不同于言语知识，它的保持

① 黄希庭. 心理学导论. 北京：人民教育出版社，1991：586.

高度依赖小脑的低级中枢，这种中枢可能比脑的其他部位有更大的保持动作痕迹的能量。

2. 动作技能的迁移

动作技能也存在迁移，即原来掌握的技能会对学习新技能有影响。根据动作技能的特点，可将动作技能的迁移分为三类。

（1）双侧性迁移

双侧性迁移又称交叉迁移，是指在身体一侧器官形成的技能迁移到身体另一侧的器官。首先在人体对称部位最容易产生双侧性迁移，即左手—右手；其次是同侧部位，即左手—左脚、右手—右脚；最弱为对角线部位，即左手—右脚、右手—左脚。双侧性迁移对于需要双手或四肢协调的动作技能的学习具有促进作用。

（2）语言—动作的迁移

这是指动作练习前的语言训练对掌握动作技能有影响作用。一般来说当语言对动作有指导作用而不是干扰作用时正迁移才能产生。

（3）动作—动作的迁移

这是指已形成的动作技能对新动作技能的影响。当两种技能动作成分相似，操作方式也相似时，就会产生正迁移，如会骑摩托车有助于学习驾驶汽车。而当两种技能动作成分相似，操作方式相反时，就容易产生负迁移，如习惯从自行车左边上车的人很难掌握从自行车右边上车的技能。

三、动作技能的培养

动作技能并不是天生的，需要后天的学习和练习才能形成。满足一些条件，就能促进动作技能的培养。现将促进动作技能的培养条件分为内部条件和外部条件两方面。

（一）内部条件

1. 具备学习动作技能的动机

动机是学生学习动作技能的内部驱动力量，当学生具有动机时，学习的积极性和持久性都会增强，就能促进动作技能的形成。

2. 具有相应的生理成熟水平和丰富的知识经验

生理成熟是学习动作技能的基础，知识经验是动作技能学习的重要条件，学习者生理成熟水平越高，知识经验越丰富，动作技能的学习效果越好。知识经验对学习复杂的动作技能影响较大，生理成熟对学习简单的动作技能影响较大。

3. 具有正常的智力水平

智力水平与动作技能的学习有一定的关系。当学习者的智力处于正常水平时，与小肌肉活动有关的动作技能的学习与智力水平有较低的正相关。当学习者的智力处于常态以下时，小肌肉与大肌肉的动作技能的学习与智力水平之间有明显正相关，智商越低，动作技能的学习速度越慢。

4. 良好的人格特征

良好的人格特征对动作技能的学习和掌握起着促进作用，而且人格类型也会影响动作技能的学习。对比外向型的人和内向型的人会发现，外向型的人灵活性高，动作速度快，但准确性差，易于形成粗大动作技能，且动作稳定性较低。而内向型的人灵活性低，动作速度慢，但准确性高，易于形成精细动作技能，且动作稳定性较高。

此外，学习者对活动的态度、学习者的情绪状态等都可能影响动作技能的形成。

(二)外部条件

1. 讲解和示范

教师的讲解和示范在动作技能的形成中具有导向功能，能够指导学生做出规范性动作。讲解可以以口头形式进行，也可以借助文字、模型、草图等进行，讲解的目的是突出动作要领，提高学生对动作的认识水平。讲解的内容主要包括：①学习动作技能的目的，使学生明确"做什么"和"怎么做"；②动作技能的性质，如明确是连续动作技能还是非连续动作技能；③学习程序和步骤；④注意事项，如学习的难点、危险等。

讲解是教师讲给学生听，而示范是教师做给学生看。教师直接以动作方式演示，学生通过观察示范动作，获得相应的动作技能。在通过示范进行教学时，教师需要考虑两方面问题：一方面是谁来做示范，即示范者的身份问题；另一方面是如何示范，即示范方式的问题。从示范者的身份而言，研究者发现熟练教师要比不熟练教师的示范效果更好，这可能是因为学生对较高身份示范者更加认可和关注，学习动机更高。从示范方式而言，可以将示范分为两类。一类是教师亲身以实际行动示范。这一类示范方式根据教师与学生所处的相对位置，可以分为相向示范、围观示范和同向示范。相向示范，即教师与学生面对面示范，这种示范容易使学生产生左右反向的认知混淆；围观示范，即教师居中，学生围而观之，这种示范容易因观察角度不同而产生认知混淆；同向示范，即学生在教师背后学习，这种示范可以避免上述认知混淆的发生。另外一类示范是借助视听教学手段，如观看教学电影、幻灯片等，这种方式可以提高学生的学习兴趣，提高教师指导及学生学习动作技能的效率。但是无论是哪种形式的示范，都要保证示范的准确性。

在实际教学过程中，讲解和示范是结合起来使用的，示范时结合讲解、指出错误并进行现场评价，效果会更好。

> **名人名言**
>
> 重复是学习之母。
>
> ——[德]狄慈根

2. 练 习

(1)练习曲线

动作技能是通过练习形成的，练习是指以掌握一定的技能为目标而反复操作的过程，练习的结果可以用"练习曲线"表示，练习曲线描述了动作技能随练习时间或次数变化而变化的情况。

根据研究总结，练习曲线主要有以下四种类型（见图 6-2）。

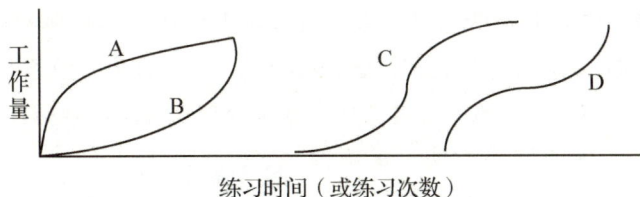

图 6-2　练习曲线图①

在图 6-2 中，横坐标表示练习时间或次数，纵坐标表示完成的工作量。这四条练习曲线代表了四种不同的练习情况：A 线表示练习初期进步迅速，后期进步缓慢；B 线表示练习初期进步缓慢，但练习后成绩迅速提升；C 线表示进步由慢到快又到慢；D 线表示进步先快中期慢最后又快。练习曲线多样化的原因有很多，如任务的困难程度、学习者的能力、经验、动机、兴趣等方面都会影响练习的效果。

在动作技能形成过程中个体，在一定阶段会出现成绩暂时停顿的现象，体现在练习曲线上为出现一段接近水平的线段，这种现象叫作高原现象。出现这种现象的原因主要有：感觉机能和中枢机能对动作的控制和调节作用减弱；提高练习成绩的新的活动结构和方法尚未形成；练习方法不当；形成消极的思维定势；产生心理上和生理上的疲劳；动机强度减弱、兴趣降低甚至产生厌倦等消极情绪；意志品质差等。只有消除这些消极因素的影响，才能避免高原现象的发生。

虽然动作技能的发展一般都遵循练习曲线的规律，但由于个体之间的知识经验、人格特征、练习态度和方法、主观努力、习惯、能力等方面都存在着差异，因此表现在练习曲线上就会有所差异。教师在指导学生进行动作技能的学习时，既要考虑练习的一般规律，又要考虑学生的个体差异，从而更好地帮助学生进行学习。

（2）合理练习

动作技能是通过练习形成的，合理的练习能够促进动作技能的培养，而合理练习要注意以下几点。

首先，明确练习的目的和要求。教师通过明确练习的目的和要求，帮助学生清晰、明确、具体地了解练习的目的和要求，帮助学生调动自己的主动性和积极性，充分调动资源去练习，提高学生的内部动机。同时，树立难度适中的练习目标和明确近期目标能够有效提高练习效率。

> **名人名言**
>
> 学到很多东西的诀窍，就是一下子不要学很多。
>
> ——［英］洛克

---

① 李红. 教育心理学. 武汉：武汉大学出版社，2007：185.

其次，合理安排练习时间。在练习动作技能的时候需要耗费大量的时间，但并不是练习时间越长效果越好。当连续练习时间过长时，学习者容易产生厌倦感和疲劳感，兴趣严重下降，会降低练习效果，在教学中要注意不要单纯增加练习时间、靠疲劳战术来提高成绩，这样只会"欲速而不达"。要根据学习任务的性质、内容难度、学生的年龄特点、基础水平等各方面因素来合理安排练习时间。

最后，掌握正确的练习方法。正确的方法能有效提高练习效率，要根据动作技能的性质和难度选择与之匹配的方法。比如，可以把练习分为整体练习和部分练习，整体练习是指把动作技能作为一个整体重复加以练习，部分练习是指把一套完整的动作技能分解成同时或按先后次序出现的许多部分，每次分别进行其中一个部分的训练，最后获得完整的动作技能。一般来说，当动作技能较为简单，或动作技能的结构严谨、完整，需要细心整合时，采用整体练习效果更好；而当动作技能的各部分独立性较大或动作技能比较复杂时，采用部分练习效果更好。

想一想

想一想，根据动作技能的特点和形成过程，除了书中提到的，还可以从哪些方面来培养动作技能？

(3)练习中的反馈作用

反馈就是将练习结果告知练习者，反馈能够让练习者明确自己动作的正确与错误，提高练习效率。根据任务的性质和学习者的学习进度来决定采用何种反馈，若是连续任务则及时反馈是重要的，而若是不连续任务则延迟反馈对效果影响不大。另外，并不是反馈越频繁越好，过多的反馈容易使学习者过多地依赖外界，而不利于内部动觉体验的形成。一般认为，几次练习后给予一次总结性的、简要的反馈信息比较有效。

相关链接

对动作技能进行测量，能够帮助人们更加了解和改善自己的动作能力。从20世纪初开始，美国心理学家开始对动作能力倾向测验发生兴趣。很多心理学家认为，如果能够测量简单的动作技能，就可以预测包含这些简单技能的复杂活动的成绩。弗雷西门和赫蒙帕(W. Hempel)将简单动作能力分为10种，分别为反应时间、连续轻拍的能力、动作协调、手的灵活性、手指的灵活性、动作的精确性、手的稳定性、动作感受、对准目标和左右手都灵活，这种分类方式可以供大家参考。同时研究表明，不同的动作能力之间独立性相当高。陈舒永等人的研究就发现，反应时间短的人，运动时间不一定短。反应时间是指从呈现刺激到开始反应的时间，运动时间是指从开始运动到完成运动的时间，也就是说，反应快的人，运动动作不一定迅速。此外，不同于一般智力测验，动作技能的测量一般需要仪器和设备，这方面的研究因仪器的昂贵而有所限制，但随着我国职业教育的发展，这方面的研究会越来越重要。

第三节　智力技能

一、智力技能的概述

(一)智力技能的概念与分类

智力技能，也称为心智技能或认知技能。美国心理学家加涅把智力技能看作"使用符号来学习与环境互相发生作用"，他把认知领域的学习结果分为言语信息、智力技能和认知策略三类。言语信息是"知什么"，智力技能是"知如何"。智力技能是学生利用内部言语处理外在环境，而认知策略是学生调节自己内部的注意、学习、记忆与思维的过程。而通常认为智力技能是指借助内部言语在头脑中进行的以抽象思维为主导的解决实际问题的技能，是通过学习而形成的合乎法则的心智活动方式。

智力技能的分类也较简单，一般分为一般智力技能和特殊智力技能。一般智力技能是指认识活动的技能，包括观察技能、思维技能、记忆技能、想象技能。特殊智力技能是指在专门领域中形成并发展的智力技能，如阅读技能、计算技能和写作技能。

一般智力技能只能通过特殊智力技能得到表现，而特殊智力技能又必须建立在一般智力技能基础上。任何一种一般智力技能的运用，都需要有具体的内容。比如，分析、综合是思维的基本技能，分析什么对象，综合什么材料，都涉及一定的专业知识。分析、综合使思维技能在一定的专业活动中表现出来，而在专业活动中表现的技能就是特殊的智力技能。当然，任何一种特殊的智力技能是不能离开一般的智力技能的，如同写作技能离不开观察、思维、想象、记忆技能，并受一般智力技能的制约。

(二)智力技能的特点

智力技能和动作技能一样，都有自己独有的特征，智力技能借助内部言语在大脑中进行，主要的特点如下。

1. 观念性

就动作对象而言，智力技能具有观念性。智力活动的对象是客观事物在人脑中的主观映象，是客观事物的主观表征，是知识、信息。智力技能是靠内部言语及词的作用进行的，动作对象是客体的主观表征，属于观念范畴。智力技能是对观念的加工、改造活动。

2. 内隐性

就动作执行而言，智力技能具有内隐性。智力技能通常是在头脑中借助内部言语默默进行的，而不是像动作技能那样以外显的形式通过肢体运动实现，因此智力技能具有内隐性，无法从外部直接观察到，只能通过作用对象的变化来判断活动的进行。

3. 简缩性

就动作结构而言，智力技能具有简缩性。由于智力技能是在头脑中利用内部言语进行的智力活动，可以以高度简缩的方式进行。例如，口算、心算、默读时，这些思维过程以高度简缩方式进行时比实际操作要快得多，而不是像动作技能那样需要将每个动作进行一一展示。

(三)智力技能的作用

1. 智力技能是获得知识经验的重要条件

任何个体经验都是在主客体相互作用过程中发生的，个体利用智力技能对活动客体进行作用，从而获得知识经验。比如，个体可以通过阅读这种智力技能来获得知识经验。因此，智力技能是获得知识经验的重要条件。

2. 智力技能是解决问题的必要条件

在认知心理学看来，问题解决是受目标指引的认知性操作序列。也就是说，问题解决是受目标指引的，包含一系列的操作，而且这些操作必须具有重要的认知成分。据此，从问题解决的发生与过程来看，必须经过一系列的心智动作才能实现，诸如如何判断问题性质，如何正确选择表征的形式，如何确定算子(operator)，如何执行，等等。这些心智动作构成了一种合乎法则的心智活动方式，即心智技能。它对问题解决活动起着直接的调节与指导作用，是问题解决活动顺利进行的保证。因此，心智技能也是问题解决的必要条件。

3. 智力技能是能力形成发展的基础

能力是个体心理的特征，它是概括化、系统化了的知识与技能。知识与技能是能力结构的基本要素，而智力技能作为获得知识和经验的重要条件，可以通过对于知识经验的作用，影响能力的形成与发展。

二、智力技能的形成

(一)智力技能形成的阶段理论

对于智力技能是如何形成的，心理学家们给出了不同的解读，提出了不同的理论，常用的有苏联加里培林的理论和我国冯忠良的理论。

1. 加里培林的理论

苏联心理学家加里培林认为智力技能是借助内部语言在头脑中进行的智力活动方式，他将智力技能的形成分为五个阶段。

(1)活动定向阶段

这个阶段为智力技能形成的准备阶段。在这一个阶段，老师一般会通过讲解或演示指出活动的操作程序及关键点，而学生要了解活动的基本情况，知道做什么和怎样做，对活动进行定向。学生在这个阶段会熟悉整个活动结构，了解活动的意义，知道活动的正确操作方式。例如，当小学生学习进位加法时，本阶段教师要向小学生指出其关键是进位，并告诉学生为什么要进位。

（2）物质活动与物质化活动阶段

在这个阶段老师要借助实物或实物模型、图片、标本来教学。比如，学习进位加法时，在此阶段教师会利用小木棒或手指等实物来帮助小学生完成计算活动。在这个阶段，学生对所需智力技能还比较陌生，需要借助物质或物质化的方式来理解，而物质化活动既保留了活动的物质性特点，又利于进一步内化。在这个阶段，智力技能必须以展开的形式进行，并以相应的实际操作来完成，当此阶段达到最高水平时，就可以进入下一个阶段。

（3）出声的外部言语阶段

在这个阶段已经不需要实物或实物的代替物，而可以借助出声的外部言语进行智力活动。比如，学习加法运算时，这个阶段的小学生已经不需要小木棒或手指了，而是利用"数位对齐，个位对个位"这种出声的外部言语来进行运算。本阶段是外部的物质活动转向智力活动的开始，是智力活动形式上发生质变的重要阶段。

（4）无声的外部言语阶段

在这个阶段只需要依靠内部语言在大脑中进行，而不需要外部言语了，是以词的声音表象、动觉表象为代替物而进行的智力活动，如心算。

（5）内部言语阶段

这是智力技能形成的最终阶段，智力活动以简缩的、自动化的形式进行，似乎不需要意识的参与。而一旦智力技能达到了内部言语阶段，个体就几乎察觉不到整个智力活动的过程了。比如，小学生在学会进位加法后，对于"9＋6＝?"这道题目会脱口而出，其运算过程已经简约化和自动化，察觉不出运算过程了。

2. 冯忠良的理论

在加里培林理论的基础上，我国学者冯忠良将智力技能的形成分为了三个阶段。

（1）原型定向阶段

原型指被模拟的自然现象或过程，而智力活动的原型是指智力活动物质化或外化的操作活动程序。在智力技能形成的原型定向阶段，学生需要了解智力活动的原型，明确要做哪些动作和怎样完成这些动作。在这个阶段，教师需要讲解和示范，要注意示范准确且动作明确。

（2）原型操作阶段

经过原型定向，学生已经在头脑中形成操作活动程序的清晰印象，这时进入原型操作阶段。在这个阶段，学生将对学到的操作活动程序以外显方式进行实践，一方面根据脑中的定向映象做出相应动作，另一方面做出的动作在头脑中反应，在感性上获得完整的动觉映象。为了智力技能顺利形成，在原型操作阶段要注意三点：

一是原型动作要按顺序依次展开，不能有遗漏和缺失；二是要变换不同的操作对象，使原型动作在直觉水平上更容易概括，形成智力活动的表象；三是动作操作要和言语结合起来，促进智力活动的内化。

（3）原型内化阶段

在原型内化阶段，智力活动从外在的动作模式转化到头脑中，利用内部言语来操作观念性对象，形成智力技能。在原型内化时，活动方式逐渐定型化、简缩化和自动化。在这个阶段出现几个特点：智力活动是从有声的外部言语到无声的外部言语，最后到内部言语；开始时，动作在言语水平上以展开形式进行，到熟练时要对动作进行适当简缩；要变化智力活动的操作对象，帮助学生更好地概括活动方式，以便进行掌握和迁移；根据学生的具体情况来决定何时进行上述转化，不能过早或过晚。

（二）智力技能形成的标志

1. 智力活动的各个环节逐渐联合成一个有机整体

当智力技能形成时，完成任务需要的各种智力活动诸如感知、记忆、想象和思维几个方面逐渐联合成一体，并且相互衔接、配合自如。

2. 思维活动表现出敏捷性、灵活性、深刻性和广阔性等特点

智力技能形成后会出现积极的思维活动，表现出一系列良好的思维品质。

3. 内部言语的进行需要意志的努力较少

当智力技能形成且逐渐熟练后，利用内部言语进行的智力活动需要学习者较少的主观努力就能进行。

三、智力技能的培养

智力技能是可以后天训练的，通过正确的方法就可以促进智力技能的培养。在教学过程中，教师可以从以下几个方面来培养学生的智力技能。

（一）明确教学目标，帮助学生识别教学内容

在教学过程中，教师要明确教学目标，帮助学生识别题目类型，以便学生能够用正确的认知技巧来进行解答，更好形成智力技能。比如，老师教授写作文时，要明确作文的类型，是说明文、议论文还是叙事文，不同的作文类型有不同的写作方式，当学生明确了教学内容后，就更容易培养技能。

（二）利用心理模拟法，使学生形成完整的定向能力

心理学家借鉴控制论的模拟思想提出了"心理模拟法"，利用"心理模拟法"来确定智力技能模型，记录智力技能的组成部分及各部分是怎样相互作用的。通过建立智力技能模型，帮助学生了解智力技能需要做什么以及怎么做，从而在头脑中形成关于认识活动和活动结果的表象，以对活动进行定向。比如，练习写作文时，学生要了解写作文的过程，即审题、围绕中心选材、组织全文结构、选词造句等各步骤，

以及各步骤之间的关系。

(三)摆脱定势思维的约束

定势思维是人们在长期的实践过程中形成的一种比较固定的思维方式，它往往会影响人们揭示题目的本质。比如，当学生看到与之前相似的题目时，就容易产生

> **想一想**
>
> 想一想，根据智力技能的特点和形成过程，除了书中提到的，还可以从哪些方面来培养智力技能？

定势思维，不看清题目而直接使用之前的方法来解题，这样就容易出错。

(四)合理利用练习规律来帮助学习

智力技能需要练习才能形成，如果合理利用练习规律，就能促进智力技能的形成。练习要适度，过少达不到效果，过多则容易产生厌倦心理。练习要分步骤、有计划，符合智力技能的形成规律。练习时要变化实践的对象，通过大量的变式练习，使学生更好地掌握和利用智力技能。

本章小结

1. 技能是经过后天练习而获得的合乎法则的活动方式。

2. 技能分为动作技能和智力技能。动作技能是指经过后天练习而获得的合乎法则的动作活动方式，智力技能是指经过后天练习而获得的合乎法则的动作智力方式。动作技能和智力技能既有区别又相互渗透和影响。

3. 动作技能的特点为客观性、外显性和展开性；智力技能特点为内隐性、观念性和简缩性。

4. 技能的学习是一个过程，是分阶段的。动作技能一般要经历的阶段为认知阶段、联系阶段和自动化阶段。智力技能形成按加里培林的研究分为五个阶段：活动定向阶段、物质活动与物质化活动阶段、出声的外部言语阶段、无声的外部言语阶段、内部言语阶段；按照冯忠良研究分为三个阶段：原型定向阶段、原型操作阶段、原型内化阶段。

5. 要通过正确的讲解示范和合理的练习来培养动作技能，在培养智力技能时要注意明确教学目标和内容，适当利用练习规律和心理模拟法，并且要摆脱定势思维的束缚。

关键术语

技能、动作技能、智力技能、技能特点、技能形成阶段、技能培养

思 考 题

1. 什么叫作技能？
2. 技能通常分为哪几类？
3. 动作技能和智力技能的特点分别是什么？
4. 动作技能和智力技能是怎样形成的？
5. 如何来培养动作技能和智力技能？

1. 陈琦，刘儒德．当代教育心理学（第 2 版）．北京：北京师范大学出版社，2007.

本书可用作高等师范大学教育学院和心理系的本科生和研究生的教材，可作为各级各类教师培训学校、研究生课程班的教学材料，可作为各种教育科研人员的参考资料，还可用作各种考试（如研究生入学考试、教师资格证考试）的参考用书。内容包括学生与教师心理、一般学习心理、分类学习心理、教学心理等。该书根据教育心理学的学习和教学需要编制，试图在提高学术水准和符合学术规范的基础上实现易读性、实践性和操作性。

2. [芬兰] 本·富尔曼．儿童技能教养法．李红燕，译．北京：华夏出版社，2014.

本书是一本介绍儿童技能教养法的书，家长、老师以及那些专门处理家庭问题的专业人员，都可以学习使用它。该书是目前世界上的一个将焦点解决融入亲子教育的工具，它用寓教于乐、实用又有趣的方法帮助孩子克服成长中的各种困扰。这个方法直观有效，它能够改善亲子关系和夫妻关系，对家校合作也有很大的帮助。

3. [美] 达林·曼尼克斯．美国学生社会技能训练手册．刘建芳，译．天津：天津社会科学院出版社，2011.

本书可供父母及教师使用，帮助学生学会如何与他人进行有效沟通，并运用这些技能解决社会生活中的各种不同问题。该书分为两部分：第一部分是中学生必备的"基本社交能力"，在这部分中，有对 20 种基本社交能力的详细解释。第二部分是"实际生活中的社交技能"，讲解了在不同环境、不同条件，以及非正常情况下这些技巧的应用。

4. [美] 简·尼尔森，琳·洛特，斯蒂芬·格伦．教室里的正面管教：培养孩子们学习的勇气、激情和人生技能．梁帅，译．北京：北京联合出版公司，2014.

本书介绍了正面管教的方法，可供教师学习使用。该书共 13 章，详细介绍了将正面管教理念用于学校的方法和教室管理工具。正面管教把重点放在创建一个相互尊重和支持的班集体，激发学生们的内在动力去追求学业和社会的成功，使教室成为一个培育人、愉悦和快乐的学习和成长的场所。这是一种经过数十年实践检验，使全世界数以百万计的教师和学生受益的黄金准则。

参考文献

1. 黄希庭．心理学导论．北京：人民教育出版社，1991.

2. 姜智 . 教育心理学 . 长春：吉林大学出版社，2005.

3. 荆其诚 . 简明心理学百科全书 . 长沙：湖南教育出版社，1991.

4. 李红 . 教育心理学 . 武汉：武汉大学出版社，2007.

5. 李小融 . 教育心理学新编 . 成都：四川教育出版社，2005.

6. 莫雷 . 教育心理学 . 广州：广东高等教育出版社，2002.

7. 皮连生 . 教育心理学（第三版）. 上海：上海教育出版社，2004.

8. 章永生 . 教育心理学 . 石家庄：河北教育出版社，1996.

9. 朱智贤 . 心理学大词典 . 北京：北京师范大学出版社，1989.

10. ［美］Robert J. Sternberg，Wendy M. Williams. 教育心理学 . 张厚粲，译 . 北京：中国轻工业出版社，2003.

11. 陈舒永，杨博民，韩昭 . 不同肢体的反应时间和运动时间 . 心理学报，1986 (01).

第七章 态度和品德的学习与教学

1. 了解态度和品德的性质与结构。

2. 领会态度和品德的相关理论。

3. 明确态度形成和改变的影响因素，并学会在实际中运用相关方法促使态度的形成和改变。

4. 掌握培养良好品德和矫正不良行为的方法。

导入 ▶

　　三个工人在砌一面墙。有一个人过来问："你们在干什么？"第一个工人爱理不理地说："没看见吗？我在砌墙。"第二个工人抬头看了一眼好管闲事的人，说："我们在盖一幢楼房。"第三个工人真诚而又自信地说："我们在建一座城市。"十年后，第一个人在另一个工地上砌墙；第二个人坐在办公室中画图纸，他成了工程师；第三个人呢，成了一家房地产公司的总裁，是前两个人的老板。态度决定高度，仅仅十年的时间，三个人的命运就发生了截然不同的变化，是什么原因导致这样的结果？是态度！

　　我们要培养德才兼备的人才，不仅要具有丰富的专业知识和技能，还要具有良好的态度。下面将介绍态度的学习和与教学相关的内容。

第一节　态　度

　　态度是人们常用的一个术语，我们常说某个学生对待学习认真，参加集体活动态度积极，认错态度较好，等等。那么到底什么是态度呢？态度有哪些心理成分呢？在学校教育中，如何促进学生的态度向好的方向发展呢？

一、态度的性质

（一）态度的定义

　　态度（attitude）是"个体对自己和对外部世界的客体、人、情境或任何抽象观念或政策等的评价性的内部心理倾向"[①]。态度具有如下特征。

1. 态度是一种内在的准备状态和心理倾向性

　　这是指态度并不决定特定的行为，而是在不同程度上决定个人一定类型的行为。态度有时会转化为外显的行为，但有时不一定会转化为行为。

2. 态度具有价值判断的成分和感情色彩

　　态度是对特定事物的重要性进行评价后所产生的某种看法、体验或意向，如重视或轻视、肯定或否定、赞同或反对、喜爱或厌恶，是关于事物对自己有多大关系的一种价值判断或情绪评定的结果。

> **考试要点** 📖
>
> 教师资格证考试中学《教育知识与能力》真题（2015年上半年）
>
> 初中生小黄热爱班集体，学习认真，对自己要求严格。小黄的这些性格特征属于（　　）。
>
> A. 态度特征　B. 理智特征
> C. 情绪特征　D. 意志特征
> 答案：A

_____

[①] 皮连生. 教育心理学（第三版）. 上海：上海教育出版社，2004.

3. 态度是通过学习形成的

无论是对人还是对事，各种态度都是个体与环境相互作用而形成的，是可以改变的。

在学校教育中，态度学习主要有以下三种：一是与人交往活动的态度，如容忍、帮助别人等；二是对学科的态度，以及更为一般的对学校、对学习的态度，如爱护学校公物、喜欢数学等；三是与公民身份有关的态度，如热爱祖国、关心社会需求和目标、愿意承担和履行公民的职责等[1]。

(二)态度的结构

一般来说，态度包括以下三种成分。

1. 态度的认知成分

它指个体对态度对象所具有的带有评价意义的观念和信念。

> **想一想**
>
> 在一个孩子对画画的积极态度中，其认知成分、情感成分和行为倾向成分分别指的是什么？

2. 态度的情感成分

它指伴随态度的认知成分产生的情绪或情感体验，是态度的核心成分。

3. 态度的行为倾向成分

它指准备对某对象做出某种反应的意向。

态度会受到情感、认知和行为倾向各成分之间关系的影响。根据各成分的强度、范围或包含的内容，可以区分出不同的人在态度上的差异。要了解一个学生的态度，既可以分别考查态度的三个成分，也可以同时考查态度的三个成分。特别要注意的是，人们有时难以从外显的行为推测出一个人内在的真实态度，因为口头表达的态度经常不能付诸行动。态度中的行为倾向成分可以独立于其他两个成分，这一点对教学设计是非常重要的。

二、态度形成和改变的理论

态度的形成和改变是难以截然分开的，在现实生活中，除了新生儿外，几乎没有纯粹的态度的形成或改变，原有态度的改变必然带来新态度的形成，新态度的形成又常常以旧态度的改变为先导。态度形成和改变的理论主要有以下几种。

(一)凯尔曼的三阶段理论

态度不同于一般的认知活动，它包含情感因素，比较持久、稳固。因此，态度的改变需要经历一个比较复杂的过程。凯尔曼(H. C. Kelman)从认知的角度研究了态度的形成过程，认为态度的形成与改变需要经历三个阶段。

第一阶段：模仿和服从。模仿是出于自愿，自觉或不自觉地从对象习得不同的态度。人有模仿他人的倾向，尤其是倾向于模仿他所尊敬、崇拜、热爱的人，如孩

---

① 河北省教师教育专家委员会. 教育心理学：理论与实践. 石家庄：河北人民出版社. 2007.

子对父母、老师的模仿往往是态度形成和改变的开端。服从是一个人按照社会要求、群体规范或他人意志而做出的行为，其目的是为了达到某种物质或精神的满足或为了避免惩罚。服从通常是外在压力作用的结果，不是个人的自愿选择。这一阶段，个人只是在外显行为上与别人一致，还没有深刻的认识和情绪成分，因此形成和改变的态度只是暂时的、表面的、不稳定的。

第二阶段：同化。同化指由于喜欢某人、某群体或某事物，乐于与其保持一致或采取与其相同的行为表现。在这一阶段，个体态度的改变不再是表面的了，而是自愿地认同、接受他人的观点、信念、态度和行为，力求使自己的态度和他人相一致。也就是说，态度在这一阶段已经比上一阶段进步了一些，由被迫转为自觉接受，只是新态度尚未与自己原有的态度体系完全融合。这一阶段的态度融入了较多的情感成分，但还缺乏深刻的认识作为基础。

第三阶段：内化。内化是态度改变的最后阶段。在这个阶段，个体已经完全地从内心相信并接受了他人的观点，并将他人的观点、态度完全纳入了自己的价值体系中，成为自己人格的一部分。到了这一阶段，个体的态度已经发生了彻底的改变，不再需要说服或学习外在的榜样了，此时形成的态度已经比较稳固、不容易发生改变。这一阶段的态度已经是一种认知成分占主导地位的态度。

(二)认知失调理论

费斯廷格(L. Festinger，1919—1989)提出了认知失调理论。他认为，个体的认知结构是由很多认知因素组成的，包括对于自己、他人和环境的思想、信念、看法等。认知因素之间的关系有相互协调、不协调和无关三种情况。当个体持有两个彼此矛盾的认知时，就会产生心理冲突，从而产生不愉快的感觉，这就是认知失调现象。认知失调具有动机的作用，为了保持认知因素之间的协调或平衡，个体会设法改变自己原有的态度、信念或行为。认知因素之间的失调程度越大，个体态度改变的可能性就越大。

通常有如下几种消除认知失调状态的方法：①改变某一个认知因素，使之与自己持有的其他认知因素保持一致。②强调某一认知因素的重要性，从而坚持或改变某种态度。③通过增加新的认知因素来缓和处于失调状态的认知。[①]

费斯廷格的认知失调理论将复杂的认知关系简化为认知因素之间的协调与不协调关系，较好地解释了态度形成与改变的机制，具有较大的灵活性和较广的适用范围。

(三)说服模型

心理学家霍夫兰(C. Hovland，1912—1961)对态度改变进行了深入的研究，提出了说服模型。这一模型指出了引起态度改变的过程并将其所涉及的相关因素全部

---

① 章志光. 社会心理学. 北京：人民教育出版社，2008.

囊括进去。在这个模型中，外部刺激由说服者、说服信息和说服情境组成。其中说服者的影响力取决于他的可信性和受欢迎程度。说服信息的有效性与信息源和说服对象原有态度的差异性、是否引起恐惧、新颖性等因素有关。情境中有无强化作用、预先警告或分心也是影响说服效果的因素。说服对象的特点包括其投入或承诺、是否对说服有免疫力及本身的人格特征。在态度改变的过程中，被说服者首先要学习信息的内容，在学习的基础上发生情感迁移，把对一个事物的情感转移到与该事物有关的其他事物之上。当接收到的信息与原有的态度不一致时，被说服者便会产生心理上的紧张，一致性机制便开始起作用。说服的结果有两个：一个是态度的改变；另一个是对抗说服，包括贬低信息来源、故意扭曲说服信息和对信息加以拒绝掩盖。[①]

相关链接 👉

经典实验

费斯廷格和卡尔史密斯(J. M. Carlsmith)设计了一个研究态度的实验。在这个实验中，被试必须完成极为无聊的任务，任务持续 1 小时。费斯廷格等人相信，对于这个任务，被试都会持消极态度。完成这个任务后，他们却让被试告诉另一个人，说这个任务是很有趣的。其中一组被试在按照要求说了这句话后得到 1 美元的报酬，另一组被试得到 20 美元。此外，控制组在完成同样的任务后不用向另一个人撒谎。最后，要求所有参加实验的被试评价这项任务实际的有趣程度。实验结果是只有给 1 美元的被试态度发生了改变，对任务的评价较为积极。在这项研究中，费斯廷格认为撒谎的被试可以通过两种方法减少认知失调：一是改变他们对任务的态度；二是增加第三个认知以使态度与行为之间的不一致性减少。给 1 美元的被试之所以态度改变大，是因为他们感到收益很小，体验到的认知失调很高，因此感到心理上的压力，使他们的态度更符合其行为。而给 20 美元的被试用高报酬来解释自己的撒谎行为，高报酬成了解释反态度行为的正当理由，相当于增加了一个新的认知用来解释态度与行为之间的不一致性，因此不太需要改变态度。所以认知失调是态度改变的必要条件，但不是充分条件。

(四)学习理论

人的社会态度不是生来就有的，而是在后天社会化的过程中习得的。具体地说，社会态度是通过联想学习、强化学习和观察学习这三种基本的学习方式习得的。这三种形式的学习分别以经典条件反射理论、操作性条件反射理论和社会学习理论为基础。[②]

---

① 章志光. 社会心理学. 北京：人民教育出版社，2008.

② 张承芬，马广海. 社会心理学. 济南：山东人民出版社，2010.

1. 经典条件反射理论与联想学习

经典条件反射理论是由巴甫洛夫创立并完善的。通过实验室实验，巴甫洛夫提出，动物之所以能够对条件刺激做出条件反应，是因为动物凭借联想的过程在不同刺激之间建立起了联系。这一理论可以用来解释态度的形成过程，把态度对象作为条件刺激，将态度与人已经具有的肯定或否定性评价等无条件刺激多次结合强化，则对于条件刺激的态度对象就会形成与无条件刺激一样的评价，即形成特定的态度。例如，小孩子通常都有吃手指的不良习惯，如果父母在孩子每次吃手指时给他讲述吃手指有多不卫生，会导致疾病之类的话，并让他看一些生病小孩难受的照片。反复几次之后，孩子在每次吃手指的时候就会联想到父母的话和那些生病小孩难受的表情，进而形成对吃手指的恐惧和厌恶的态度，从而改掉吃手指的坏习惯。上述例子，就是通过联想学习使小孩建立起了对坏习惯的厌恶态度。除此之外，经典条件作用原理还可以用来说明态度的泛化现象。个体常常会在相似的对象之间建立起联想，因此，个体也会将对某种事物的态度扩展到其他相近的态度对象上。在上述例子中，小孩可能会对所有与吃手指相似的不讲卫生的坏习惯产生厌恶态度。

2. 操作性条件反射理论与强化学习

操作性条件作用原理是由斯金纳创建的。他认为，人类的学习都是建立在操作和强化的基础上的。如果个体采取的某种作用于环境的行为得到了正强化，则个体在此后出现同样的环境时就会表现出同样的行为；反之，如果个体行为得到的是负强化，则个体在此后出现同样的环境条件时就会极力避免用同样的行为来应对。强化原理也可用于解释人们态度的习得过程。英斯科(Insko)曾用实验方法来研究态度的习得，探究言语强化对态度的影响。研究结果表明，受到正强化的学生，不仅其基本观点、态度没有改变，而且在程度上更为强烈；而对于那些受到负强化的学生，虽然其基本观点也没有发生大的改变，但是在程度上明显不如受到正强化的学生那样强烈。

3. 社会学习理论与观察学习及模仿

班杜拉提出了社会学习理论，这一理论有两个核心概念，即观察学习和模仿。通过对他人态度和行为的观察，个体将其行为表现记在脑中，并且在以后遇到类似的环境时模仿他人的行为表现。在观察学习中，观察的主体称为观察者，被观察的对象称为榜样，榜样对观察者具有很强的示范作用。通过观察而进行的学习是依靠模仿来实现的。模仿效果首先取决于观察得怎么样，同时还受到强化因素的影响，这种强化可以是自我强化，可以是外界对个体施加的直接强化，也可以是从他人被强化的事实经验中感受到的替代性强化。个体对他人行动有一个较好的观察，加上强化作用的激励，就能够较好地进行模仿学习。因此，在儿童社会化的过程中，教师和家长为他们树立一些符合社会规范的榜样具有特别重要的意义。

三、态度的形成与改变

(一)态度形成和改变的影响因素

1. 外部因素

(1)家庭的影响

对于个体最初态度的形成，家庭及父母的影响是最重要的。家庭环境中许多因素都影响着态度的形成。它们主要包括：第一，家长的榜样状况，如家长的态度作为儿童模仿的榜样直接影响着儿童的态度；第二，家庭关系，如父母感情的好坏及家庭成员之间相互的情感关系，情感关系越融洽，相互之间的影响就越大，在态度上趋于相近或相同；第三，家长的教养方式，如是民主的、专制的还是放任的，这些直接关系着儿童对人的态度和行为方式。相较而言，民主的教养方式有利于儿童形成良好的与人相处的态度，使他们学会用平等的方式与人相处，用民主的方式解决生活中遇到的问题。

(2)学校的影响

第一，班集体的影响。班集体的规范和信念、班集体的情感和士气、班集体的处事和行为水平都可以对班集体中成员的态度产生很大的影响。因此，作为教师，要着力建立良好、友善的班集体。

第二，学生同辈群体的影响。青少年学生一般都有归属于某个群体的内在需求，他们把同辈群体作为首要的参照对象，使自己的言行、态度与同辈群体趋于一致，因为这使他们能避免"对偏离的恐惧"，使他们有安全感，使他们在遇到问题时能找到伙伴来交流如何解决问题。因此，同辈群体对一个人的态度有着重要影响。

第三，教师作为榜样人物的影响。学生仰慕和模仿的教师，通常是那些德才兼备、学识水平高、兴趣广泛、课讲得好、耐心、亲切、体谅学生困难、乐于帮助学生、公正对待学生的教师。因此，作为教师，应该不断地锻炼自己、完善自己，使自己成为学生模仿、学习的好榜样。

(3)社会的影响

一个人自出生起直到生命结束都生活在一定的社会环境之中，不可避免地受到社会环境的影响。这种影响主要是通过社会规范、准则的要求和约束，各种思想观念的宣传和教育，风俗习惯的潜移默化和文化的熏陶实现的。社会规范对态度的形成和改变能起到社会压力的作用，促使人们的态度与社会规范相一致，否则个体就会受到一定的谴责，或产生心理失调。另外，社会通过报刊、图书、电影、广播、电视等媒介，将社会规范、价值标准、文化传统及对某一社会事件的态度传递给公众，从而对公众的态度产生影响。

2. 内部因素

（1）认知失调

人类有一种维持平衡和一致性的需要，当出现认知失调时就会产生不愉快的情绪体验，因此认知失调是态度改变的先决条件，也就是说，要想使态度改变，必须先形成认知失调。（前已述及，参见认知失调理论部分。）

（2）态度定势

学生对社会、学校、教师等具有一定的态度定势，这种态度定势常常决定着他们对社会、学校、教师的肯定或否定、趋向或回避、喜好或厌恶。例如，一个学生对教师有积极的态度定势，就会愿意接受教师的教诲，形成"爱屋及乌效应"；相反，学生对教师有消极的态度定势，教师的要求就很难起作用，甚至出现相反的效应。因此，教师要不断修炼自己，使学生喜欢自己，从而达到"亲其师，信其道"的效果。

（3）个体差异

一般来说，智力水平高的人对事物有清醒的认识，善于维护或主动改变自己的态度；智力水平低的人通常缺乏准确的判断力，容易受暗示，容易被说服，通常会被动地改变态度。性格内向的人比性格外向的人更难改变态度，因为内向的人认知稳定性强。权威性人格比非权威性人格更难改变态度，因为权威性的人依赖性小、自信心足，不易受外界因素影响。

（二）促进态度改变的方法

促进态度改变的方法有很多，这里介绍常用的几种方法：劝说宣传法、角色扮演法、团体影响法和活动参与法。

1. 劝说宣传法

这一方法是以霍夫兰的说服模型为基础的，是把整个说服过程看作是一个信息的传递、沟通过程。将这一模型运用于教育教学实践，要想说服学生改变其态度，要注意以下几个方面。

首先，提高教师的可信度。教师本身的各种特点常常在说服过程中起到很重要的作用。教师首先应具有一定的权威性，同时提高自己的可信性和吸引力，使学生信任自己、喜欢自己。学生对教师的信任度和喜欢程度越高，受其影响的可能性就越大。

其次，选取正确的信息传递方式。教师要注意采用合理的、适合学生的方式进行沟通，不同的方式对于态度改变的影响是不同的。比如，教师可以借助一定的大众传播媒介，如电视、电影、广播等，对全班学生进行大范围的信息传播，这可能有助于整个班级学风的改善。教师也可以直接跟个别学生交谈，这样的方法针对性更强，反馈迅速，如果运用得好，可以较彻底地转变个人态度。

最后，把握学生本身的特点。教师首先要了解学生原来的态度，如果学生原有态度与教师想要达成的态度改变差距较大，可以采取循序渐进的方式，逐步提出要求，以便达到更好的说服效果。教师还应把握学生的个体特征，针对不同智力、动机、自尊水平的个体，采取不同的方法。

2. 角色扮演法

角色扮演法是通过某个角色对占据这一角色的个体所具有的约束和影响来改变个体的态度的。这种方法是以角色理论为依据的。角色理论的核心原则是个体的行为应与其所承担的角色相一致，应该符合这一角色身份的要求。无论是什么角色，客观上都包含着标志这一角色的各种象征（如权力、地位、待遇）和符号（如称呼、头衔、级别），包含着这一角色所特有的行为规范、准则及他人对角色的期待。对于个体而言，担当起某一角色，也就意味着要使自我的内涵与角色相符合，使自我与角色协调一致。这一方面意味着个体的变化和发展，另一方面则意味着个体被约束和制约。

3. 团体影响法

团体影响法，即团体通过团体规范和准则来对个体施加影响，从而有效地改变人们的态度。团体规范和准则是一种无形的约束力，促使其成员的一言一行都符合团体规范的要求。通过对成员符合规范的行为进行接受、赞同和承认来确定其在团体中的位置；通过对破坏规范的个体进行拒绝、否定和打击，孤立并彻底将其驱逐出团体。成员拒绝或接受某种传播信息是受到团体要求的限制的。一个团体有其独特的信息流通结构，较活跃或地位较高的成员往往把持着信息流通的关卡，他们首先将不合团体价值的信息过滤掉，或将其先接触到的信息进行修改润色再传达给其他的成员；而且归属于同一团体的成员一般都持有相似的观点，这是相互强化支持的社会性支持力量，使团体起到了抵制不合格信息的作用，阻止其成员向相反的态度转变。而且，经由团体成员集体讨论和决定而制定的规范会更有助于学生态度的转变。因为参加团体讨论的成员是主动的，较可能产生较高的自我卷入，而且经过讨论形成的规定使成员承担了执行的责任，所以对学生能产生更大的约束力，这种约束力随学生觉察到群体内意见一致性程度的提高而增强。所以如果教师期望有效地转变学生的态度，运用集体讨论后做出集体规定的方法是可行的。

相关链接

经典实验

心理学家费斯廷格进行了一项实验研究，他们找到一些彼此不认识的黑人和白人做被试。在第一种实验情境下，他让白人和黑人一起做纸牌游戏；在第二种实验情境下，让白人和黑人一起观看别人做游戏；第三种实验情境下，白人和黑人同处一室但不组织任何活动。在上述三种实验情境下，白人对黑人显示出友好态度的比例分别为 66.7%、42.9%、11.1%。实验结果证明，共同活动的状况影响着白人对黑人的态度，即共同活动越积极，白人对黑人的态度转变就越好。

4. 活动参与法

引导人们积极地参与有关的活动，能达到转变人们态度的目的。日常生活中，通过参加活动来改变态度的事例很多。比如，一个本来对体育活动毫无兴趣的人，被同学拉着去打了一场篮球后，便成了球迷，爱上了体育。但活动参与法对人们态度改变的程度受到一些因素的影响，如人们参与活动时的自愿程度或感受到的压力大小。如果人们参加一项活动是自觉自愿的，则其态度改变的可能性就会相对大些；如果是出于某种自身之外的原因，如奖励或惩罚，感受到了某种压力，如权威和团体的压力，则即使其积极参加了活动，态度也未必会发生根本改变。此外，人们参与活动时间的长短也影响着活动中人们的态度改变。如果所参与的活动是经常性的、较长久的，则态度改变的可能性相应就较大，效果也较持久；反之，如果只是一次性的活动或短期的活动，则态度改变的效果就不太明显或难以持久。

第二节 品 德

培养学生的良好品德是学校教育的一项重要内容。这一节我们将了解品德的性质，品德形成和发展的理论，以及如何培养良好品德、矫正不良道德。

一、品德的性质

(一)品德的定义

品德，即道德品质(moral trait)，是社会道德在个人身上的反映，是个人依据一定的社会道德行为规范行动时所表现出来的比较稳定的心理特征和倾向。[1] 品德的特征如下。

> **名人名言**
>
> 没有伟大的品格，就没有伟大的人，甚至也没有伟大的艺术家、伟大的行动者。
> ——[法]罗曼·罗兰

首先，品德反映了人的社会特性，是一个将外在的社会规范的要求转化为个体内在需要的复杂过程。品德并不是先天的，而是在特定的社会与教育环境中习得的。

其次，品德具有一定的稳定性，若只是此一时、彼一时的偶然表现，是不能称为品德的。只有经常性地表现出的一贯的规范性行为，才是真正的品德。

再次，品德是在道德观念的控制下，进行某种活动、参与某件事情或完成某个任务的自觉行为，是认识与行为的统一。

最后，品德与道德相关，品德是社会道德在个体身上的反映和表现，每个人的

---

[1] 河北省教师教育专家委员会. 教育心理学：理论与实践. 石家庄：河北人民出版社，2007.

品德的形成和发展总是以一定的社会道德为前提和基础的。需要注意的是，道德的性质和发展等问题是伦理学的研究对象，而品德的形成和改变是心理学的研究对象。

(二)品德的心理结构

品德的心理结构是指品德这一现象的组成成分。一般来说，品德由道德认知、道德情感、道德意志和道德行为四种心理成分构成。

1. 道德认知

道德认知，也称作道德观念，是指对道德行为准则及其执行意义的认识。一方面是对一定的道德知识的领会、理解和掌握，另一方面是把这些知识作为自己的行动指南，变为信念，并以此作为评价自己和他人道德行为的标准。道德认知的产物是个人的道德价值观念的发展，道德价值观念是一种标准观念，个人按照自己的道德价值观念来判断自己或他人行为的是非、善恶和好坏。道德认知是品德的基础，个人的道德认知在道德事件中往往是很重要的。就某一个个体而言，如果一个人只是无意中做了好事，而根本没有做好事的"意向"或"理由"，则并不能认为其行为是道德的。

2. 道德情感

道德情感是在道德认知的基础上，对现实生活中的思想言行是否符合道德标准和道德需要而产生的内心体验。个人在对自身的行为和他人的行为做出道德判断时，都会出现与这些判断有关的情感体验，一般而言，凡是符合自己的道德认识或自己所维护的道德观念的行为，就会使个体产生积极的情绪体验，否则个体就会产生消极的情绪体验。

就表现形式而言，道德情感分为三种：一是直觉的道德情感，即由于对某种具体道德情境的直接感知而迅速产生的情感体验，特点是产生迅速，对行为具有迅速定向的作用；二是形象的道德情感，即与具体的道德形象相联系，通过形象思维发生作用的一种情感体验，其特点是生动具体、感染性强；三是伦理的道德情感，即以清晰地意识到道德规范和伦理为基础，对某种具体道德情境与自身的利害关系进行评价而产生的情感体验，具有概括性、自觉性和深刻性。

考试要点

中学教师资格证考试要点：

河北省《教育知识与能力》大纲要求：了解品德心理结构，理解品德发展的特点。

考试要点

教师资格证考试中学《教育知识与能力》真题(2015 年上半年统考)

王军写了保证书，决心遵守《中学生守则》，上课不再迟到。可是到了冬天天一冷，王军迟迟不肯钻出被窝，以至于再次迟到。对王军思想品德教育的重点在于提高其(　　)。

A. 道德认识水平

B. 道德情感水平

C. 道德意志水平

D. 道德行为水平

答案：C

3. 道德意志

道德意志是指个体自觉地确定目标、排除内外障碍、将道德行为付诸实现的心理过程。道德意志实际上是道德认知的能动作用，是个体利用自己的意识，通过理智的权衡作用去解决道德生活中的内心矛盾，是支配行为的精神力量。人们在具有道德认知和道德情感后，是否会做出相应的道德行为往往取决于道德意志，一个人具有道德意志后，就能够抵制现实中的各种诱惑，克服遇到的各种困难，以自己内在的道德意志来坚持自己的道德行为，最终达到自己的目标。道德意志与道德行为是密切联系的，在复杂的需要意志努力的道德行为中，道德意志能促进道德行为的发生；同时，离开了道德行为，道德意志就无从表现。

4. 道德行为

道德行为是在道德认知的指引和道德情感的激励下所表现出来的对他人和社会有道德意义的行为。它是实现道德动机的手段，是人的道德认知、道德情感、道德意志的具体表现和外在标志。道德行为是衡量品德的重要标志。看一个学生的品德，主要不是看他有怎样的认识，而是看他有

> **考试要点**
>
> 教师资格证考试中学《教育知识与能力》真题（2014 年上半年统考）
> 衡量学生思想道德水平高低的根本标志是（　　）。
> A. 道德认识　　B. 道德意志
> C. 道德情感　　D. 道德行为
> 答案：D

怎样的行为。一个有了认识但缺乏自制的人，在行为上可能与他的是非观念相矛盾，这在品德不良的个体中经常见到。所以，在评定一个人的品德时，更多依据的是这个人的道德行为。

人的品德不是道德认识、道德情感、道德意志、道德行为的简单堆积，这四种成分之间是相互联系、相互制约的。在培养学生的优良品德时，不能忽视其中的任何一种成分，也不能机械地沿着知、情、意、行的固定顺序进行，而是需要根据实际情况，从最迫切、最有效的某个方面入手。比如，可以从提高学生的道德认识起步，也可以从激发道德情感入手，还可以从训练道德行为开始。

二、品德形成和发展的理论

(一)皮亚杰的道德发展阶段论

皮亚杰是第一个系统追踪研究儿童道德认知发展的心理学家。他认为道德的实质包括两个方面：对社会规则的理解和认识；对人类关系中平等、互惠的关心，这是公正的基础。皮亚杰在他的《儿童的道德判断》一书中，根据他的理论和大量临床研究的事实，分析了儿童对游戏规则的理解及遵守过程，并通过一些对偶故事的观察实验，把儿童的品德发展划分为四个阶段。

1. 自我中心阶段(2～5 岁)

自我中心阶段是从儿童能够接受外界的准则开始的，此阶段的特点是儿童还不

能充分理解规则的意义，规则对他来说也不具有约束力。比如，儿童在打弹珠游戏中总是自己玩自己的，按照自己的想象去执行规则。因为此时儿童还不能把自己同外部环境区别开来，而是把外部环境看作他自身的延伸。

2. 权威阶段(6~8岁)

这一阶段儿童的道德判断受外部价值判断标准的支配和制约，他们绝对地尊敬和顺从外在权威和规则。儿童尊重道德的权威，如父母、老师或其他成人制定的规则，认为服从有权威地位的人就是好的，否则就是错误的。正因如此，他们把人们规定的准则看作固定的、不可改变的。这一阶段的儿童对行为的判断是根据客观的结果，而很少考虑主观的动机。

3. 可逆性阶段(8~10岁)

这一阶段的儿童已不把准则看成是不可改变的，而把它看成是同伴间共同商定的。此时的儿童一般认为，倘若大家都同意，规则是可以改变的。儿童已经意识到同伴间存在一种社会关系，彼此间应相互尊重。准则对他们来说已经具有一种保证他们相互行动、互惠的可逆特征。同伴间这种关系的出现，标志着品德由他律开始进入自律阶段。

4. 公正阶段(11~12岁)

这一阶段儿童的公正观念是从可逆性的道德认识阶段发展而来的。在皮亚杰看来，从同伴之间的可逆关系转变到公正关系的主要原因是利他主义因素。公正观念不是一种判断是或非的单纯的规则关系，而是一种出于关心人与同情人的真正的道德关系。儿童不再刻板地按照固定的规则去做出判断，而开始认为公正、平等很重要，并且公正的奖惩不能千篇一律，而应该根据每个人的特定情况进行。公正观念是一种高级的平等关系，这种道德观念已经能够从内部对儿童的道德判断起决定性的作用。

皮亚杰认为，在儿童道德发展的过程中，个体的认知能力和社会关系两个因素具有重要影响，道德教育的目的是使儿童达到自律道德，使他们认识到道德规范是在相互尊重和合作的基础上制定的。要达到这一教育目标，一方面要充分发挥儿童的自主性和能动性；另一方面要注意发挥班集体的作用，培养学生之间的合作互助关系，以促进儿童道德观念的发展和道德水平的提高。

考试要点

教师资格证考试中学《教育知识与能力》真题(2014年下半年)

晓霞能根据他人的具体情况，以平等为标准，在同情、关心的基础上对学习和生活中的道德事件进行判断，根据皮亚杰的理论，晓霞的道德发展处于( )。

A. 自我中心阶段
B. 权威阶段
C. 可逆阶段
D. 公正阶段
答案：D

考试要点

中学教师资格证考试要点：
河北省《教育知识与能力》大纲要求：理解皮亚杰和科尔伯格的道德发展理论。

(二)科尔伯格的道德发展阶段论

科尔伯格首创了"道德两难故事法"，并通过此方法进行研究，将道德判断的发展分成了六个阶段，又将六个阶段划分成三种道德水平：前习俗水平、习俗水平和后习俗水平。表7-1简要归纳了这些水平和阶段的含义及心理特征。

表 7-1　科尔伯格的道德判断发展阶段①

三种水平		发展阶段		心理特征
一	前习俗水平（9岁以下）	1	惩罚和服从	只从表面看行为后果的好坏，盲目服从权威，旨在逃避惩罚。
		2	相对功利	只按行为后果是否带来需求的满足来判断行为的好坏。
二	习俗水平（10～20岁）	3	寻求认可	寻求别人的认可，凡是成人赞赏的，自己就认为是对的。
		4	遵守法规	遵守社会规范，认定规范中所定的事项是不能改变的。
三	后习俗水平（20岁以上）	5	社会契约	了解行为规范是为维护社会秩序而经大众同意所建立的。只要大众有共识，社会规范是可以改变的。
		6	普遍伦理	道德判断以一个人的伦理观念为基础。个人的伦理观念用于判断是非时，具有一致性与普遍性。

相关链接

经典实验

一个经典的道德两难故事是"海因茨偷药救妻"。在欧洲，一位患有癌症的妇女即将病死，医生认为有一种药能救她，这种药是一位药剂师的最新发明，这个药剂师竟然索取比造价贵10倍之多的药价。病人的丈夫海因茨向他的亲友们借钱，然而只凑够了药价的一半。他对药剂师说，他的妻子快要死了，要求把药便宜卖给他，或者让他延期付款。但药剂师则说："不行，我发明了这种药，我要用它赚钱。"海因茨非常想得到这种药，于是就闯入药剂师的仓库，为他的妻子偷窃药物。这个丈夫应该这样做吗？

科尔伯格认为，教师应该提供一些情境，在这些情境中，儿童可以"扩展"他们已有的道德思维，并发展更为有效的认知结构来应对他们与环境相互作用时遇到的现实。一个具体的方法是教师在课堂上与儿童一起讨论道德困境问题。他认为，这类讨论可以激发儿童进入新的阶段。科尔伯格还认为，通过为学生提供机会，让他们扮演不同的角色，使他们以矛盾的道德观点来看各种情境，可以促进道德的发展。

皮亚杰和科尔伯格的卓越研究已使众多的研究者接受了品德发展阶段说。我国

---

① 皮连生. 教育心理学(第三版). 上海：上海教育出版社，2004.

心理学家李伯黍等人从1978年起，对皮亚杰和科尔伯格提出的理论做了系统的验证性研究与客观性评价。他们的研究表明，我国儿童和青少年的道德判断也经历着由他律到自律，由低阶段、低水平向高阶段、高水平发展的过程。研究发现，我国中学生的道德发展水平大多处于科尔伯格道德发展阶段论的第三、第四阶段。在对行为后果和原因的道德判断上，我国儿童从小学三年级起，绝大多数已经能根据行为的动机意向或从行为的因果关系上做出判断，而且已有半数以上的儿童能把行为原因和

后果联系起来进行比较判断。在某些特殊行为的判断上（如人身损害与财物损害比较），我国儿童的两种判断形式的转折年龄比国外已有研究中的要早。我国学生的品德发展水平与执行行为规范程度之间有显著的相关。研究还指出，道德判断水平受到个体发展年龄阶段的制约，但是可以通过教育得到促进。教师应培养学生在面临社会道德问题时的道德判断能力和道德决策能力，这是非常重要的。

> **考试要点**
>
> 教师资格证考试中学《教育知识与能力》真题（2013年下半年）
>
> 小青常在课堂上玩手机，小娜提醒小青学校规定课堂上不能玩手机，可小青不听，因此小娜认为小青不是好学生。根据柯尔伯格道德发展理论，小娜的道德发展处于哪一阶段？（　　）。
>
> A. 惩罚与服从　　B. 相对功利
> C. 遵守法规　　D. 道德伦理
> 答案：C

（三）艾森伯格的亲社会道德理论

艾森伯格（N. Eisenberg）教授提出了不同于科尔伯格的道德发展理论的观点，她发现，科尔伯格研究中所用的两难故事在内容上主要涉及法律、权威或责任等问题。例如，在海因茨偷药故事中，海因茨必须在违反法律和履行身为丈夫的责任两者之间做出选择。她认为，这些问题在一定程度上会限制儿童的道德推理。为了弥补这一不足，艾森伯格设计了亲社会道德两难情境，并以此来研究儿童道德判断的发展情况。亲社会道德两难情境的特点是：一个人必须在满足自己的愿望、需要与满足他人的愿望、需要之间做出选择。例如，一名同学面临这样的情境：他必须在帮助学习困难的同学与牺牲自己的学习时间两者之间做出选择。通过大量的研究，艾森伯格提出儿童亲社会道德判断发展可以分为五个阶段[①]。

第一阶段：享乐主义、自我关注的推理。助人与否的理由包括个人利益的得失、未来的需要，以及是否喜欢某人。

第二阶段：需要取向的推理。他人的需要与自己的需要发生冲突时，儿童开始对他人的需要表示出简单的关注。

第三阶段：赞许和人际取向、定型取向的推理。儿童在分析助人与否的理由时，涉及的是好人或坏人、善行或恶行的定型印象，他人的赞扬和许可等。

---

① 皮连生. 教育心理学（第三版）. 上海：上海教育出版社，2004.

第四阶段：移情推理。儿童分析助人与否的理由时，开始注意与行为后果相关的内疚或其他情绪体验，初步涉及对社会规范的关注。

第五阶段：深度内化推理。儿童决定助人与否，主要依据内化的价值观、责任、规范及改善社会状况的愿望。

艾森伯格的亲社会道德发展阶段理论，得到了不少研究的支持，具有一定的普适性。

> **温馨提示** ♥
>
> 艾森伯格关于儿童亲社会道德的研究告诉我们，儿童面临的情境各不相同，因此产生的道德认识、道德情感、道德行为也都可能存在不同。我们进行道德教育时，必须注意针对不同的个体、情境，采用不同的方法。

(四)班杜拉的社会学习理论

班杜拉的社会学习理论认为，环境、人和行为三者是交互作用的，人的行为是人的内在认知因素与环境相互作用的结果，也是儿童对榜样行为进行观察学习的结果。只要运用一定的方法，奖励学生的适当行为，就会促进学生良好品德的形成与发展。

班杜拉提出了三个关于道德行为习得的基本概念：观察学习、赏罚控制和抗拒诱惑。班杜拉认为，首先，在儿童生活的环境中，对他有最大影响的人的"身教"是很重要的，因此这些人以身作则、做好自己具有重要作用。行为(包括道德行为)可以通过观察学习而获得，也可以通过观察学习而改变。其次，社会学习理论认为，培养品德时要控制奖赏和惩罚，对于合乎道德标准的行为就给予奖赏，以期出现同样情境时重现同样的行为，而对于不合乎道德标准的行为则给予惩罚，由此学生会经历一个从害怕惩罚到学会避免惩罚的过程，从而建立起良好道德。抗拒诱惑是道德社会学习论的基本概念，是在具有诱惑力的情境下，个人能依据社会规范的禁忌，约束控制自己的愿望和冲动，使自己不会做出违反社会规范的行为。班杜拉的理论建立在较为严密的实验基础之上，充分强调了观察学习在儿童道德行为形成中的重要意义，丰富了品德心理学理论。

三、培养良好的品德

> **考试要点**
>
> 中学教师资格证考试要点：
> 河北省《教育知识与能力》大纲要求：掌握促进学生形成良好品德的方法。

(一)提高道德认知水平

1. 价值观辨析

价值观辨析学派认为人的价值观念开始是很不清晰的，是无意识的，因而难以指导行动，只有通过一步步的辨别和分析，才能形成清晰的价值观念，继而用来指导自己的行动。价值观辨析学派促进学生品德发展的方法是通过价值观的辨析与赋值。在价值观辨析的过程中，学生被引导经历一系列活动或使用各种策略。这些策略向学生提供不同的选择，并鼓励他们做出有意识的努力去发现自己的价值观。

根据价值观辨析学派的观点，在价值观辨析过程中有很多策略，但不论采用什么策略，必须经历三个阶段七个子过程。这七个子过程构成一个赋值的过程，个体只有从头至尾地完成这一过程，才能说真正确信并具有了某种价值观。赋值过程包含的三个阶段七个子过程是：①选择，包括自由地选择、从可选择的范围内选择、对每一个可选择途径的后果加以充分考虑之后选择；②赞赏，包括喜爱这一选择并感到满足、愿意公开承认这一选择；③行动，包括按这一选择行事、作为一种生活方式加以重复。[①]

价值辨析观反对说教和灌输的方式，采用自我陈述、提问、讨论等诱导性的品德教育方法，鼓励学生去发现、思考、体验、选择或改变自己已有的价值观念，最终形成积极的道德价值观念。这是一种行之有效的培养学生品德的方法。

2. 小组道德讨论

小组道德讨论，即让学生在小组中就某个有关道德的典型事例进行讨论，以提高他们的道德判断水平。这是基于科尔伯格的道德判断理论而设计的德育模式。小组讨论的内容一般是能引起学生争议的道德两难故事，学生能通过道德讨论提高道德判断能力。小组道德讨论涉及三个要素。第一是课程要素。道德讨论的内容中必须有一些能引起学生认知冲突的道德两难故事。第二是班级要素。道德讨论的小组必须由处于不同阶段的学生组合而成，以便学生有机会接触到高于自己所在阶段的道德判断，使自己原有的道德经验结构能得以触动，进而产生道德阶段向上发展的倾向。第三是教师行为要素。教师具备道德发展的理论知识，了解学生发展的年龄特点，启发学生在小组讨论中积极思考、主动沟通、坦诚交流、做出判断，教师还要鼓励学生在讨论中考虑他人的观点和意见，协调与他人的分歧，帮助学生提高道德判断能力。

(二)激发道德情感

1. 注重儿童早期的道德情感教育

道德情感的发展离不开儿童早期情绪的健康发展，个体早期经验对道德情感发展有很大的影响。心理学研究表明，婴儿从一出生就有了原始情绪，婴儿期出现依恋感和最简单的同情，幼儿早期出现初级道德感，这些道德情感的萌芽，是今后儿童的集体感、友谊感、爱国情感等高级情感的基础。所以道德情感教育要趁早，对于孩子的依恋感、安全感、自我认同感、归属感等应该尽量予以满足，对于儿童的基础性社会性情感要及早关注并培育。

2. 注重移情能力的培养

移情作用是维系积极的人际关系、促进亲社会行为的重要因素，是人们内心世界相互沟通的桥梁。发展移情能力可以从以下方面着手。①表情识别，即通过对方的表情来判断对方的态度、需求和情绪情感体验，这可以通过照片、图片等来训练。

---

① 河北省教师教育专家委员会. 教育心理学：理论与实践. 石家庄：河北人民出版社，2007.

②情境理解，即理解当事人的处境，从他的处境去感受他的情绪体验，考虑他需要的帮助。教师可以通过故事讨论的方式，让学生分析故事中人物的处境和体验。③情绪追忆，即针对一定的情境，通过言语提示唤醒学生以往与此有关的感受，并对这种情绪体验产生的情境、原因、事件进行追忆，加强情绪体验与特定情境之间的

> **概念解析**
>
> 移情（empathy）是个体由真实或臆想的他人情绪、情感状态引起的并与之一致的情绪、情感体验；是一种替代性的情绪、情感反应；是一种无意识的，有时又是十分强烈的对他人情绪状态的体验。

联系，这样学生就可以用自己切身的体验来理解他人的感受。

3. 注重知情结合

道德情感是在道德认识的基础上形成和发展起来的，因此教师在阐明道德观念时应投入情感，用语言、表情的感染力激发学生的道德情感体验，并引导他们的情感体验不断深化。例如，在讲述一些道德范例和分析道德规则时，应运用赞扬的词语，使他们体会到积极的情感体验；反之，在讲那些损坏集体利益等不道德行为时，则应采用否定的语言，使学生体验厌恶、愤慨的情绪体验，这些方法都有助于学生道德情感的发展。

4. 注重教师情感的感化作用

在进行道德教育时，师生之间的情感交流是教育力量的源泉，引起情感共鸣有利于道德情感的培育。教师自身的情感品质对学生有潜移默化的影响，教师应以满腔的热情和真挚的情感来感染学生、热爱学生，要善于调节、控制和表达自己的情绪。教师对学生爱得越深，对学生有更多的肯定、鼓励和表扬，学生越会感受到教师真挚的爱，这会激发起学生对教师更多的信任感、亲切感，使学生更乐于接受教师的教诲。

(三)锻炼道德意志

道德行为的实现，必须有道德意志的参与。培养和锻炼道德意志需要做好以下几个方面。

1. 明确意义

教师要通过多种渠道让学生明确锻炼道德意志的意义，并为学生提供良好的学习榜样，激发他们锻炼道德意志的愿望。

2. 加强实践

坚强的意志是在实践中形成和发展的，教师应该有意识地将教育教学活动作为培养学生道德意志的实践活动，为他们创设克服困难的情境，引发学生自觉锻炼的意向，并注意对学生在活动中做出的各种意志努力给予及时的奖励、表扬等强化。

3. 抗拒诱惑

社会学习理论表明，榜样及其受到的强化，会影响学生抗拒诱惑的行为，因此应有效地运用榜样对学生进行教育，可以引导学生从别人的不道德行为及后果中汲

取经验教训，学会抵制诱惑的方法，增强抗拒诱惑的能力。

4. 因材施教

根据学生的意志类型，采取不同的教育措施。对有的学生，应从自觉性、原则性、灵活性方面加以培养，对另外一些学生则应从培养大胆、果断和沉着的品质入手。

(四)培养道德行为

引导学生学习榜样行为，促进他们的道德发展，是学校道德教育的重要方法。进行榜样示范教育，要注意以下几个方面。

1. 慎重地为学生提供示范的榜样

有较大影响力的榜样具有如下特征：榜样的行为具有典型性，其行为符合道德要求并得到了奖励，其他人也经常模仿其行为；榜样有权力、有能力奖励学习者，如家长、教师、同伴；榜样与学习者有类似之处，即这些榜样可以反映学习者的自我概念和志向。

另外，班杜拉把被模仿的榜样人物和事件分成两类：一类是学习者直接接触的人与事，另一类是符号化的人与事。大众媒体提供的榜样属于后一类。大众传媒对榜样的形象和示范过程做了精致的编撰，突出了要求模仿的行为部分，这类榜样人物或事件对青少年态度和品德的影响越来越大。

2. 遵循模仿行为发展的规律

儿童、青少年模仿行为的发展趋势是：模仿由近及远，由小到大，模仿由无意识到有意识，由游戏性到生活实践再到学习知识技能、追随理想品格，由模仿外部特征到内部特征。所以要根据学生不同阶段的模仿特点，采用不同的榜样教育策略。

3. 教育者要以身作则

教育者本身就是学生学习的榜样，教师的身教对学生的行为起着潜移默化的作用，因此教师首先要成为一个良好道德的实践者。

4. 适当地强化

个体的行为主要是由外在的强化决定的。班杜拉发展了行为主义心理学的强化概念，提出三种强化形式，即直接强化、替代强化、自我强化，认为它们对品德的学习都有着重要作用。

四、品德不良行为的矫正

学生的品德不良行为是指学生个体或群体由错误道德意识支配的、严重违反道德规范、损害他人或集体利益的行为。对品德不良学生的教育，不仅对其本人，而且对其所在的班集体、学校乃至社会都非常重要。

(一)品德不良行为的转化过程

品德不良行为的转化需要一个过程，可以分为三个阶段。

1. 醒悟阶段

醒悟是指品德不良学生在教育或良好环境的影响下，逐渐认识到自己行为的错误性和危害性，从而从内心产生改正错误的愿望和念头。在这一阶段，教育者要相信他们，为他们提供一个宽松、和谐、充满信任的环境，消除他们心中可能不被接受的恐惧。当他们开始认识到自己的错误时，要抓住时机，引发他们新的需求，创造条件让他们发挥自己的长处和优势，以此来替代过错行为。

2. 转变阶段

转变是品德不良学生在醒悟的基础上，行为开始发生一定的转变。转变只是一个开始，并不等于彻底改变，还可能出现反复现象。针对学生的反复行为，要在理解的基础上，采取一定的措施使他们选择正确的行为。在这一阶段，要及时对他们的点滴进步进行肯定和鼓励。

3. 自新阶段

自新指经过一段时间的转变后，当事人长时间不反复或极少有反复。这个阶段的学生以崭新的面貌出现在班级和社会生活中，具有强烈的责任心和荣誉感。这时候应该注意真心地面对他们，尊重和关心他们，不要歧视他们，不要去翻旧账，使他们逐渐形成完整、健康的自我概念，能够正视和坦然面对自己曾经的错误，以实际行动成就更好的自己。

(二)学生不良行为的矫正

1. 创设良好环境，消除情绪障碍

品德不良的学生对老师和同学有戒心，认为老师对自己有歧视，对老师的教育要求会产生对抗性情绪。为了使他们更好地接受教育，首先必须消除其对抗情绪。在教育中，教师应想方设法改善师生关系，应真诚地尊重、关心这些学生，与学生交心，让他们感受到老师的诚意，从而把老师当作朋友。教师还应该教育其他学生正确对待和热情帮助这些学生，让他们感受到集体的温暖，明确自己对集体的责任。只有情绪上没有了阻碍，他们才会愿意接受教师和同学的帮助，才能从根本上改善自己的不良行为。

2. 加强交流，了解行为动机

一种不良行为可能有多种不同的动机。例如，打架行为，有的是为了报复，有的是为了"称王称霸"，有的是受到了他人的挑唆等。教师只有了解行为背后的真实动机，才有可能采取针对性的教育措施。

3. 提高道德认识，树立是非观念

品德不良学生缺乏辨别是非的能力。例如，他们认为违反纪律是"英雄行为"，认为帮助同学作弊是"友谊""够意思"。因此，要想转变其不良行为，必须提高他们的道德认识，使其形成正确的道德观念，增强辨别是非的能力。教师可以通过价值辨析、小组讨论等方式提高学生的道德认识，分析生活中真实事例正反两方面的经验教训，使他们可以借鉴其中的经验教训，从而认识到改正自己不良行为的必要性和紧迫性。

4. 抓住时机，促使转化

品德不良学生的转变通常要经过醒悟、反复、巩固、稳定的过程。教育者应当及时抓住关键的教育时机，给予鼓励与帮助。关键的时机，即品德不良的学生出现醒悟的时候，即他们开始意识到自己行为的严重性和危害性，并有改正错误的意向和愿望之时。当他们开始在实际行动上有改正错误的良好表现时，教师的鼓励能更好地激发他们热情和信心，促使他们向好的方向转化。

5. 锻炼意志力，巩固良好习惯

学生的不良品行一方面是因为受到内部错误观念的支配，另一方面是因为受到了外部因素的诱导。他们在接受教育过程中，一些外因还可能使他们再次犯错。因此，在矫正不良品德时，首先要改变学生所处的环境，彻底改变之前长期影响他们的种种客观条件，使他们生活在一个新环境中，以断绝以前不良的人际交往；其次要加强他们的文化学习，丰富他们的文体活动，使他们在学习和活动中增强抵抗诱惑的能力，通过自身的道德努力来矫正不良品德，并在锻炼意志的过程中形成和巩固新的行为习惯。

6. 针对个性差异，采取灵活的教育方式

对不良道德行为的矫正，还应该考虑学生的年龄、性别和个性差异，做到因事、因人而异，同时考虑不良行为的性质与程度，使各项措施更加有针对性。比如，年幼儿童的不良行为更多地与道德认识有关，因而应该多运用正面引导的方法，着重提高其道德认识；年龄较大儿童的不良品德则常受到多种因素的影响，面对他们就需要具体问题具体分析，还应考虑到他们精力充沛的特点，开展多种文体活动，使他们的精力得以充分发泄。

本章小结

1. 态度是个体对自己和对外部世界的客体、人、情境或任何抽象观念、政策等的评价性的内部心理倾向，包括认知、情感、行为倾向三种成分。

2. 态度形成和改变的理论有凯尔曼的三阶段理论、认知失调论、说服模型、学习理论等。

3. 态度形成和改变受到家庭、学校、社会及个体内部因素的影响。

4. 促进态度改变有四种方法：劝说宣传法、角色扮演法、团体影响法、活动参与法。

5. 品德是社会道德在个人身上的反映，是个人依据一定的社会道德行为

规范行动时所表现出来的比较稳定的心理特征和倾向。

6. 品德由道德认知、道德情感、道德意志和道德行为四种心理成分构成。

7. 品德的形成和发展有一定的理论基础，在培养良好品德时，要从提高道德认知水平、激发道德情感、锻炼道德意志、培养道德行为四个方面着手。

8. 矫正品德不良行为要经过醒悟、转变、自新三个阶段。

关键术语

态度、认知失调、说服、品德、道德认识、道德情感、道德意志、道德行为、道德发展阶段、前习俗水平、习俗水平、后习俗水平、价值观辨析

思 考 题

1. 态度是什么？包含哪些成分？

2. 怎样理解态度形成和改变的理论？

3. 态度形成和改变受到哪些因素影响？怎样促进态度的改变，有哪些方法？

4. 品德是什么？包含哪些成分？

5. 怎么理解品德形成和发展的理论？

6. 如何培养学生的良好品德，如何矫正不良道德？

拓 展 阅 读

1. 陈会昌. 道德发展心理学. 合肥：安徽教育出版社，2004.

该书是一部关于道德发展心理学的理论研究专著，对关于道德发展的最主要的心理学理论进行了详细的介绍，涉及道德发展与教育思想、道德认知发展理论、道德发展的信息加工观等方面。整本书较全面地囊括了道德发展研究的理论成果。

2. 朱仁宝. 德育心理学. 杭州：浙江大学出版社，2005.

德育心理学是一门新兴的应用学科，它是心理学理论在德育实践中的应用，又是德育学的一个分支学科。该书阐述了德育心理学研究的历史发展、各类心理与德育、德育工作者心理素质修养等问题。从理论与实践相结合的角度出发，并紧紧把握实践性和应用性，是这本《德育心理学》的鲜明特色。

参考文献

1. 岑国桢. 教育心理学(第二版). 北京：中国人民大学出版社，2011.

2. 陈会昌. 道德发展心理学. 合肥：安徽教育出版社，2004.

3. 陈琦，刘儒德. 当代教育心理学(第2版). 北京：北京师范大学出版社，2007.

4. 河北省教师教育专家委员会. 教育心理学：理论与实践. 石家庄：河北人民出版社，2007.

5. 罗石. 社会心理学. 北京：北京大学出版社，2008.

6. 乔建中. 教育心理学. 北京：人民卫生出版社，2013.

7. 万明钢，刘显翠. 现代社会心理学. 北京：对外经济贸易大学出版社，2013.

8. 张承芬，马广海. 社会心理学. 济南：山东人民出版社，2010.

9. 章志光. 社会心理学（第二版）. 北京：人民教育出版社，2008.

10. 朱仁宝. 德育心理学. 杭州：浙江大学出版社，2005.

第八章　问题解决和创造性与教学

1. 了解问题、问题解决和创造性的含义及特征。

2. 了解影响个体问题解决和创造性的因素。

3. 理解个体进行问题解决和创造性活动的过程。

4. 掌握培养学生问题解决能力和创造性的策略或方法，并能够运用到教育教学工作中。

导入 ▶

"曹冲称象",在中国是一个妇孺皆知的故事。曹冲六岁时,曹操得到一头大象,他想要知道这头象有多重,可众大臣都不能想出称象的办法。而曹冲用许多石头代替大象,在船舷上刻画记号,让大象与石头产生等量的效果,从而量出大象的重量。

曹冲称象其实就是一个问题解决的过程,那么你知道曹冲在解决此问题时使用了什么策略吗?

第一节　问题解决与教学

一、问题和问题解决

(一)什么是问题

要研究问题解决,首先要明白什么是"问题"。词典中对"问题"的解释有以下几种:①要求解答的题目;②需要研究解决的疑难和矛盾;③关键、重点;④意外事故。英语中,常用"problem"来表达"问题",意思是"question to be solved。"

> **名人名言** ☀
>
> 创造始于问题,有了问题才会思考,有了思考,才有解决问题的方法,才有找到独立思路的可能。
>
> ——陶行知

心理学上,德国心理学家邓克尔在 1945 年针对"问题"提出一个定义,即"当一个有机体有个目标,但又不知道如何达到目标时,就产生了问题。"这个定义包含了三个要点。

第一,问题能否出现要看这个有机体对这个目标有没有需求或动力。如果这个有机体并不想达到这个目标,他没有追求这个目标的需求或动力,或者一开始有这个目标后来又改变了目标,那问题都不会出现。解决一道大学物理题,对于非专业的人来说,这不太可能是他要达到的目标,因而对他来说也不太可能成为问题。

第二,问题能否出现依赖于这个有机体的知识经验及使用知识经验的能力。对知识经验差的人也许是问题,对知识经验丰富的人则未必是问题。一道多位数加减运算题,对于一个数学教授而言也许不是问题,但对于一年级的小学生来说那就是问题。当然,如果这个小学生不想去做那道数学题,那这道题也成不了问题。

第三,问题能否出现还要看有机体现在的状态和目标状态之间是否有阻碍。这种阻碍即让有机体面对想达到的目标,却不知道该如何达到。如果没有一定的阻碍,有机体可以轻松地达到目标,问题解决实质上就成了单纯提取知识经验的过程,而不能成为真正的思维过程,问题当然也就不存在了。

因此，可以说，"问题"是一种相对存在，问题的存在与否，既是客观的困难情境，也是主观的认知与感受。

(二)什么是问题解决

河内塔问题源于印度一个古老传说的益智玩具。传说，大梵天创造世界的时候做了三根金刚石柱子，在一根柱子上从下往上按照大小顺序摞着 64 片黄金圆盘。大梵天命令婆罗门把圆盘从下面开始按大小顺序重新摆放在另一根柱子上。并且规定，在小圆盘上不能放大圆盘，在三根柱子之间一次只能移动一个圆盘(见图 8-1)。

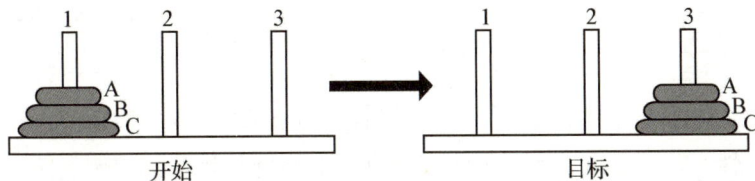

图 8-1　河内塔问题图式

曹冲称象和河内塔问题都是典型的问题解决。那么到底什么是问题解决呢？

对于问题解决(也有称解决问题)，认知心理学家基本上公认的定义是"认知操作的一切目标定向过程，它需要问题解决者运用并重组自己的信息、知识、经验，寻求新的策略方法，制定实施的方案，朝着问题的目标状态进行内隐性操作(思维)和外显性操作(动作)"[①]。

从该定义中我们可以看出，问题解决包含以下几个基本特征。

1. 目标指向性

问题解决是一种目标定向的活动过程，可以说问题解决是从目标开始的，而且在整个问题解决过程中，问题解决者都必须保持明确的目标意识，这样整个问题解决过程才具有方向性、可控性和有效性。

2. 认知操作序列性

问题解决必须包括一系列的认知操作，问题解决者需要运用并重组自己已有的信息、知识、经验等，获取解决问题的策略方法，并且随着新信息、新知识、新经验的加入，不断调整策略方法。

3. 经验性

对于问题解决者来说，在初遇问题时大都是无经验的，但是在解决问题后，特别是创造性地解决问题后，问题解决的过程也就转化为问题解决者的经验了。

二、问题解决的过程

(一)问题解决的理论观点

问题解决到底是怎样的一个过程？问题解决者是怎样从问题的初始状态到达目

---

① 韦洪涛.学习心理学.北京：化学工业出版社，2011：122.

标状态的? 在这个过程中, 问题解决者发生了哪些变化? 等等。对于这些问题, 研究者们也进行了长期的研究与思考, 主要有以下几种观点。

1. 试误说

在解决问题的过程中, 试误说强调刺激情境与反应的联结。这种联结的建立是在一系列操作上, 不断尝试错误, 最终找到问题解决的方法的过程。但是这个观点只适用于对简单问题的解决, 在复杂问题解决上显得苍白无力。

桑代克的"饿猫走迷笼"实验是试误说的经典实验。桑代克认为, 猫是在解决如何打开门吃到食物这个问题的过程中, 不断尝试错误, 最终获得解决问题的方法的。

2. 顿悟说

顿悟说强调了个体在面对问题时, 对问题情境的理解以及对情境的重组对问题解决的重要性。这个观点关注到了问题解决前对问题情境的理解和重组, 但是忽视了对问题解决过程的研究, 对问题解决到底是怎样的过程不甚明朗。

苛勒通过对"黑猩猩够香蕉"问题解决行为的分析, 发现黑猩猩在面对问题情境时, 在第一次够香蕉不成功之后, 并未表现出盲目的尝试错误, 而是观察整个问题情境, 然后突然显出了领悟的样子, 并随即采取行动, 顺利地解决了问题。

3. 阶段说

杜威最早提出问题解决的五阶段论。他认为, 问题解决是由问题出现、理解或界定问题、提出假设、检验假设、形成结论五个阶段组成的。这五个阶段比较直观地阐述了问题解决的过程, 但是这个观点缺乏理论依据的支持。

4. 信息加工说

信息加工说是建立在计算机技术基础上的, 认为问题解决和计算机执行任务是类似的。将问题解决看成是对问题空间的搜索, 从初始状态出发, 使初始状态发生各种变化, 逐步缩小问题空间, 最后与目标匹配, 达到目标状态的过程。这个观点对我们研究问题解决的过程是有意义的, 但是该观点的局限性在于将人类对信息的加工完全等同于计算机对信息的加工。

(二)问题解决的过程

陈琦、刘儒德在综合各家理论模式和阶段论的基础上, 将解决问题的过程分成了理解和表征问题、寻求解答、执行计划或尝试某种解答、评价结果四个阶段[①]。

1. 理解和表征问题阶段

这个阶段要做四件事情。

(1)识别有效信息

识别有效信息即找出相关信息, 忽视无关的信息。例如, 果园里有 10 棵苹果树, 已知梨树比苹果树多 8 棵, 桃树是苹果树的 3 倍, 求果园里有多少棵桃树? 要

---

① 陈琦, 刘儒德. 当代教育心理学(第 2 版). 北京: 北京师范大学出版社, 2007: 333~340.

解答这道题，就要先找出跟问题相关的信息，即"有 10 棵苹果树""桃树是苹果树的 3 倍"，并忽视无关的信息，如"梨树比苹果树多 8 棵"。

（2）理解信息含义

理解信息含义即准确地表征问题。表征问题有两个任务，第一个任务是理解语言信息，理解每一句要表达的是什么。"果园里有 10 棵苹果树"和"梨树比苹果树多 8 棵"这两个命题并不是一类的，第一个命题是一个指定命题，它指明了苹果树的数量；第二个命题是一个关系命题，描述了梨树和苹果树的关系。有研究表明，关系命题比指定命题难以理解和记忆，特别是小学生容易将关系命题理解成指定命题，如将"梨树比苹果树多 8 棵"理解成"梨树有 8 棵"。

（3）整体表征

表征问题的第二个任务是集中问题的所有句子达成对整个问题的准确理解。理解了每一个句子并不等于理解了这个问题，还要将所有句子集中起来对整个问题进行理解。

语文阅读理解中常要把握文章的中心思想，如果只是把文章的每一句理解了，而不结合上下文进行整体理解，那就无法明白文章的中心思想。物理中要考察一个物体的受力情况，不仅要弄明白施加到这个物体上各个力的情况，还要弄明白物体所受的各个力之间的关系。数学中常见的追击相遇问题，如果理解了每个个体情况，而不能把他们放到整体的追击相遇环境中去理解，那这道题做起来就会很复杂。对于以上这些问题，进行整体表征，显然是最有效的方法。

（4）问题归类

问题归类的理论基础是图式，一旦将问题归入某一类，一个特定的图式就被激活了，这个图式将引导对有关信息的注意，并预期解决这个问题的方法、过程，甚至答案。高中政治主观题中常见"怎么做"的措施类问题，经验丰富的学生在面对这样的问题时能够很快进行问题归类，调动认知结构中相应的信息，预期做题的思路，或从行为主体着手，或从原因着手，或从目标着手，等等。

2. 寻求解答阶段

在寻求解答阶段，可能存在这样两种一般的途径：算法式和启发式。

（1）算法式

一个算法就是为了达到某一个目标或解决某个问题而采取的一步一步的程序。在解决某一个问题时，如果个体选择的算法合适，并且他又能正确地完成这种算法，就能保证他获得一个正确的答案。在数学中，运用算法解决问题的例子较多。例如，一个多位数除以一个多位数，只要按照运算法则一步一步算下去，每一步都计算正确，最后就能获得正确的答案。

有中小学教师总结了"多位数除以两位数的除法运算"中常见的十大错误类型：①商和整十数相乘的错误；②在除法的竖式计算时，出现退位减法的错误；③在除法的竖式计算时，出现乘法进位的错误；④商是整十数时把商写在了十位，在个位上忘了加个0；⑤做完后没有检查余数是不是比除数小的错误；⑥计算结束后，答案抄写错误（忘了余数）；⑦算理不清，不分步计算，竖式写法错误；⑧没有掌握商不变的性质；⑨列竖式时把数字抄错；⑩试商过大或过小。

（2）启发式

算法是一步一步的程序，如果遇到十分复杂的问题，用算法就会非常烦琐，而且有时候也不能解决问题。这个时候，就要用到启发式。所谓启发式，就是指根据目标的指引，试图不断地将问题的状态转换成与目标状态相近的状态，从而试探那些只对成功趋向目标状态有价值的操作。

我们一起看数学王子高斯的故事：

高斯是德国著名的数学家，在他 10 岁时，数学老师出了一道算术题，计算 $1+2+3+4+5+\cdots\cdots+99+100=$？这下可难倒了刚学数学运算的小朋友们，他们按照题目的要求，把数字一个一个地加起来。这个时候高斯却突然大喊："老师，我算出来了！"老师很吃惊，以为他没有好好算，就问他算出来的结果是多少，高斯回答说是"5050"，老师更惊讶了，因为高斯算对了。于是老师就让高斯讲讲怎么算出来的，高斯解释到："因为我发现了一个问题，就是 $1+100=101$，$2+99=101$，$3+98=101$，…而像这样等于 101 的组一共是 50 组，所以答案很快就可以求出来了，那就是 $101\times50=5050$。"

这个故事中，其他小朋友们在算这道题时使用的就是算法式，将每一个数一个一个地加起来，最后达到目标。这种方法最后是可以把结果算出来，但是显然工作量会很大。而高斯使用的就是启发式了，他发现 $1+100=101$，$2+99=101$，$3+98=101$ $=101$，…这个规律后，已经把问题状态转换成与目标状态更接近的状态，他只要在此基础上选择能快速又正确地解题的操作就可以了。

其实，在这节前的"曹冲称象"案例中，曹冲使用的也是启发式。大象是很重的，实际生活中没有那样的秤可以称大象，所以想达到"称出大象重量"的目标，可以将问题的状态转换成与目标状态相近的状态，即用石头的重量等量代替大象的重量，因为石头是可以一块一块称出来重量的。

3. 执行计划或尝试某种解答阶段

当表征某个问题并选好某种解决方案后，下一步就是执行计划、尝试解答。如果解决方案主要涉及某些算法的使用，如解数学应用题中的列式计算，那么一定要记住，避免在使用算法的过程中产生一些错误的算式或系统性的错误。

4. 评价结果阶段

当某个解决方案选定并完成后，还应该对结果甚至解题过程进行评价。寻找能够证实这个解答过程及结果的证据，如果没有，就应该审查这个解题方案或者执行过程了。

例如，解方程组：

$$\begin{cases} 8x+4y=28 \\ 4x-2y=10 \end{cases}$$

有的学生很快写出：$x=2$，$y=3$。经过对结果的审核，这一结果其实只是第一个方程的答案，在第二个方程里是行不通的，但方程组的答案是要两个方程共同的结果。所以这个时候，学生就需要对解题方案或执行过程进行审核，找出症结所在。教师需要注意的是，很多学生在问题解决的过程中容易忽视此阶段，教师需要提醒学生注意评价结果，对整个过程进行严密地监控，增强学生评价结果的意识。

三、问题解决的影响因素

（一）已有的知识经验

与问题相关的已有知识经验的质和量都对问题解决有重要影响。拥有某一领域的丰富的知识经验是有效解决该领域相关问题的基础，但是，若大量的知识经验是以杂乱无章的方式储存在大脑中的，对有效的问题解决也毫无帮助。因此，不仅是已有知识经验的数量对问题解决有重要影响，已有知识经验的质量也对问题解决有着重要影响。

（二）问题的特征

每一个问题所包含的事件和物件都将以某种特定方式呈现在个体面前，如空间位置、距离、时间以及物体当时表现出来的特定功能。这些特点以及它们之间的关系将影响个体对问题的理解和表征。同样一个问题，问题的表述方式不同时，问题的难易程度就有很大差别。例如，"苹果树有 10 棵，桃树是苹果树的 3 倍，求桃树有多少棵"和"苹果树有 10 棵，苹果树是桃树的 $\frac{1}{3}$，求桃树有多少棵"两个问题，其实是一个问题的两种不同表述方式，但是显然，前者要比后者简单很多。

（三）定势与功能固着

定势是指以最熟悉的方式做出反应的倾向。定势有时有助于问题的解决，在环境不变的条件下，定势能够使人应用已掌

考试要点

教师资格证考试《教育知识与能力》真题（2013 年统考）

老师问："一张桌子四个角，锯掉一个角，还有几个角？"张冬不假思索地回答说："三个角。"老师又问："还有其他答案吗？"张冬想了想，没有回答出来。这表明张冬在解决问题时受到哪种因素的影响？（　　）。

A. 功能固着　　　B. 原型启发
C. 心理定势　　　D. 垂直迁移

答案：C

握的方法迅速解决问题。但有时定势会使问题解决的思维活动刻板化，从而妨碍问题解决。

功能固着是指一个人看到某个制品有一种惯常的用途后，就很难看出它的其他新用途。第一次看到的制品的用途越重要，就越难看出它的其他新用途。定势和功能固着都反映了灵活性在问题解决中的重要意义，在教师的教育教学中，要十分注意培养学生思维的灵活性。

（四）动机与情绪

研究发现，只有中等强度的动机水平和乐观积极的情绪状态才有利于问题解决。动机水平过高会干扰思维，过低又会缺乏动力，这些都不利于问题解决。动机水平与问题解决效率的关系可以用倒"U"型曲线来表示（见图8-2）。而紧张烦躁等消极的情绪会对个体的思维活动产生消极影响，从而阻碍问题解决。

考试要点

教师资格证考试中学《教育知识与能力》真题（2014年上半年统考）

心理学研究表明，动机强度与问题解决效果的关系可以绘成（　　）。

A. 波浪线　　B. "U"型曲线

C. 斜线　　　D. 倒"U"型曲线

答案：D

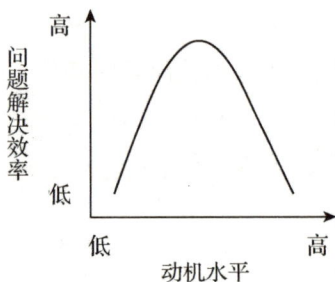

图8-2　动机水平与问题解决效率的关系

（五）酝酿效应

一个很有趣的现象是，当有的人反复地探索研究一个问题而毫无进展时，把问题搁置一段时间再回头去解决，却发现突然有了灵感，很快就有了问题解决的思路。这种现象被称为酝酿效应。酝酿效应源于阿基米德对浮力定律的发现，具有非逻辑性和自发突变性的特点。所以，如果你在问题解决时，思维出现僵化，没有进展时，不妨暂停对问题的探索，稍事休息，也许就会突然灵感爆发。

其他诸如个性特点、人际关系等也对问题解决有着重要影响。研究发现，具有远大理想、勇于创新、意志坚强、自尊自信等特点的人有更高水平的问题解决能力。一个人的个性特点、认知方式、兴趣和需要等都影响着他在问题解决上的能力。此外，人是社会中的人，人们面临的问题通常要受人际关系的影响，和谐良好的人际关系是问题解决的重要因素。

相关链接

阿基米德解开王冠之谜

国王做了一顶金王冠，他怀疑工匠用银子偷换了一部分金子，便要阿基米德鉴定它是不是纯金制的，且不能损坏王冠。阿基米德捧着这顶王冠整天苦苦思索，有一天，阿基米德去浴室洗澡，他跨入浴桶，随着身子浸入浴桶，一部分水就从桶边溢出，阿基米德看到这个现象，头脑中像闪过一道闪电，"我找到了！"

阿基米德拿一块金块和一块重量相等的银块，分别放入一个盛满水的容器中，发现银块排出的水多得多。于是阿基米德拿了与王冠重量相等的金块，放入盛满水的容器里，测出排出的水量。再把王冠放入盛满水的容器里，看看排出的水量是否一样，问题就解决了。随着进一步研究，沿用至今的流体力学最重要的基石——阿基米德定律诞生了。

四、问题解决能力的培养与教学

（一）问题解决能力培养的一般措施

首先，帮助学生养成主动质疑的习惯，激发解决问题的内在动机。要鼓励学生主动提问，形成一种自由探究的氛围，充分调动学生的主动性，培养学生的质疑精神，从而培养学生主动质疑的内在动机。

其次，帮助学生养成分析问题的习惯，学会正确表征问题。专家和新手的一个区别就是专家善于分析问题，善于表征问题，而新手在这方面颇为欠缺。因而教师要培养学生问题解决的能力，必须要让学生意识到理解和表征问题的重要意义，养成分析问题的习惯，学会正确地表征问题。

名人名言

> 要解决问题，还须作系统的周密的调查工作和研究工作，这就是分析的过程。提出问题即矛盾的所在。
>
> ——毛泽东

最后，帮助学生学会问题归类，激活相应的图式。能否迅速地将问题进行归类，并激活头脑中相应的图式，以获取相应的解决方案，是影响问题解决速度的关键。

（二）教学情境中问题解决能力的培养措施

教学是学校工作的中心环节，对学生问题解决能力的培养大部分也是在教学情境中，因而，教师掌握如何在教学情境中培养学生问题解决的能力就显得至关重要了。

1. 鼓励课堂上质疑

要帮助学生养成主动质疑的习惯，首先要从课堂上开始，因为课堂是产生大量问题情境的场所，问题可能来自书本，来自教师，来自同学，也可能来自自己，学生在面对这些问题时，要能够主动勇敢地质疑，教师要鼓励学生质疑，不要让学生感受到限制或压抑，让学生明白质疑的作用，更让学生明白课堂是欢迎质疑的。

2. 有意识地给学生创造一些问题解决的训练

训练学生分析问题、表征问题、做出计划、执行计划、评价结果等，帮助学生掌握问题解决的策略和方法。面对问题时，学生应该首先去分析问题，正确地理解和表征问题，然后要能够做出计划，制定合理的解决方案，然后严格执行计划，最后还要有评价结果的意识，严密地监控问题解决的过程。

3. 训练学生陈述自己的假设及问题解决的步骤

教师要培养学生从引用别人的言语指导转到自行思考指导，然后能够用言语表达出来[①]，如四则运算题，可由教师先做示范，指点、提醒学生，后面就可以由学生自己描述，以达到自我强化的目的。

第二节　创造性与教学

一、创造性的含义

(一)什么是创造性

创造性(creativity)，源于拉丁文"creare"一词。创造性是在一定的目的和条件下，运用一切已知信息，产生出某种新颖、独特、有社会或个人价值的产品的能力。[②]

此定义虽然语言简练，但隐含的内容丰富，我们可以从以下几个方面进行理解。

首先，创造性活动具有明确的目标。创造性活动是具有一定的目的性的，为了达到目标，人们会想到很多种办法，当人们想到某种新颖、独特的办法时，他就发挥了创造性思维。

> **相关链接**
>
> 吉尔福德等对高创造性个体的人格做了深入的研究，总结出以下特点：①有高度的自觉性和独立性，不肯雷同；②有旺盛的求知欲；③有强烈的好奇心，对事物的机理有深究的动机；④知识面广，善于观察；⑤工作中讲求条理性、准确性和严格性；⑥有丰富的想象力、敏锐的直觉，喜好抽象思维，对智力活动与游戏有广泛的兴趣；⑦有丰富的幽默感，表现出卓越的文艺天赋；⑧意志品质出众，能排除外界干扰，长时间地专注于某个感兴趣的问题。

其次，个体的创造性通常通过创造活动、创造性产品体现出来，但创造性要转

---

① 陈琦，刘儒德. 当代教育心理学(第2版). 北京：北京师范大学出版社，2007：333～352.
② 董奇. 儿童创造力发展心理. 杭州：浙江教育出版社，2007.

化为创造性成果需要一定的外在和内在条件。外在条件，如社会支持；内在条件，如个体的性格特点。

再次，个体产生的创造性产品是新颖独特的，区别于已有的普遍的产品，并且是对社会或个人有价值的，而不是一无是处甚至会对社会或个人造成危害的。

最后，创造性产品是多样的，既可以是新颖独特、有价值的实物，又可以是新观点、新见解。

(二)创造性的特征

创造性的特征主要有以下几点。

1. 新颖性

新颖性是指个体产生新的非凡思想的能力，表现为产生新鲜别致、与众不同、有创新感的观念或实物成果。

2. 独特性

独特性是指个体产生罕见的非凡思想的能力，表现为产生新奇、罕见、首创的观念或实物成果。新颖性和独特性是创造性的两个最重要的本质特征。

3. 灵活性

灵活性是指个体对于客观环境中的事物或问题，能够敏锐地感知到困难之处，很容易发现改进的需要，同时也善于找到解决的办法。

4. 流畅性

流畅性是指个体在单位时间内所反映观念的数量。个体面对问题时思维敏捷，反应迅速，对于特定的问题情境能顺利地给出多种反应或答案。

二、创造性思维的过程

从本质上来讲，创造性思维的过程也是一种问题解决的过程，是最终产生新颖独特的产品的活动过程，因此，可以将它看成是问题解决的最高形式。关于创造性思维的过程，英国心理学家华莱士(G. Wallas)的创造性思维四阶段论具有代表性。他认为创造性思维过程大致经历了四个阶段。

(一)准备期

准备期是指在创造性活动前，个体积累相关知识经验，在头脑中建构图式结构，收集相关的资料和信息，为创造性活动做准备的阶段。

(二)沉思(或酝酿)期

沉思(或酝酿)期是指在已积累的相关知识经验、已建构的图式结构和已收集到的资料信息基础上，对问题和已有资料进行深入地搜索和思考的阶段。

(三)灵感期

灵感期是指新思想、新观念、新形象等产生的阶段，在此阶段，个体突然涌现出问题解决的办法。

(四)验证期

验证期是指对新思想、新观念、新形象等进行验证并修正，使新思想、新观念、新形象等趋于完善的阶段。

三、创造性的发展及影响因素

(一)创造性的发展

张大均等人认为个体创造性的发展大致经过了萌芽期、尝试期、奠基期、活跃期、高峰期等几个阶段[①]。

1. 萌芽期(3 岁至 6、7 岁)

幼儿期是创造性发展的萌芽时期，这个时期，随着年龄的增长，幼儿创造性想象的成分随之增多，创造性想象的精细性也不断提高。幼儿创造性的发展主要表现在动作、言语和思维三个方面。

幼儿手的动作、行走的动作和运用物体的动作的逐渐发展为创造性的形成和发展提供了必不可少的条件。幼儿言语的发展一方面直接促进了幼儿心理过程的发展变化，为思维发展提供了基本的前提，也为创造行为的产生准备了条件；另一方面幼儿言语的发展直接导致他们的创造行为。幼儿的言语发展可分为两个阶段。第一阶段主要是由听懂、模仿到说出词，第二阶段主要是词汇的发展(包括词汇数量的增加、词汇内容的丰富、词汇范围的扩大、积极词汇或主动词汇的增加)，语法的掌握和言语表达能力的发展以及内部言语的产生。幼儿思维的具体形象性以及进行初步抽象概括的可能性等特点决定了该时期创造性发展的主要特征。

2. 尝试期(6、7 岁至 10、11 岁)

这一时期大致属于小学阶段，小学生开始接受正规的学校教育，思维能力有了很大的提高。小学生的创造性想象获得了进一步发展，不仅再造想象更富有创造性成分，而且以独创性为特色的创造想象也日益发展起来。此外，小学生的创造性思维也获得了初步的完善和发展。

3. 奠基期(11、12 岁至 17、18 岁)

这个时期大致属于中学阶段，是儿童向成人过渡的时期。这个时期，中学生的创造性发展具有以下特征。

首先，中学生创造行为的起因多为现实中需要解决的问题或困难情境，因而不再带有虚幻的色彩，更具有现实性。

其次，中学生的创造性具有更大的主动性和有意性，能够根据自己在学习和实践活动中的需要去创造性地解答各种问题。

再次，中学生的创造性与成人相比虽还不具有严密的科学性，也不易转化为巨

[①] 张大均，郭成. 教学心理学纲要. 北京：人民教育出版社，2006：297～301.

大的经济价值，但其灵活性和新颖性却是该年龄阶段所独有的。因为中学生的知识结构尚不完善，由已有知识所导致的思维定势也较少，因而其思维较开阔、灵活，想法也较独特、新颖。

最后，中学生的创造性与学科知识紧密相连，既源于学科学习的推动，又受到该过程的推动。例如，语文、历史等学科促进了其思辨性的发展，数学推动了其逻辑推理能力的发展，物理、化学则提供了更多实践操作的机会，这些都对创造性的发展十分有益。另外，由于中学生的知识面逐渐扩大，对各种课外活动的兴趣也在日益增加，这些活动也为其创造性的发展提供了重要的途径，如制作个人主页，在课外兴趣小组中进行小发明、小创造等。

4. 活跃期（18 岁至 28 岁）

青年时期是人一生中创造性发展最活跃的时期，也是创造性水平较高的时期。这一时期青年的各项身体机能和人格特征已逐步走向成熟：智力及其基本认知能力达到全盛时期，情感丰富，性格稳定，具有强烈的事业心，乐于接受新事物与迎接挑战，具有高度的自我监控和自我管理能力。所有这些品质综合起来，就构成了青年时期高创造性水平的因素。

相关链接

王极盛的研究表明，青年创造性的特点包括以下几点：①处在创造心理的大觉醒时期，对创造充满渴望和憧憬；②受传统的习惯力束缚较少，敢想敢说敢做，不被权威、名人所吓倒，有一种"初生牛犊不怕虎"的创造精神；③创新意识强，敢于标新立异，思维活跃，心灵手巧，富有创造性，灵感丰富；④在创造中已崭露头角，孕育着更大的创造性。

5. 高峰期（35 岁至 45 岁）

这一时期大致处于中年期，这时候的个体身心机能虽然已开始衰退，但是随着知识经验、社会阅历的增加以及各项技能的完善，特别是思维品质和意志品质的高度发展，中年人仍能保持较高的工作效率，充分发挥自己的创造性。

(二)创造性的影响因素

1. 生理因素

个体的神经系统，特别是大脑，是创造性思维的物质基础，为创造性思维的产生和发展提供了可能性。有研究表明，高创造性的人神经元也许在数量上不一定多于低创造性的人，但是高创造性的人的神经元能够组成丰富的图式，这些图式与创造性思维活动有很大关联。

2. 心理因素

影响个体创造性的心理因素主要包括个体的认知能力、个体的动机与情绪、个体的个性特征等。

（1）认知能力

智力因素是创造性的必要条件，高创造性的个体具有高智力。此外，敏锐的洞察力、灵活变通的思维力和丰富的想象力等与创造性密切相关。创造性活动本质上也是一种问题解决，因此创造性活动也会受到定势与功能固着等的影响。

（2）动机与情绪

同影响问题解决的动机与情绪因素相似，只有中等强度的动机水平和乐观积极的情绪状态才有利于创造性的发展。

（3）个性特征

众多研究发现，勤奋好学、好奇心强、富于想象、自信心强、勇于冒险、兴趣广泛、独立开放、善于思考等个性特点对创造性的发展有重要影响。

3. 家庭、学校和社会文化因素

（1）家庭因素

有人说"父母是孩子的第一任老师"，也有人说"父母是孩子最好的老师"，这些都说明了家庭因素对孩子身心发展的重要性。在家庭中，父母的个性特征和父母的教育方式是影响孩子创造性发展的主要因素。父母的个性中如果具有热爱创新、善于思考、尝试错误等特征，孩子就有可能从父母那里习得这样的特征。民主型的家庭教育方式有利于孩子创造性的发展，在这样的家庭教育下，孩子是自由独立的，能够有自己的想法，能够做自己想做的事，孩子的创造动机因此才能得到激发。

（2）学校因素

在学校情境中，课堂氛围、教师的教育理念及教师的期望是影响学生创造性的主要因素。自由开放、理解包容、活跃欢快的课堂氛围有利于学生主动质疑，善于思考，积极实践。民主型的教师通常能够理解并支持学生打破传统思维，进行发散思维，还善于以民主的方式指导学生进行创造性活动。教师对学生有高期望值，教师坚信学生具有创造性，并有意识地指导和培养学生的创造性，就能促进学生创造性的发展。

相关链接

皮格马利翁是希腊神话中的塞浦路斯国王，善雕刻。他不喜欢塞浦路斯的凡间女子，决定永不结婚。他用神奇的技艺雕刻了一座美丽的少女像，在夜以继日的工作中，皮格马利翁把全部的精力、全部的热情、全部的爱恋都赋予了这座雕像。他像对待自己的妻子那样抚爱她，装扮她，为她起名加拉泰亚，并向神乞求让她成为自己的妻子。爱神阿芙洛狄忒被他打动，赐予雕像生命，并让他们结为夫妻。

（3）社会文化因素

开放的、发展的、充分尊重的、人人平等的社会文化有利于创造性思维的发展；

相反，那些封闭的、倒退的、重男轻女的社会文化会阻碍创造性思维的发展。例如，有的家庭有着严重的重男轻女的思想，男孩可以自由自在地发明创造，女孩就无法享受这样的权利，这严重阻碍了女性创造性思维的发展。

四、创造性的培养与教学

在教育教学中培养学生的创造性，是一个全球性的问题。如何培养学生的创造性，如何在教育教学情境中培养学生的创造性，这些是摆在教育者面前亟须思考并解决的问题。关于在学校情境中培养学生创造性的方法，可以从以下几方面着手。

（一）创设有利于创造性产生的学校环境

有利于学生创造性发展的环境既包括物质环境又包括心理环境。

1. 学校要积极地创设有利于学生进行创造性活动的物质环境

在可能的情况下，尽量为学生提供进行创造性活动的时间、场所、设施。学校可以尝试留给学生一些时间进行创造性活动，这个时间可以由学生自由分配。学校还可以为学生提供进行创造性活动的场所和设施，支持学生进行创造性活动。

相关链接

二十六个字母的畅想

A：挺拔的大山，向上只有一个休息的小站。

B：人们啊，请不要满足于八分的收成。

C：永远圆不了，是因为每一次都半途而废。

D：天若有情天亦老，月如无弦月常圆。

E：向上的台阶，登高才能望远。

F：是一把智慧的钥匙，只送给钟情她的人。

G：运动员美的体形，来自于艰苦的锤打。

H：只有团结，你我才能并驾齐驱。

I：顶天立地，方显出有志者本色。

J：水里有铁制的鱼钩，人间何尝没有它。

K：交响乐的指挥，凝视着整个乐队。

L：一把不歇的锄头，开拓荒芜的土地。

M：低谷与险峰，构成多姿多彩的生活。

N：闪电，你成了预示雷雨的使者。

O：周而复始，但不是简单的重复。

P：不倒的旗帜。

Q：阿Q走了，儿子犹在，孙子也不绝。

R：到达成功的顶点，有曲线也有直线。

S：弯弯曲曲，人生之路。

T：力聚千钧，宁折不弯。

U：不是一张舒适的床，而是一个危险的坑。

V：是获胜的标志，还是逃兵投降的手。

W：波谷和波峰，都是人生的一种状态。

X：是四通八达的路标，还是禁止通行的封条。

Y：尽管是一株幼苗，也知道向上的重要。

Z：放慢速度转弯，是为了以后的疾驶。

2. 学校要积极地营造一种适合创造的心理氛围

一方面，学校要营造一种自由开放、理解包容、活跃欢快的学校氛围；另一方面，学校要鼓励学生热爱创造，主动创造，让所有人处在积极创造的氛围中。

(二)注重创造性个性的培养

影响个体创造性的心理因素中有一项就是个性特征。学校为此应该特别关注学生个性的培养，可以从有利于创造性发展的个性特点着手进行培养，重点培养学生的质疑精神、好奇心、想象力等。

(三)加强创造性训练

学校可以通过课程、讲座、学习小组等对学生进行专门的创造性训练，教给学生一些进行创造性活动的方法，训练学生的创造性。

下面介绍几种常用的创造性训练方法。

1. 头脑风暴训练

头脑风暴法最初是由奥斯本提出来的，是一种发散思维、横向思维的方法。头脑风暴能够打开思路，产生各种主意，不管这些主意是否合理。在这众多主意中，也

> **想一想**
>
> 下面这些题目是教学中进行头脑风暴时使用的问题，教师可以将其作为参考。
>
> (1)有直径不同的四个圆，每个圆都与其他三个圆相切，你能画出所有可能的图形吗？
>
> (2)"日"字上添一笔，是什么字？想得越多越好。
>
> (3)一个长方形，要分成两个面积相等的图形，有多少种分法？

许就有解决问题的方法，这种方法也许能帮助人们换个角度思考问题。很多巧妙的方法，尤其是创造性的观点、见解往往就是在这种训练方式下产生的。头脑风暴训练的主要方法是通过提出一些可以引起争论的问题，为学生创设出能够互相启发、展开联想以及发生"共振"的机会，让学生通过讨论，积极思考，触发灵感，集思广益，从而获得较多的创新设想。

2. 发散思维训练

训练学生的发散思维有多种方法，如用途发散、方法发散等。用途发散训练就是训练学生对物品用途进行发散，打破功能固着，通常是以某件物品的用途作为发散点，让学生尽可能多地想这个物品的用途。方法发散训练就是训练学生对问题解

决方法进行发散，打破思维定势，通常是将问题情境设定为发散点，让学生尽可能地为这个问题情境提出解决办法。

3. 逆向思维训练

逆向思维即与传统思维相反的思维。例如，我们用小刀削铅笔，但这对小孩子来讲就比较不安全，因为削铅笔时要让小刀动起来，这样就容易划伤手。那我们进

行逆向思维，可以不让小刀动只让铅笔动就可以了，于是就出现了卷笔刀。逆向思维的训练通常是让学生逆着已有条件进行思考，如削铅笔，已有条件是小刀和小刀动铅笔不动，那学生逆向思维就可能是，不用小刀削铅笔，或者让小刀不动铅笔动。

4. 类比思维训练

所谓类比思维，就是将两类或两类以上的事物进行对比，发现相似、相反或对称的地方，进而产生新的观点的思维方式。例如，科学家研究蝙蝠导航机制，进而有了声呐的发明，将其运用于潜艇的定位。

本章小结

1. 当有机体有一个目标，但又不知道如何达到目标时，问题就产生了。

2. 问题解决的过程分成理解和表征问题、寻求解答、执行计划或尝试某种解答、评价结果四个阶段。

3. 问题解决的影响因素包括已有的知识经验、问题的特征、定势与功能固着、动机与情绪、酝酿效应、个性特点及人际关系等。

4. 问题解决能力培养的措施包括帮助学生养成主动质疑、分析问题、问题归类的习惯。

5. 创造性是在一定的目的和条件下，运用一切已知信息，产生出某种新颖、独特、有社会或个人价值的产品的能力。

6. 创造性的特征包括新颖性、独特性、灵活性、流畅性。

7. 创造性思维的过程有准备期、沉思（或酝酿）期、灵感期、验证期。

8. 创造性的影响因素包括生理因素，心理因素（认知能力、动机与情绪、个性特征），家庭、学校和社会文化因素。

9. 学校情境中培养学生的创造性，可以创设有利于创造性产生的学校环境，注重创造性个性的培养，加强创造性训练。

关键术语

问题、问题解决、整体表征、算法式、启发式、定势、功能固着、酝酿效应、创造性、头脑风暴法、类比思维

思 考 题

1. 问题和问题解决的含义分别是什么？它们分别有什么特征？

2. 在问题解决的理论观点中，你比较倾向于认同哪种观点？

3. 问题解决的过程包含哪些阶段？各个阶段分别有什么任务？

4. 影响问题解决的因素有哪些？怎样提高学生的问题解决能力？

5. 创造性的含义是什么？怎样去理解创造性的含义？创造性有哪些特征？

6. 创造性思维的过程经历了哪几个阶段？各个阶段分别有什么任务？

7. 创造力的发展经历了哪几个阶段？每个阶段分别有什么特点？

8. 影响创造性思维的因素有哪些？怎样培养学生的创造性思维？

9. 常用的创造性思维训练方法有哪些？请举例说明。

拓 展 阅 读

1. 辛自强. 问题解决与知识建构. 北京：教育科学出版社，2005.

这是一篇博士论文。该论文认为问题解决既是信息加工过程，又是知识获得过程，并通过四项实证研究考察了问题解决背景下图式与策略的获得过程及其影响因素。该论文的特点是以信息加工理论与建构主义的整合为思想基础。

2. 董奇. 儿童创造力发展心理. 杭州：浙江教育出版社，2007.

这是一本儿童心理学书籍。该书探讨了儿童创造力发展的年龄特征与规律，探索了儿童创造力测量的科学方法与培养的有效途径。该书从儿童发展心理学的角度阐明了儿童创造力的本质与形成。

3. 张庆林，Robert J. Sternberg. 创造性研究手册. 成都：四川教育出版社，2002.

这是一本关于创造性的研究手册。该书由六部分组成，介绍了人们对创造性的研究历史及研究方法，从系统论的观点出发，分别阐述了创造性的个体素质和社会环境，并介绍了创造潜能的开发和创造性的培养。该书内容丰富翔实，角度新颖。

4. 张春莉. 学会思维——青少年思维训练指南. 北京：中央编译出版社，2010.

这是一本关于思维训练的实用教材。该书从思维的特征、分类讲起，分析思维的过程与发展，最后介绍具体的思维训练方法与策略。该书通过一个个生动的思维训练题来阐述充满无限奥妙的"思维"的概念与方法。

参考文献

1. 辛自强. 问题解决与知识建构. 北京：教育科学出版社，2005.

2. 韦洪涛. 学习心理学. 北京：化学工业出版社，2011.

3. 陈琦，刘儒德. 当代教育心理学（第2版）. 北京：北京师范大学出版社，2007.

4. 董奇 . 儿童创造力发展心理 . 杭州：浙江教育出版社，2007.

5. 张庆林，Robert J. Sternberg. 创造性研究手册 . 成都：四川教育出版社，2002.

6. 张大均，郭成 . 教学心理学纲要 . 北京：人民教育出版社，2006.

7. 张春莉 . 学会思维——青少年思维训练指南 . 北京：中央编译出版社，2010.

8. 江琦，杨山 . 问题解决的信息加工机制探析 . 宁波大学学报（教育科学版），2002(01).

第九章 学习策略与教学

学习目标 ▶ ···

1. 领会学习策略的概念及其深刻含义。

2. 领会不同标准下学习策略的类型。

3. 掌握认知策略、元认知策略与资源管理策略这几种典型的学习策略。

4. 了解学习策略形成的影响因素。

导入 ▶

王莉是六年(1)班一个学习成绩优秀的学生，每次考试都名列前茅，全班同学都非常佩服她，老师也经常表扬她。当同学们问她为什么每次都取得这么好的成绩时，她谦虚地说："我并不比你们每个人聪明，我只是每天按照自己预定的计划去做，每天进步一点点。每当发现知识的漏洞时，我会认真地对待它，及时地查漏补缺。"通过对她的观察与交谈，我们发现她在课上认真听讲，边听边做笔记，书本上每章内容都有各种不同的标记，她会对课本上没有的内容进行补充，对于不懂的问题敢于举手提问。在放学回家后，她首先会把一天的学习内容想一遍，想不起来的时候就翻到目录页提醒自己，并做上标记。然后开始写老师布置的作业，完成之后再预习下一章节的内容。同时，在学习中，她还经常反思，对于做错的题目一定要找到原因和正确的解法，再多做一些相类似的题目，达到举一反三的程度。

案例中的王莉同学是一个"会学习的人"。那么，"会学习的人"与学习策略有什么关系呢？在日常的学习中，我们可以运用哪些策略来辅助学习呢？本章将对学习策略的相关内容进行详细阐述。

第一节　学习策略的概述

曾经有这样一个故事：一位私塾先生教书不负责任，喜欢喝酒。他让学生将圆周率背诵下来(π＝3.141 592 653 589 793 238 462 6…)，自己却到山上喝酒，酩酊大醉。学生们背诵了好多天，但是效果不佳。突然，一个学生灵光一现，将私塾先生喝酒的故事与圆周率建立了联系，编出一个顺口溜："山巅一寺一壶酒(3.14159)，尔乐苦煞吾(26535)，把酒吃(897)，酒杀尔(932)，杀不死(384)，乐尔乐(626)。"根据这一顺口溜，学生们都很快记住了圆周率。[①] 那么，这是一种什么学习策略呢？还有哪些其他的学习策略呢？本节将对学习策略的界定、特征、分类、常用的一般学习策略进行介绍。

一、学习策略的界定

(一)学习策略的概念

人们对"学习策略"的研究，最早始于美国心理学家布鲁纳关于人工概念形成的实验。他发现在概念形成的过程中，如果运用一定的学习策略，人们将会既快又准地理解概念的本质含义。1976年，美国心理学家弗拉维尔(J. H. Flavell, 1928—　)提出了"元认知"这一概念，丰富了学习策略的理论基础，加快了人们对学习策略的

---

① 张庆林. 当代认知心理学在教学中的应用. 重庆：西南师范大学出版社，1995：156.

研究。虽然学者们对学习策略进行了大量研究，但是对学习策略的界定仍没有统一的意见，不同学者用不同的方法从不同的角度提出了不同的认识。根据以往学者的相关研究，主要有以下几种代表性的观点。

1. 学习策略是一种方法和技能，即学习过程中所采用的各种方法和技能

例如，里格尼（Rigney）认为，学习策略是"学习者用于获得、保持与提取知识和作业的各种操作与程序"。梅耶认为，学习策略是"学习者为影响其如何加工信息所做的各种行为——包括画线、概述、复述等方法的使用"，认为人类的学习体现在质和量两个方面。斯滕伯格将学习策略称为智力技能，认为学习策略由执行技能和非执行技能两种层次构成，前者是学习者对指向一定学习任务的学习方法进行规划、监控和修正的高级技能，即学习的调控技能，后者是用于对学习任务进行实际操作的技能，即学习方法。斯滕伯格指出，要完成高质量任务的作业，这两种技能都是必不可少的。[①]

2. 学习策略是一种学习活动或步骤

例如，丹瑟洛（Dansereau）认为，学习策略是"能够促进知识获得和存储以及信息利用的一系列过程或步骤"[②]。尼斯比特（Nisbet）等人认为，学习策略是"一系列选择、协调与运用技能的执行过程"[③]。

3. 学习策略是一种学习计划

例如，德里（Derry）认为，学习策略是"学习者为了完成学习目标而制订的复杂计划"[④]。

4. 学习策略是一种系统规则

例如，达菲（Duffy）认为，学习策略是"内隐的规则学习系统"[⑤]。

以上观点从不同的侧面揭示了学习策略的不同特征。总之，所谓学习策略，是学习者为了提高学习效果，有目的、有意识地制订的有关学习过程的复杂方案，是学习者在学习活动中采用的一系列方法、技能及调控方式。因此，学习策略不是一种被动的、按部就班的学习活动，它是一种主动的、超越一般的学习过程的监视与调控学习活动的一套操作系统。

（二）学习策略的内涵

对于学习策略的内涵，我们要把握以下几点。

第一，学习策略是学习者为了高效地

> **想一想**
>
> 学习策略与认知策略、学习方法三者有什么区别和联系呢？

① 莫雷. 教育心理学. 广州：广东高等教育出版社，2002：215.
② 冯维. 教育心理学. 重庆：西南师范大学出版社，2005：170.
③ 张大均. 教育心理学. 北京：人民教育出版社，1999：185.
④ 陈琦，刘儒德. 当代教育心理学（第2版）. 北京：北京师范大学出版社，2007：363.
⑤ 张大均. 教育心理学. 北京：人民教育出版社，1999：185.

完成学习任务而主动采取的有意识的心理过程。学习者要在正确分析学习任务和自己特点的基础之上，采取适当的学习策略，使之最大限度地帮助自己提高学习效率。但是，当某一种条件下的学习策略得到反复使用时，这种学习策略便可无意识地影响人的学习效果。

第二，学习策略是由一系列的规则或技能组成的，这些规则指导着人们的学习行为，因此学习策略是一种程序性知识。每种学习行为都存在相应的学习策略，并且同一类型的学习任务存在着基本相同的学习策略。

第三，学习策略是衡量学习者是否高效学习的重要尺度，也是制约学习效果的重要因素之一，更是判断学习者是否"学会学习"的标志。在学习过程中，如果不采用有效的学习策略，结果只能事倍功半。而学习策略会帮助学习者提高学习效率，在有限的时间内掌握更多的知识。

第四，学习策略是可以发展的。人们不是天生就会使用学习策略的，而是在后天不断学习中习得的。学习者可以通过自己的实践经验掌握不同的学习策略，也可以通过教师有意识地训练学会使用不同的学习策略。

第五，学习策略与学习活动密切相关，通过学习活动获得，又指导着学习活动。它规定人们在学习过程中采用的策略，即学习者做什么不做什么、先做什么后做什么、用什么方式做、做到什么程度和水平、达到什么效果等多方面的问题。

二、学习策略的特征

(一)主动性

人们的学习有主动学习和被动学习之分。被动学习是死记硬背的呆板式学习，谈不上学习策略的应用；而主动学习是学习者有意识地运用学习策略的学习，也就是说，学习者具有学习的需要和动机，对学习任务、学习环境和自己的特点能够进行准确的分析，在此基础上确定学习目标，安排学习时间，找到适合自己的学习方法。对于较新的学习任务，学习者总是有意识、有目的地思考，努力找到解决问题的最佳办法。而且，当某一条件下的学习策略得到反复使用时，学习者对该学习策略的使用可能就会达到自动化的水平，从而在无意识层面影响着人们的学习效率。因此，学习策略和人们的主动学习紧密相伴，体现了人的主观能动性特点。

(二)有效性

学习策略是对于学习效果和学习效率而言的，人们运用学习策略的目的就是提高学习效果和效率。较好的学习效果与较高的学习效率一定是与学习策略的应用密不可分的。在学习过程中，我们可以运用机械重复的学习方法，只要付出足够多的努力也能取得较高的成绩，但是在这个过程中我们会花费更多的精力和时间，效率也比较低。如果在学习中运用适当的学习策略，那么我们的努力将会达到事半功倍的效果。例如，在记忆单词的过程中，如果只是一遍一遍地读，读了很多遍后也会记住，但是可能保持时间短，记得不牢固，容易混淆；而如果采用分散学习或者联想学习的方法，记忆的效果和效率则会大幅度提高。

(三)过程性

学习策略是有关学习过程的策略。在学习过程中，很多因素影响着人们的学习，如学习动机、学习目标、学习内容以及学习者的能力、学习态度、现有的知识水平，等等。而学习策略的重要作用就是通过发现影响学习过程的这些因素，找到适合学习者的学习方法，指导学习者高效率地学习。因此，它规定人们在学习过程中做什么不做什么、先做什么后做什么、用什么方式做、做到什么程度等诸方面的问题。

(四)程序性

学习策略是学习者自己制订的学习计划，由规则和技能组成。学习是一个动态的过程，学习策略的执行也是一个动态的过程，因此每一次学习都有相应的学习策略，这些学习策略是一步一步的程序性知识，由一套规则系统或技能组成，是学习规则或学习技能的组合。学习策略的程序性特征告诉我们，在学习中仅仅了解、掌握并能运用某一种学习策略是远远不够的，我们还要进行多次尝试与练习，才有助于将学习策略适当地应用于学习中。

三、学习策略的分类

关于学习策略的分类，心理学家根据不同的标准提出了不同的类型，它们具有不同的特征。

> **考试要点**
>
> 教师资格证考试中学《教育知识与能力》(统考)的大纲要求：
> 了解学习策略的分类。

1. 丹瑟洛的二分法

根据学习策略所起作用的差异，丹瑟洛认为学习策略是由相互作用的两个策略系统组成：基本策略(primary strategies)和辅助性策略(support strategies)[1]。基本策略是指用来直接操作学习材料的各种学习策略，主要包括获得和存储信息的策略(领会和保持策略)及提取和利用已存储信息的策略(提取和利用策略)，如记忆、组织、回忆等策略。这些策略直接作用于学习者的认知活动，是学习过程中赖以应用的主导性策略。而辅助性策略是指用来帮助学习者维持良好的学习心理状态的策略，主要包括三种：计划和时间安排、专心管理以及监控与诊断。专心管理又分为心境设置和心境维持两种策略。这些辅助性策略的作用是创造良好的心理状态，以保证学生有效地完成基本策略。

2. 迈克卡等人的三分法

根据学习策略的涵盖成分，迈克卡(Mckeachie)等人将学习策略分为认知策略、元认知策略和资源管理策略，并且详细阐述了它们之间的层次关系[2]。认知策略是

---

① 陈琦，刘儒德. 当代教育心理学(第2版). 北京：北京师范大学出版社，2007：364.
② 陈琦，刘儒德. 当代教育心理学(第2版). 北京：北京师范大学出版社，2007：364.

人们加工信息的一些方法和技术,帮助人们有效地从记忆中提取信息。一般而言,人们会对不同类型的知识采取不同的学习策略:对于陈述性知识,人们通常采用复述、精细加工和组织策略;而对于程序性知识,通常有模式再认策略和动作系列学习策略。元认知策略是指学习者对自己的认知过程的认知策略,是对信息加工过程进行调控的策略。它有助于学习者有效地安排和调节学习过程,包括计划策略、监视策略和调节策略。资源管理策略是辅助学习者管理可用的环境和资源的策略,包括学习时间管理策略、学习环境管理策略、努力管理策略和社会资源利用策略。这种策略有助于学习者适应环境并调节环境以适应自己的需要,对学习者的动机具有重要作用。具体的分类见图 9-1。

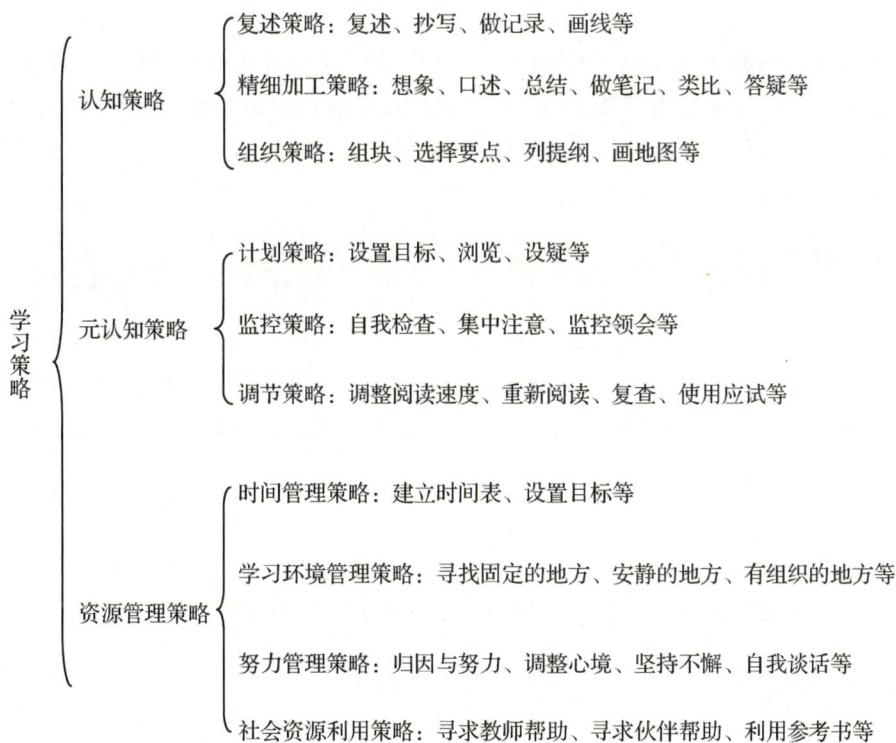

图 9-1 学习策略的分类

3. 皮连生的多分法[1]

依据学习的信息加工模型,我国学者皮连生将学习策略分为:①促进选择性注意的策略,如自我提问、做读书笔记、记听课笔记等;②促进短时记忆的策略,如复述、笔记、将输入的信息形成组块等;③促进新信息内在联系的策略,如分析学习材料的内在结构、多问为什么等;④促进新旧知识联系的策略,如列表比较新旧知识的异同等;⑤促进新知识长期保存的策略,如记忆法、提高加工水平等。

---

[1] 莫雷. 教育心理学. 广州:广东高等教育出版社,2002:217.

四、常用的一般学习策略

虽然根据不同的分类标准有多种学习策略类型，但是在学习过程中我们使用最多的是认知策略、元认知策略和资源管理策略这三类，同时它们也是对我们的学习影响最大的学习策略。

(一)认知策略

认知策略是基本的学习策略，是学习者对学习材料进行认知加工的方法、技术或者规则，在学习策略中起着核心作用。根据作用于信息加工过程的不同阶段，认知策略可分为复述策略、精细加工策略和组织策略。复述策略作用于认知加工过程的初级阶段，组织策略作用于深加工阶段，而精细加工策略作用于复述策略与组织策略之间的过渡阶段。

1. 复述策略

复述策略是学习者为了保持学习材料而对其进行重复识记，使学习材料在大脑中反复重现的学习策略。复述是信息从短时记忆进入长时记忆的一个重要记忆手段。不过，复述策略的作用是对信息进行保持，是一种低水平的信息加工策略。从表面上看，复述是对学习材料进行反复念、记、背，其实是"识记—自我反馈—自我评价—自我矫正—再次记忆"的过程，是学习中最基本的认知策略。常用的复述策略有以下几种。

(1)朗读、默读和背诵

学习者通过出声或者不出声地多遍诵读学习内容，并且在读的过程中逐渐地脱离课本，使阅读和回忆交替进行，直到完全回忆出学习内容。

(2)画　线

在阅读过程中，学习者在自己不懂或者不熟悉的词语下边画一条线，以提醒自己重复识记这一信息。

(3)抄　写

抄写是学习中经常使用的一种策略。抄写本身就包含"看"和"写"两个过程，我们需要将看到的内容保持在短时记忆中，然后写下来。有时我们也会采用边背诵边书写的方式，将背诵的内容写下来。"写"这一过程可以加深学习材料在我们头脑中的印象。

（4）意象练习

这是在运动技能训练过程中常用的一种策略，是在头脑中想象操作行为。比如，我们学习了游泳的动作要领后，首先会在头脑中多次想象游泳的场景，然后再下水去游泳。

2. 精细加工策略

精细加工策略是一种深加工策略，是指学习者为了提高学习效果，把新学习材料与头脑中原有的知识联系起来，为新信息增加意义，从而帮助学习者将新信息储存在长时记忆中。这是对学习材料进行深入加工的策略。常见的精细加工策略有以下几种。

（1）人为联想法

当新的学习材料比较枯燥，本身意义性不强，对我们的吸引力比较小的时候，我们可以采取人为联想策略，利用视觉表象、语音、语义等方法在不同事物之间建立联系，从而提高记忆效果。常见的人为联想法有位置记忆法、首字联想法、谐音联想法、关键词法等。

第一，位置记忆法。位置记忆法就是学习者在头脑中形成自己熟悉的场景，在这个场景中按顺序确定一系列特定的点，然后将所要记忆的内容全部按顺序与各个点联系起来。回忆时，以这些有顺序的点为线索提取相对应的项目。该方法有利于记忆那些有顺序的系列内容。

第二，首字联想法。这种方法是利用每个词的第一个字形成一个缩写，以此来代表整个词语，然后将这些缩写组成有意义的短语或者句子。例如，二十四节气歌谣就是人们利用首字来代表一个词，并将这些字联合起来组成一句话。

第三，谐音联想法。这一方法是指人们用谐音的方法进行联想，把一些枯燥的无意义材料变得有意义。例如，学生在记将 2 开平方根的值（1.41421）时，记成是"意思意思而已"。

第四，关键词法。关键词法就是将新词或概念与相似的声音线索词，通过视觉表象联系起来。例如，英文单词"Tiger"可以联想成"泰山上一只老虎"。这种方法比较适合英语单词、省首府名和地理信息这类材料的学习。

（2）做笔记

做笔记是人们阅读和听讲时常用的一种精细加工策略。做笔记能促进学习者将注意力集中在某些材料上，在记笔记的过程中学习者会深入思考，容易在新旧知识之间形成联系，有助于将新知识存储在长时记忆中。我们可以利用"5R"笔记法学会做笔记：记录（Record）、简化（Reduce）、背诵（Recite）、反省（Reflect）、复习（Review）。

（3）利用新旧知识的联系

在正式开始学习一种新知识之前，我们通常会预习，阅读与该知识相关的资料，这样在头脑中存储相关的知识，有利于我们对新知识的理解。除了提前预习新知识，我们也可以将新知识与之前学过的相关知识进行比较、整合，找到新旧知识之间存在的内在联系，从而更快速地将新知识存储在长时记忆中。

（4）主动应用

我们在书本中学到很多理论知识，如果能将这些知识与现实情境相联系，并主动地应用在实际生活中，那么我们会对该知识有更深刻的理解和记忆。因此，在学习中，我们不仅要记住学习的内容，准确掌握学习信息，也要知道如何应用这一信息，并积极地付诸实践。教师在教学中不仅要帮助学生理解学习内容，还要让学生知道这些内容在生活中是有用的，并且创设一些情境，启迪学生思考如何应用并身体力行。

> **考试要点** 📖
>
> 教师资格证考试中学《教育知识与能力》真题（2011年下半年统考）
> 一位初中语文老师教学生用列课文结构提纲、画网络图的方法促进学习，这里所教的学习策略是（ ）。
> A. 复述策略　　B. 组织策略
> C. 精致策略　　D. 组块策略
> 答案：B

3. 组织策略

组织策略是指通过分析、整合新知识或新旧知识之间的内在联系，而形成新的知识框架的过程。其基本方法是将学习材料分成一些小单元，分析这些小单元之间或者小单元与已有知识之间的关系，形成一个系统的组织有序的整体。学会组织策略，首先要学会对学习材料进行归类。在归类的基础之上，信息的组织策略有：列提纲、做图形和画表格。

（1）列提纲

列提纲就是以简要的语言概括出所学内容的主要观点和次要观点，然后分析这些观点之间的关系，最后以金字塔的形式呈现出来。列提纲的前提是对材料准确地理解、分析、归纳。只有准确理解材料的主要内容，才能总结出这些观点。列提纲不仅能加深我们对知识的理解，还能锻炼分析、综合和概括能力。在教学中，教师可以首先让学生进行提纲的补充训练，再让学生逐步学会列出完整的提纲。

（2）做图形

做图形的前提与列提纲是一致的，只是呈现形式不同。首先识别学习材料的各个要点，然后用适当的图解来标明这些知识点之间的关系。常见的图形有系统结构图、流程图、模式图和网络关系图。系统结构图是对学习材料进行分类整理，将主要信息分成不同部分或者水平，然后以金字塔的形式表示出来。流程图是按照事件发生的顺序将主要内容表示出来。模式图是用图解的方式来说明在某个过程中各要素之间是如何进行联系的。概念关系图是图解各个知识点是如何相互联系的一种方法，是学习者把头脑中存储的知识外化的过程。

（3）画表格

这种方法就是通过表格的形式对学习材料进行组织，有一览表和双向表两种形式。一览表是首先对材料进行全面的分析，然后抽取主要信息，按照某一维度将全部信息都列出来，力求反映材料的整体面貌。例如，学习中国历史时，可以以时间为轴，将朝代、主要历史人物、历史事件全部展现出来，制成中国历史发展的一览图。而双向表是从纵横两个维度罗列材料的主要信息，需要呈现材料的两种重要属性。

（二）元认知策略

元认知策略是一种典型的学习策略，是指学习者对自己的整个学习过程进行监视和控制的策略。这一策略有助于学习者有效地安排和调节学习过程。具体而言，元认知策略主要包括计划、监控与调节策略。

> **考试要点**
>
> 教师资格证考试中学《教育知识与能力》真题（2013年上半年统考）
>
> 丁力有意识地对自己的学习活动进行检查和监控，他所运用的学习策略属于（　　）。
>
> A. 复述策略　　B. 精加工策略
> C. 组织策略　　D. 元认知策略
> 答案：D

1. 计划策略

计划策略是指学习者在进行学习活动之前，通过对自身内外条件的分析设定恰当的学习目标、寻找合适的方法和途径、预见突发问题等。具体来说，计划策略主要涉及三个方面：第一，学习者客观地分析学习任务的难度、可利用的资源等；第二，学习者要对学习活动进行详细的安排，如时间分配、学习策略的选择、学习效果的评价等各个环节；第三，学习者应该严格按照学习计划实施学习活动。一个优秀的学习者是在学习上有积极准备的人，能根据自己的特点制订适合自己的计划，并且在学习中经常将实际的学习过程与计划进行对照，及时发现并调整计划。

2. 监控策略

监控策略，顾名思义，是指学习者对自己的学习活动进行有效的监视和控制。根据学习目标，对学习结果进行及时反馈；根据有效性标准，正确评价学习策略应用的效果。监控策略帮助学习者及时发现自己在理解和注意方面可能存在的问题，并加以修改。

典型的监控策略有领会监控、策略监控和注意监控。领会监控，是指学习者在头脑中有一个明确的领会目标，比如找一个关键字、中心思想，在学习的过程中会时刻监控自己是否达到了这一目标。如果目标达到了，学习者会体验到一种满足感；但是如果目标没有达到，则会采取一些补救措施。策略监控，是指学习者对自己使用学习策略的具体情况进行有效的监控，常用的方法是自我提问法。而注意监控，是指学习者在学习过程中对自己的注意力进行监控，知道自己此刻将注意力集中到什么活动上、如何避免注意力分散等。

3. 调节策略

调节策略与监控策略密切相关，是指通过对学习结果的检查，如果发现问题则及时进行修正、补救的策略。例如，当学习者意识到他不理解某一部分时，会退回去，重新阅读难以理解的段落；发现学习策略的应用不恰当，则及时地调整策略；发现自己的注意力被其他无关的东西吸引，则调节注意力。调节策略能帮助学习者矫正不良的学习行为，亡羊补牢，补救不足，提高学习效率。

(三)资源管理策略

资源管理策略是学习者管理可用的环境和资源的策略，主要由以下几种具体的策略构成。

1. 学习时间管理策略

时间管理策略是利用各种方法合理安排学习时间的一种策略。在学习过程中，根据学习任务的轻重缓急，合理地分配学习时间，可以最大限度地提高学习效率。在教学中，教师要教会学生善于管理时间，在有限的时间里高效地完成任务。

相关链接

有效的时间管理策略

第一，统筹安排学习时间。根据总体目标和具体目标设置一个"目标金字塔"，使自己明确地看清自己的目标，从而增加学习的动力。金字塔从上到下依次是远期目标、中期目标、近期目标。在学习过程中，这些目标不是固定不变的，而是可以根据实际情况做适应性调整。

第二，高效地利用最佳时间。在不同的时间里，人的体力、智力和情绪状态都是不一样的，也就是说，人们学习的最佳时间可能是存在差异的。为了高效利用时间，要根据自己的生物钟和学习效率的变化来安排不同的学习活动。

第三，灵活运用零散时间。零散的时间看起来是微不足道的，但是如果能够充分利用多个零散的时间，我们就会有更多时间集中去学习。我们可以利用零碎的时间去处理学习上的杂事，可以看报纸杂志扩大自己的知识面，可以背诵诗词或者单词，也可以与人交流或者讨论不理解的问题等。

2. 学习环境管理策略

这一策略是指学习者对学习环境的选择具有一定的主体性，通常会选择一些比较安静、不利于分散注意力的环境，以减少无关信息的干扰。而且，舒适的学习环境，还可以改善情绪状态，提高学习效率。

3. 努力管理策略

努力管理策略是学习者为了达到学习目标而不断维持意志努力的策略。学习者可以运用自我激励的方法来维持自己的意志力，如树立学习信念、正确归因、自我奖励等，也可以与同学互相监督，共同为达成目标不断努力。

4. 社会资源利用策略

当学习者在学习中遇到困难时，可以向他人求助，找到问题的解决方法。同时，也要充分利用先进的学习工具，如参考资料、工具书、图书馆、计算机与网络等获取知识。

小贴士

PQ4R 方法

这是一种有效的能帮助学生理解和记忆的学习技术，是由托马斯和罗宾逊提出来的，是在罗宾逊早期版本 SQ3R 的基础上改进的。PQ4R 分别代表预览（Preview）、设问（Question）、阅读（Read）、反思（Reflect）、背诵（Recite）和回顾（Review）。PQ4R 程序的进行可使学生集中注意力、有意义地组织信息、使用其他有效的策略，诸如产生疑问、精细加工、过一段时间后复习等。研究表明这种方法对年长儿童更为有效。具体使用方法如下。

1. 预览：快速浏览材料，对材料的基本组织主题和副主题有一个初步的了解。注意标题和小标题，找出你要读的和学习的信息。

2. 设问：阅读时自己问自己一些问题。根据标题用"谁""什么""为什么""哪儿""怎样"等疑问词提问。

3. 阅读：阅读材料，不要泛泛地做笔记。试图回答自己提出的问题。

4. 反思：通过以下途径，试图理解信息并使信息有意义：①把信息和你已知的事物联系起来；②把课本中的副标题和主要概念及原理联系起来；③试图消除对呈现的信息的分心；④试图用这些材料去解决联想到的类似的问题。

5. 背诵：通过大声陈述和一问一答，反复练习记住这些信息。你可以使用标题、划了线的词和对要点所做的笔记来提问。

6. 回顾：最后一步积极地复习材料，主要是问你自己问题，只有当你肯定答不出来时，才重新阅读材料。

第二节　学习策略的教学和训练

在日常学习中，相当一部分成绩较差的学生认为自己的学习能力不如别人，认为自己不如别人聪明。可是他们没有想过自己是否运用了有效的学习策略。事实上，人们并不是天生就会使用学习策略的，是通过后天不断地探索或者教师的指导而逐渐学会的。学习策略不仅直接影响学习者的学习效率，还会影响到学习态度。因此，教师在教学中应该有意识地去训练学生掌握各种不同的学习策略，并引导学生找到适合自己的学习策略。

一、学习策略掌握和运用的影响因素

(一)内部因素

1. 学习者原有的知识背景

学习策略的应用要以学习者原有的知识背景为基础。学习者对与学习材料相关的知识了解得越透彻，就越容易利用恰当的学习策略。反之，如果对学习材料感到陌生或者知之甚少，那么学习者就很难利用恰当的学习策略。

2. 认知发展水平

学习者的认知发展水平，尤其是元认知的发展水平是学习策略形成的前提条件，因为元认知能力决定着学习者对策略的监控水平。对于低年级儿童而言，他们的认知发展水平比较低，元认知发展水平更低，难以对学习策略进行反省，因而分析学习策略是否对自己有效就更困难了。事实上，元认知能力是个体在学习中随着经验的增长而逐步提高的，不可能在一夜之间突然提高。因此，教师应该帮助学生了解学习策略的作用，并针对学生的认知发展特点，循序渐进地引导他们应用不同的学习策略。在小学阶段，教师可以适当地传授一些比较简单实用的学习策略。

3. 学习动机

在学习策略的习得和应用中，动机具有特殊的作用。对学习活动具有较高动机的人，不仅会对知识有强烈的渴求，而且还力求发现最有效、最合理的问题解决方法。学习者的动机会决定他们选择什么样的学习策略。研究表明，学习者的动机尤其是内部动机，决定着学习策略的选择以及学习效果。具有外部动机的学习者倾向于应用一些复述策略，具有内部动机的学习者倾向于选择有意义和起组织作用的学习策略。高动机的学习者倾向于使用他们已习得的策略，而低动机的学习者对策略的使用不敏感。研究还表明，中学生的学习动机与学习策略有显著的正相关，低水平动机的学生往往运用一些较消极的学习策略，高水平动机的学生较多地运用一些积极、主动的学习策略。

(二)外部因素

1. 学习策略的训练方法

学习策略训练的模式有多种，不论采用哪种模式，都会影响学习策略的使用。有些训练模式是有限制的，不适用于所有学习策略的练习。因此，在学习策略的教学中，教师要灵活采用不同的训练方法。

2. 教师日常的教学方法

在平时的教学过程中，教师传授知识的方式间接地影响着学生学习策略的掌握水平。另外，教师本人在解决问题的过程中所表现出来的策略也会对学生产生潜移默化的影响。

3. 学习氛围

在学校中，学生都处于集体中，班集体的学习氛围对他们的学习会产生一定的作用。研究表明，在强调掌握知识的学习氛围中，学生更多使用深加工策略，而在强调超越他人的学习氛围中，学生更多使用表层加工策略。

总之，以上这些因素都会对学习策略的形成产生一定的作用，教师在教学中要充分认识到这些影响因素，创设有利于学习的内外条件，尽量排除不利因素的干扰，使学习策略的教学达到最佳的效果。

二、学习策略训练的原则

学生在学习过程中，通常会采用各种不同的学习策略，但是很少有一种学习策略在各种情况下总是有效，也很少有一种学习策略在各种情况下总是无效。显然，学习策略的价值因不同的情况而异。基于学习策略的特点，托马斯和罗瓦提出了以下原则。

（一）特定性原则

特定性原则是指根据不同的学习目标和学生类型选用特定的学习策略，也就是具体问题具体分析。同一种学习策略对不同的学习任务、不同的年龄、不同认知发展水平的学习者所产生的效果是有差异的。教师要根据学习材料的性质、学习目标选择相应的学习策略，根据学生的性别、认知方式、学习能力、已有知识水平讲授不同的学习策略。总之，在学习策略的教学中，教师要因材施教，帮助学生选择适宜的学习策略。

（二）生成性原则

生成性原则是指学习者要利用学习策略对学习材料进行重新加工，生成新的知识结构或框架。这就要求学习者对材料进行深度加工。生成性程度高的学习策略有：写内容提要、向别人提问、将笔记列成提纲、向同伴讲授学习内容等。生成性程度低的学习策略有：不加区分地画线、不抓要点地记录、不抓重点的内容肤浅的提要等。

（三）主体性原则

主体性原则是指任何学习策略的教学都是为了提高学习者的学习效果，发挥学习者在学习中的主体性作用。在教学过程中，教师要充分调动学生的主体参与性，给予每个学生练习学习策略的机会，指导学生应用学习策略的具体步骤，并且让学生明确学习策略的效果，形成以教师为主导、以学生为主体的教学模式。

（四）有效监控原则

有效监控原则是指在教学过程中，教师不仅让学生明白学习策略是什么，还要让学生清楚何时、何地以及为何使用该学习策略，并且能够反思和描述自己运用学习策略的具体过程。

（五）个人自我效能感原则

学习策略中的个人自我效能感是指学习者对自己使用学习策略的能力以及学习

策略的效力进行的主观评定。如果学习者知道何时与如何使用学习策略，但是他们不愿意使用学习策略，或者不确定自己对学习策略使用的程度，那么他们的学习效果也不会明显提高。因此，教师在教学中要让学习者在学习策略使用的过程中亲身体验学习策略的有效性，让其感受到学习策略对学习成绩的作用。

三、学习策略训练的具体要求

(一)教学方法应灵活多样

丹瑟洛认为教学应首先激发学生形成学习策略的认知需要，再确定适合于所学材料的学习策略，这些策略应具有有效性和可操作性，能够通过指导后获得改进；然后，指导学生在不同的学习情境下进行训练，对学习结果进行评价与及时反馈和矫正。学习策略的学习不是在一两个课时内完成的，学生可能需要较多的课时才能熟练掌握一种学习策略。因此，如果老师只用一种单一的教学方法进行，学生容易产生厌烦情绪，不利于学习策略的掌握。

(二)在教学中增加明晰的反馈

相关研究表明，反馈能改进学习方法，提高学习效果。如果降低训练的速度，增加反馈的次数和质量，将有助于学生对学习策略的应用和迁移。在初步学习了一种新的学习策略后，学习者对该策略的体会可能还不深刻，在应用的过程中可能会犯一些错误。这时，如果教师能针对学习者的具体问题及时给予正确的反馈，会有利于学习者及时认识并改正错误。

(三)提供足够的教学时间

学习策略是一种程序性知识，学习者不仅要在学习活动中学会应用这一策略，还要在应用的过程不断地反思该策略的有效性，在短时间内很难将其熟练应用在实际学习中。因此，教师应该给学生多提供一些练习时间，多创造一些练习机会，让学生有足够的时间来领会策略的精髓。另外，要想达到学习策略使用的自动化程度，也需要足够多的时间多次练习和巩固。

(四)结合学科知识的教学进行训练

学习策略训练应结合各科教学内容来进行，将学习策略的学习与具体的知识学习相结合，这样可以避免脱离知识内容的单纯训练而导致形式化倾向。如果教师只是孤立地对学习策略理论知识进行讲解，学生会感觉很抽象、乏味；相反，如果贯穿到具体的学科知识中，学生则会感觉到学习策略的价值，进而对学习策略和知识有更深刻的理解。

(五)注重元认知策略的训练

教师除了要教给学生具体的学习策略之外，另一个很重要的任务就是让学生懂得为什么、何时、何处使用这些策略，也就是培养学生元认知策略的应用，使学习策略的运用更有效、更灵活。元认知水平高的学生，善于监控自己的学习过程，能够灵活应用各种策略去达到预定的目标。布朗曾提出三种训练方法：盲目训练法，指教学生运用学习策略，但是不告诉为何、何时用何种策略；感受训练法，指帮助学生理解为何、何时运用不同策略的方法；感受自控训练法，指在感受的基础上让学生练习不同策略，提供掌握不同策略的机会。他的研究表明，第一种方法难以发生学习策略的迁移，后两种既影响策略的迁移，还明显影响学习者所获知识的性质和组织。因此，元认知策略对其他学习策略的掌握起着至关重要的作用。教师要教会学生反思方法、培养反思习惯，重视元认知策略的训练。

四、学习策略训练的方法

学习策略在学习中起着重要的作用，可以直接影响学习效果。但是学习策略不是与生俱来的，也不会自己发展，它是通过学习、练习获得的，并且经过不断训练而逐步提高。学习策略的教学不只是知识的习得，更重要的是学会这种技能，将其灵活地应用在学习中。在学习策略的教学中，有以下几种教学模式。

(一)指导教学模式

指导教学模式与传统的讲授法十分相似，由激发、讲演、练习、反馈和迁移等环节构成。在教学中，教师首先向学生说明所选定学习策略的具体步骤和条件；然后在应用过程中，让学生一边操作一边出声报告并解释每一个步骤以及自己的思考过程；通过这种内部定向思维的不断重复，加强学生对学习策略的感知、理解与保持。同时，教师在教学中还要依据每种策略选择多种恰当的案例来说明其应用的各种可能性，使学生对策略形成综合性的认识，从而防止策略应用的片面性。提供的案例也应该以学生的认知水平为基础，由简到繁，使学生从单一策略的应用发展到多种策略的综合应用，提高综合应用的能力。

(二)程序化训练模式

所谓程序化训练是将学习策略分成若干有条理的小步骤，然后制定出合理的固定程序，要求学生按此程序进行学习活动，并且经过反复练习使之达到自动化程度。

这种训练方法适用于那些可以程序化的学习策略的训练，其基本步骤是：首先，将学习策略按照某一理论分解成几个可执行、易操作的小步骤，并且使用简练的词语来标志每个步骤的含义。例如，"PQ4R"阅读策略，包括预览(Preview)、提问(Question)、阅读(Read)、反思(Reflect)、背诵(Recite)、复习(Review)六个步骤。其次，通过活动实例示范各个步骤，并要求学生按步骤进行活动。最后，要求学生记忆各步骤，反复练习多次，直至达到自动化程度。

(三)完形训练模式

在心理学中，"完形"代表着整体，代表着人们从整体上对一个事物的认知，而不是单纯对部分的理解。因此，完形训练模式注重从整体上把握学习策略，教师在讲解学习策略之后，提供完整性程度不同的材料，让学生对学习策略的某个成分或步骤进行练习，然后逐步降低完整性程度，直至学生可以完全独立完成所有成分或步骤。例如，教师首先给学生提供一个完整的提纲，并解释提纲与学习材料的关系。接下来，教师给学生提供一系列不完整的提纲，分步对学生进行训练：首先，教师提供一个基本完整的提纲，让学生填写一些细节；其次，教师提供一个只有主要观点的提纲，让学生填写所有的细节；最后，教师只提供一些细节，让学生填写主要观点。经过这些练习，学生会对"列提纲"这一策略有深刻的认识。完形训练模式的好处在于能够使学生注意到学习策略的每一个细节或者步骤，每一步训练所需的心理努力都是学生可以胜任的，而且每一步训练都给学生以策略应用的整体印象。

(四)交互式教学模式

这种模式是由教师和一组学生(大约 6 个人)一起进行的，大家轮流交换教师和学生的角色，因此称为交互式教学。例如，为了帮助成绩较差的学生提高阅读理解能力，可以把主要目标设置为教学生学会四种策略：第一，总结，即总结段落内容；第二，提问，即提出与要点有关的问题；第三，澄清，即明确材料的难点；第四，预测，即预测下文会出现什么内容。

交互式教学模式的具体步骤是：首先，教师示范这四种策略。例如，针对一段课文，就其核心内容进行提问，明确内容的难点，直到最后概括出本段内容的中心思想。其次，学生轮流扮演"教师"角色，效仿教师的方式，引导大家一起讨论。在教学过程中，教师要先为学生树立榜样性行为，然后当自己的角色变为学生时，要为学生对问题的解决起到促进者和组织者的作用。

(五)合作式学习模式

合作学习是当今教育改革所倡导的基本理念，是在教学中运用小组的团体力量，帮助学生共同开展学习，以最大限度地促进每个人进行学习的方式。合作学习一般按下列步骤进行。第一，选定小组的学习内容。第二，小组设计，就是确定小组的规模、划分不同的小组。第三，安排课堂。小组成员聚在一起，拥有共同的学习材料，明确课堂内容。第四，将共同的学习材料分成几部分，让每位成员都有自己的一部分，承担一定的学习任务。第五，开始学习。每位成员根据分工完成自己的任务，然后小组的所有成员共同讨论，最后把每个人的学习结果整合在一起。在这个过程中，教师可以根据小组的不同情况给予监督和指导。第六，每个小组把本组的学习结果呈现给全班同学，教师进行总结、评价及补充。

在合作学习的训练中，教师应注意以下几点。第一，教师所提供的学习材料应该对学生有一定的吸引力，这样学生才会更积极地参与其中。第二，学习任务可以分解成几个部分。第三，学生之间要具有稳定的凝聚力。第四，教师的评价要具有一定的激励性质。

在实际的教学中，教师不论采用什么方法促进学生掌握学习策略，都要结合具体的学科知识。学习策略知识不是孤立的，不能脱离专业的学科知识。专业的学科知识是有效利用学习策略的前提条件，脱离知识内容的单纯训练容易导致形式主义倾向，难以保证学生掌握学习策略。教师要在实践中不断探索，优化教学步骤，为学生提供可以效仿的活动程序；同时也要以学生原有的学习方式为基础启发、引导学生，让学生有意识地内化有效的学习策略。

五、学习策略训练的具体措施

参考布朗提出的策略训练三步骤：一是学习策略及巩固练习，二是自我执行及监控策略的使用，三是了解策略的价值及其使用的范畴，我们认为在学习策略的训练中教师可以按照以下几个步骤进行。

(一)根据学生的基本情况选择有效的学习策略

首先，教师要了解学生基本的学习情况，仔细地观察学生平时在课上的表现(如做笔记的情况、注意力集中的情况、回答问题的情况)和完成作业的情况，也要通过与家长沟通了解学生在家庭中的学习状况。其次，教师要了解学生对学习策略的使用情况，可以与学生交谈，也可以通过"学习策略问卷"，了解他们使用策略的具体情况。再次，要充分了解学生的原有知识水平，考虑学生对知识的接受能力。最后，通过与学生交谈，了解他们的学习动机、学习目标，以及他们的不足与薄弱环节。

教师根据这些不同的基本情况，综合考虑所有因素，将不同的学习策略贯穿在课堂中传授给学生。对于个别学生，可以采用课下个别辅导的方式有针对性地进行教学。

(二)结合具体知识传授学习策略的基本步骤及巩固练习

在讲授具体的学科知识时，教师可以将一些学习策略贯穿其中，告诉学生如何一步一步地操作。当学生明确了某一学习策略的操作步骤之后，教师应该布置一些学习任务，让学生尝试运用新的学习策略，通过反复练习，让学生熟练掌握这一策略。在练习的过程中，教师要对学生运用策略的情况及时给出反馈性评价，以便提醒学生做出调整，使得运用得当的策略进一步熟练化，运用不当的策略得到及时纠错。

(三)进行监控学习策略的训练

学生明确了学习策略是什么、如何使用之后，教师还要告诉学生何时、何地与为何使用该学习策略，并且引导学生反思和描述运用学习策略的具体过程，告诉学生如何对自己使用的学习策略进行有效的监控。此外，为了使新的学习策略能最大限度地帮助学生提高学习效率，教师要采取一些措施来督促学生更多地使用学习策略，如教师提醒法、学生相互监督法、自我提问法等。

(四)评价学习策略的价值及其使用的范畴

针对某一种学习策略，教师应该让学生明白这一策略的价值。更重要的是，教师要引导学生对学习策略进行自我评价，让学生亲身体验学习策略的有效性，明确新的学习策略为什么有用，为什么使用该策略比其他策略更有效。只有外在指导的学习策略内化为学生自己的策略，他们才会更频繁地使用学习策略，学习策略才会更容易发生迁移。

通过学习策略的训练，教师不仅要让学生掌握策略本身的知识，更为重要的是要让学生通过策略的学习提高策略意识，能够进行自我总结和反思，主动自觉地选择适合自己的学习策略，真正学会学习。

本章小结

1. 所谓学习策略，是学习者为了提高学习效果，有目的、有意识地制订的有关学习过程的复杂方案，是学习者在学习活动中采用的一系列方法、技能及调控方式。学习策略是一种程序性知识，具有主动性、有效性、过程性、程序性的特点。

2. 学习策略可分为认知策略、元认知策略和资源管理策略三类。认知策略是人们加工信息的一些方法和技术，主要包括复述、精细加工和组织策略；元认知策略是指学习者对自己认知过程的认知策略，主要包括计划策略、监视策略和调节策略；资源管理策略是辅助学习者管理可用的环境和资源的策略，包括学习时间管理策略、学习环境管理策略、努力管理策略和社会资源利用策略。

3. 影响学习策略形成的因素包括内部因素和外部因素，其中内部因素有学习者原有的知识背景、认知发展水平、动机水平，外部因素有学习策略的训练方法、教师日常的教学方法、学习氛围。

4. 学习策略训练的原则有特定性原则、生成性原则、主体性原则、有效监控原则、个人自我效能感原则。

5. 学习策略训练的方法有指导教学模式、程序化训练模式、完形训练模式、交互式教学模式、合作式学习模式。

关键术语

学习策略、认知策略、元认知策略、资源管理策略、复述策略、精细加工策略、人为联想法、位置记忆法、组织策略、列提纲、学习时间管理策略、指导教学模式、程序化训练模式、完形训练模式、交互式教学模式、合作式学习模式

思考题

1. 什么是学习策略？其含义是什么？

2. 学习策略的特点有哪些?

3. 学习策略的分类有哪几种?

4. 论述常见的认知策略类型。

5. 简述学习策略形成的影响因素。

6. 简述学习策略训练的原则。

7. 在教学中教师可以用哪些方法来训练学习策略?

📖 拓 展 阅 读

1. 蒯超英. 学习策略. 武汉:湖北教育出版社,1999.

这本书是当代学习心理学丛书之一,主要阐述了学生学习每门学科的具体学习策略,实践指导性很强。本书通过生动活泼的形式,将学习策略介绍给中小学生,运用得当的话,可以有效地帮助他们提高学习效率和学习效果。

2. 刘未鹏. 暗时间. 北京:电子工业出版社,2011.

这是一本心理学的课外读物。该书以心理学、认知科学和神经科学为主要角度,对人们不同的思维方式会带来怎样的价值、何种学习方法才是有效的等问题做了详细的阐述。本书的特点是通过生活中常见的现象来引发人们对自己的反思,进而揭示方法的重要性。

3. 刘电芝,田良臣. 高效率学习策略指南. 北京:科学出版社,2011.

这是一本关于学习策略的课外读物。该书从学习策略与高效率学习的关系介绍入手,对学习活动中九种重要策略进行了深入介绍,以策略学习的有效性条件反思结束,旨在教会学生学习,提高其学习策略的掌握和运用能力。语言通俗易懂、有针对性地对学习策略进行详细阐述是本书的特色。

4. 沃建中,向燕辉. 使用你的成功利器:学习策略. 北京:北京航空航天大学出版社,2010.

这是高考心导向系列丛书之中的学生篇。该书是为高三学生量身打造的有关学习策略的图书,指导性、权威性、可操作性强。本书利用自我暗示策略、科学用脑策略、3∶5∶2黄金复习法则等,教学生快乐、轻松高效地学习,帮助学生发现成功和幸福。本书从不同的角度、不同的层次引导孩子思考人生发展,激发学习动力,提高孩子的学习自信,引导他们使用恰当的复习策略。

5. [美]L.C.霍尔特,M.凯恩卡尔. 教学样式:优化学生学习的策略. 沈书生,刘强,译. 上海:华东师范大学出版社,2008.

这是一本针对学习策略的心理学课外读物。该书探讨了存在于当今课堂的互动样式,描述了教师为达成教学目标和优化学生的学习,如何促进这些样式的互动。作者关注的是如何应用这些样式,以最大限度地激发学生的学习潜能。

参考文献

1. 张大均. 教育心理学. 北京:人民教育出版社,1999.

2. 陈琦,刘儒德. 当代教育心理学(第 2 版). 北京:北京师范大学出版社,2007.

3. 莫雷. 教育心理学. 广州：广东高等教育出版社，2002.

4. 岑国桢. 教育心理学（第二版）. 北京：中国人民大学出版社，2011.

5. 张承芬. 教育心理学. 济南：山东教育出版社，2000.

6. 河北省教师教育专家委员会. 教育心理学：理论与实践. 石家庄：河北人民教育出版社，2007.

7. 张亚玲. 学习动机与学习策略的实证研究. 北京：首都师范大学，2000.

8. 王振宏，刘萍. 动机因素、学习策略、智力水平对学生学业成就的影响. 心理学报，2000(01).

9. 刘电芝，黄希庭. 学习策略概述. 教育研究，2002(02).

第十章　学习迁移与教学

学习目标 ▶ ---

1. 了解学习迁移的概念与作用。

2. 了解迁移的主要类型及划分依据。

3. 了解有关迁移的代表性理论。

4. 掌握影响迁移的主要因素。

5. 掌握在教学中促进学习迁移的方法。

导入 ▶

在日常生活和学习中，我们经常会发现，之前学到的知识经验会影响我们当前的活动，而我们当前的活动，也会影响我们对过去习得知识经验的认识，这就是学习的迁移现象。早在两千多年前，我国大教育家孔子就非常重视迁移，他曾说"举一隅不以三隅反，则不复也。"弄清楚迁移的本质，掌握迁移理论及其影响因素，有益于促进学生学习迁移，提高学习效果。

第一节　学习迁移的概述

通常我们所说的触类旁通、举一反三、闻一知十等都可以被看作迁移。迁移不仅普遍，而且类型多样，对我们的学习影响很大。

一、学习迁移的概念及作用

(一)学习迁移的概念

学习迁移(简称迁移)是指一种学习对另一种学习的影响，也可以说成是两种学习间的相互影响。这种影响具有双向性，可能会促进学习，也可能会阻碍学习。例如，提高了阅读能力，有助于提升写作能力；学习了拼音字母的读音，会干扰对英文字母发音的学习；历史学习中先后学习的知识容易混淆。这些都是学习迁移的现象。因为我们习得的内容很丰富，所以除了知识的迁移，还有技能、情感、态度等方面的迁移。

(二)学习迁移的作用

学习无处不在，学习迁移也相伴相随，我们常能体验到学习迁移的影响。在这里，我们重点介绍一下学习迁移的积极作用。

首先，迁移使先前的经验概括化和系统化，形成一种稳定整合的心理结构。学生学习的目的不仅是要把所学的知识经验存储在大脑中，而且是要将其应用于各种不同情境，以解决实际生活中的各种问题。

其次，迁移是知识、技能向能力转化的关键因素。能力的形成不仅需要掌握知识、技能，还需要将知识和技能概括化和系统化。掌握新的知识和技能，必然会受到先前知识经验的影响，即迁移的影响。对于知识和技能的类化，只能在学习的迁移中实现。迁移为知识、技能向能力转化提供了科学的心理依据。

二、学习迁移的分类

学习迁移的现象多种多样，研究者们从不同的角度对迁移进行分类，强调迁移的不同方面。下面对几种典型的迁移分类进行论述。

(一)正迁移和负迁移

根据迁移的影响效果，可以将其分为正迁移和负迁移。正迁移指一种学习对另一种学习产生有益的影响。比如，学生在学习中掌握了加减法，有利于他们对乘法的学习；学会了骑自行车，很容易就能学会骑电动车。负迁移是指一种学习对另一种学习产生了干扰或阻碍。比如，在中国汽车靠右行驶，而在英国汽车是靠左行驶，中国人到了英国，先前的驾驶规则就会阻碍对新的驾驶规则的学习与适应，容易发生事故。但是，许多时候一种学习对另一种学习的影响是复杂的，不是只有单纯的正迁移或负迁移，而是可能在某一方面起促进作用，而在另一方面又起阻碍作用。例如，学习了汉语的拼音字母，在学习英语字母时，有利于对字形的识记，却阻碍了对读音的学习。

考试要点

教师资格证考试中学《教育知识与能力》真题(2015 年统考)

辨析题　两种学习材料的相似度越高越容易产生正迁移。

答案：错误。正迁移是一种学习对另一种学习起到的积极促进作用。而两种学习材料相似程度高，既可能起到促进作用，也可能起到阻碍作用，所以不一定是正迁移，也有可能是负迁移。

教师资格证考试《中学教育知识与能力》真题(2012 年统考)

辨析题　学习迁移是学习过程中常见的现象，它对新知识、新技能的学习起促进作用。

答案：错误。学习迁移也称训练迁移，是指一种学习对另一种学习的影响，或习得的经验对完成其他活动的影响。学习迁移按照不同的分类标准，会有不同的分类结果。例如，根据迁移的性质和结果来划分，可以把学习迁移分为正迁移和负迁移，其中正迁移对学习起促进的积极作用，负迁移对学习起干扰、阻碍的消极作用。由此，笼统地说学习迁移对学习新知识起促进作用是不准确的。

(二)顺向迁移和逆向迁移

根据迁移的影响方向，可以将其分为顺向迁移和逆向迁移(见图 10-1)。顺向迁移是指先前学习对后继学习的影响。例如，在数学中学习了方程，更有益于对不等式的学习；学会了求三角形面积，有助于学习求梯形面积。逆向迁移是指后继学习

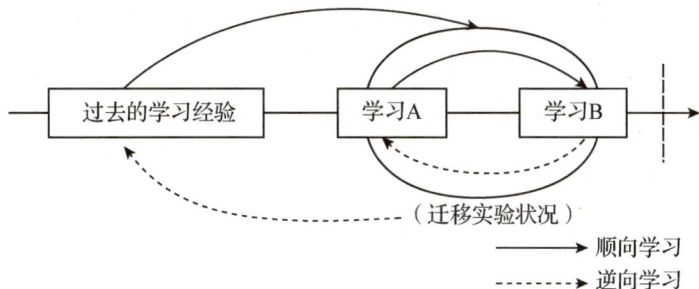

图 10-1　顺向迁移与逆向迁移

对先前学习的影响，可以使原有的知识经验得到补充、修正或重建。例如，学生学习了解析几何的知识后，当他们复习解决平面几何的问题时，就容易很多。

无论是顺向迁移还是逆向迁移，都有正负之分；同样，无论是正迁移还是负迁移，也都有顺向和逆向之分（见表10-1）。

表 10-1　四种学习迁移的相互关系

	顺向迁移	逆向迁移
正迁移	先前学习对后继学习的积极影响。例如，学生在学习中掌握了加减法，有利于他们对乘法的学习。	后继学习对先前学习的积极影响。例如，学习了解析几何后，复习解决平面几何的问题时就容易很多。
负迁移	先前学习对后继学习的消极影响。例如，靠右行驶的国家的人去到靠左行驶的国家，容易造成事故。	后继学习对先前学习的消极影响。例如，掌握了英语语法后，可能会干扰汉语语法的运用。

（三）横向迁移和纵向迁移

加涅按照迁移发生的水平，将其分为横向迁移（也称水平迁移）和纵向迁移（也称垂直迁移）。横向迁移是指先前所学的知识或技能在同一水平上的迁移。例如，学习了长方形的面积计算公式后，就可以用这个公式来计算给出的其他长方形的面积。纵向迁移是指先前学习的较低水平的知识、技能向高水平知识、技能的迁移。例如，先前学习的加法、减法有助于乘除法的学习。加涅认为横向迁移和纵向迁移这一分类非常重要，个体通过学习获得网络化的知识建构，为了使上下左右得到沟通和联系，就要通过横向迁移和纵向迁移来实现。

（四）特殊迁移和普遍迁移

布鲁纳根据迁移的范围大小，将其分为一般迁移和特殊迁移。一般迁移又称非特殊迁移，是指在学习中获得的一般原理、方法、策略、概念等迁移到具体内容的学习中，其迁移范围广，适合在表面特征不同但本质结构相同的多种情境下应用。特殊迁移指具体知识与技能的迁移，迁移范围较小。例如，在跳水学习中，学会了弹跳、空翻、入水等动作后，可以把这些动作进行不同的组合，形成新的动作技能。

（五）低路迁移和高路迁移

萨洛蒙（G. Salomon）和珀金斯（D. Perkins）根据迁移发生的自动化程度，将迁移分为低路迁移和高路迁移。低路迁移指经过反复练习的技能不需要意志努力发生自

考试要点

教师资格证考试中学《教育知识与能力》真题（2012年统考）

李红学习了英语语法后，加深了对以前学过的中文语法的理解。这种现象属于（　　）。

A. 负向迁移　B. 垂直迁移
C. 顺向迁移　D. 逆向迁移
答案：D

教师资格证考试中学《教育知识与能力》真题（2015年统考）

学生小辉由于会打羽毛球，很快就学会了打网球，这种现象为（　　）。

A. 顺向正迁移　B. 逆向正迁移
C. 顺向负迁移　D. 逆向负迁移
答案：A

动迁移。例如，学会了开汽车，在驾驶不同类型的汽车时，很容易掌握。这种迁移的关键在于之前的知识技能在变化的情境中得到充分的练习。高路迁移指把某种情境获得的抽象知识有意识地用于新的情境。这种应用包括两种情况。第一，在当前的学习活动中思考之后可以应用的情境。例如，在学习教育心理学原理时，思考这些原理，在将来的哪些教育教学情境中应用。第二，在面对新的问题时，会考虑把先前习得的知识应用在新情境中。例如，把在数学中总结的规则、原理应用在物理的学习中。这种迁移的关键是有意识地对所学内容进行概括，得出可以普遍应用的原理和策略等。具体见表 10-2。

表 10-2 低路迁移和高路迁移的比较

	低路迁移	高路迁移
定义	高度练习过的技能自动迁移	有意识地将抽象知识运用到新的情境
关键事件	充分练习；变式练习或学习情境的变化；超额学习；技能达到自动化	有意识地概括和总结可以普遍应用的抽象原理、主要观点和步骤
例子	开不同类型的轿车	应用 SQ3R 读书法进行阅读

除上述常见的几种迁移类型，研究者还试着从其他的角度对迁移进行分类，如有人将迁移分为近迁移和远迁移。迁移的类型不同，实现迁移的条件和过程也会不同。对迁移进行划分，有益于我们探索发生迁移的最佳方法。

第二节 学习迁移的理论

在教育教学中流传着一句口号——"为迁移而教"，意思是在教学中要注重迁移，培养学生举一反三、闻一知十的学习能力。那么，迁移是如何发生的呢？心理学家和教育学家不断地思考与研究，提出了不同的理论，从不同角度揭示了迁移的机制和规律，加深了人们对迁移的认识。

一、早期迁移理论

对学习迁移发生原因、过程的研究最早开始于 18 世纪中叶，其中早期迁移理论主要有以下四种。

(一)形式训练说

18 世纪中叶，德国心理学家沃尔夫(C. Wolff，1679—1754)创立官能心理学，推动了形式训练学说的诞生。爱因斯坦曾经说过"如果人们已经忘记了他们在学校里所学的一切，那么所留下的就是教育"[①]。形式训练说不重视学习的内容，强调发展

---

① 爱因斯坦. 论教育. 中国大学教学，2003(01)：42～43.

人的心智，其主要观点包括以下几点。

第一，人生来就具有各种心理官能，如注意、记忆、想象、思维、推理等，这些官能可以通过训练得到发展和加强。

第二，一种官能在某个情境中通过训练得到发展，就可以自动转迁到和该官能有关的所有情境中，即个体心理的某种官能经过训练后，就具有了迁移的能力，用来解决一切和它有相同性质的问题。

第三，学习内容并不重要，因为内容易被遗忘，作用是暂时的，价值有限。教学中要重视心理官能的训练和发展。他们假设学习几何促进逻辑推理能力的发展，学习历史可以训练并提升记忆能力，所以比较推崇古典语言、数学和自然科学，忽视家政、簿记、算术这些实用知识的学习，认为只有训练官能才是最有价值的，发展才是永久的。

相关链接

1924 年，桑代克对 8500 名中学生的学业成绩和智商分数之间的迁移问题进行深入研究；三年后，他又对另外 5000 名学生做了同样的调查研究。桑代克假设：如果某些学科比其他学科在促进智商发展方面更为有效的话，那么这一结果必然反映在智力测验的分数上。但是实验结果显示，学习传统学科(如历史、几何)的学生与那些原来智商相同却选修实用学科(如算术、家政)的学生比较，在智力上并没有提高。这一追踪研究使形式训练说受到致命打击。形式训练说忽视教学内容，使教育脱离实际需要，过分追求形式主义的主张是应当被抛弃的。

(二)共同要素学说

美国心理学家桑代克和伍德沃思(R. S. Woodworth，1869—1962)在 20 世纪初提出了共同要素说，他们认为，迁移依赖于先前的活动情境和新情境的共同要素。这种共同的要素主要包括学习情境中的目的、方法、原理和基本事实。其实质是脑内相同刺激和反应的联结，即当两种学习活动中的刺激相似，反应也相似时，才会发生迁移。两者之间的相同元素越多，迁移量越大；而两者之间的相同元素越少，则迁移量也越小；如果不存在共同元素，不管所涉及的官能如何相同，也不会产生迁移。因此，教学中注重在两种学习情境间建立科学的通路——相同元素，才能促进学习迁移，更有效地提高教与学的效果。

(三)概括化理论

概括化理论又称经验类化说，是由美国心理学家贾德(C. H. Judd)提出的。其主要观点是：迁移的关键不是两种学习情境中的共同因素，而是在学习情境中对共同因素的概括化，即一般的原理或原则。学习者在先前学习中通过概括掌握能够泛化的一般原理或原则后，将其有意识地运用于新的学习情境中，即发生迁移。

贾德在 1908 年所做的"水下击靶"实验，被誉为概括化理论的经典实验。他把

五、六年级的学生当作被试，分成甲乙两组射击水中的靶子，甲乙两组需要完成两个任务。任务一是射击水下 3 厘米的靶子，任务二是射击水下 10 厘米的靶子。甲组射击前学习光的折射原理，乙组不学。在做任务前，进行射击练习。结果发现，在任务一中两组成绩没有差异；在任务二中，甲组成绩优于乙组。说明甲组被试先学的折射原理在任务一中没有产生迁移，在任务二中产

想一想

1. 波士顿的中央商务区位于波士顿港附近。2. 大多数古老城市的中央商务区（形成于现代化的交通工具发展以前）离可以用于航行的水域很近，如海洋或大河。

如果你想在利物浦、多伦多、匹兹堡这些城市找到中央商务区的话，哪一句话对你的帮助更大一些？

生了明显的正迁移。贾德给出的解释是："光学折射原理把有关的全部经验——水外的、深水的与浅水的经验——组成了一个整体的思维体系……甲组被试在理论知识的背景下，了解实际情况后，做出调整，运用概括化的经验去解决新问题。"[①]根据迁移的概括化理论，对原理了解概括得越好，在新情境中学习的迁移就越好。

后来，赫德里克森（G. Hendrickson）等人进一步证实了贾德的理论，并提出学习者的"概括化"与教学方法密不可分，一般是在教师的指导下完成的。如果教师在教法上注意引导学生总结概括，并指导学生将概括化的一般原理应用于实践，就可能会获得更好的迁移效果。

（四）关系转换理论

德国心理学家、格式塔学派的代表人物苛勒对概括化理论进一步发展，提出了关系转换理论，该理论强调个体的理解在迁移中的作用，认为迁移的产生主要是个体对两种学习情境的原理或原则之间关系的"顿悟"。

苛勒曾经用小鸡做实验，实验任务是在两张纸中（一张是深灰色，一张是浅灰色）的一张下找到食物。食物总放在颜色较深的那张纸下。在第一次实验任务中，出示浅灰（A）和深灰（B）两张纸，食物总放在深灰色的纸下，当小鸡学会了这一任务后，用比原来两张颜色更深的纸（C）来代替浅灰色的纸（A）。结果显示，小鸡对纸（C）的反应为 70%，而对原来有食物的纸（B）的反应只有 30%。后来，苛勒又用人做被试进行了类似的实验，得到的结论和小鸡觅食实验的结论基本一致。苛勒的实验表明，促进迁移的不是两个学习情境的共同因素，而是两个学习情境间的关系。苛勒认为对两种学习情境中原理间的关系，特别是手段与目的间关系的顿悟，是实现迁移的关键。

以上四种理论是最常见的早期迁移理论，此外还有奥斯古德（C. E. Osgood）的"三维迁移模型"、哈洛（H. F. Harlow）的"学习定势说"等。

二、现代迁移理论

20 世纪六七十年代以来，随着学习理论的发展，学习迁移理论也有了进一步发展。

---

① 陈琦，刘儒德．当代教育心理学．北京：北京师范大学出版社，1997：110.

(一)认知结构迁移理论

美国教育心理学家奥苏伯尔在 1963 年提出了一种新的学习迁移理论，称为认知结构说。所谓认知结构，是指大脑中储存的知识结构。奥苏伯尔认为，迁移是通过认知结构这一变量实现的，先前的学习并不是刺激和反应的联结，而是累积获得的、按照一定层次组织的、适合当前学习任务的知识体系。在有意义的学习中，学生的认知结构是有效影响学习迁移的重要因素。一切有意义的学习都是在学生原有认知结构的基础上产生的，学习者积极地利用旧知识理解新知识，把新知识纳入已有的认知结构中，这个过程实际上就是有效的迁移过程。

奥苏伯尔提出了三个影响迁移的认知结构变量：可利用性、可辨别性和稳定性。可利用性，是指学生原有的认知结构中是否有同化新内容的知识经验，如果答案是肯定的话，就有利于新内容的学习与获得。可辨别性，是指原有认知结构和当前新的知识内容的区别，当新旧内容相似但又不同时，容易产生干扰。比如，小学生既要掌握汉语拼音，又要学习英文字母，两者容易产生混淆。稳定性，是指原有知识掌握的稳定程度，旧知识越稳定，掌握与之相关的新知识就越容易。

既然认知结构变量影响着学习的迁移，那么我们可以通过加强认知结构的各个变量，来促进学习迁移的产生。此外，奥苏伯尔还提出了"先行组织者"（advance organizer）的概念。所谓的先行组织者，是一个引导性的材料，它指在进行学习任务之前先呈现的材料，是学习者原有知识经验与当前需要学习的新知识之间的一道桥梁，能帮助其更好地学习新知识。

相关链接

先行组织者教学策略

	教学过程	教学活动
阶段 1	呈现先行组织者	阐明本课的目的。 呈现作为先行组织者的概念：确认正在阐明的属性；给出例子；提供上下文。 使学习者意识到相关知识和经验。
阶段 2	呈现学习任务和材料	使知识的结构显而易见。 使学习材料的逻辑顺序外显化。 保持注意。 呈现材料。 演讲、讨论、放电影、做实验和阅读有关的材料。
阶段 3	扩充与完善认知结构	使用整合协调的原则。 促进积极的接受学习。 提示新旧概念（或新旧知识）之间的关联。

(二)产生式迁移理论

加拿大认知心理学家、信息加工心理学家安德森（J. R. Anderson）最先提出了产生式迁移理论。其核心思想是：先后两种认知技能的学习能够产生迁移，是因为两者之间的产生式相似，产生式是决定迁移产生与否的重要因素。产生式是指有关条件和行动的规则，形如"如果……那么"，简称 C-A（Condition and Action）。安德森等人通过大量的研究和分析，得出两个重要的结论。

第一，迁移量由新旧技能间产生式的重叠量决定，重叠的产生式越多，迁移量就越大。

第二，知识编辑影响着产生式的获得与迁移。首先，规则以陈述性知识的形式进入学习者的命题网络，然后经过变式练习转化成以产生式表征的程序性知识。这正是专家和新手解决问题时存在差异的地方，专家用程序性知识来解决问题，新手用陈述性知识来解决问题。

安德森等人设计了大量实验来验证迁移理论，但是目前该理论的主要研究仍停留在计算机模拟阶段。尽管如此，该理论在实际教学中依然不乏启示意义，因为前后两种技能间共有的产生式数量决定迁移的水平，所以要注重基本概念原理和规则的学习，以便取得良好的学习效果。

(三)图式理论

德国哲学家康德（Kant，1724—1804）在 1781 年最先提出图式理论，他认为"图式"是对具体事物的抽象化、概括化和范畴化，是反映结构和关系的示意图，是知识经验在人脑中的储存单位，而且它只存在于人的主观意识中，是想象的力的产物，是对原有经验的直观再现。图式包括各种各样的知识，图式的总和就是一个人的全部知识。图式是学习者认知结构的基础，是促进迁移的重要因素。学习者在应对新的刺激时，需要调用大脑中的图式，根据图式来理解、组织和吸收新的知识经验。100 多年后，瑞士心理学家、教育家皮亚杰接受并发展了图式理论。他认为："图式是指动作的结构或组织，这些动作在同样或类似的情境中因为重复而产生迁移。"

现代图式理论的主要代表是安德森、鲁梅哈特和加内尔（Carner），他们进一步发展和完善了图式理论。所谓的图式，是指个体原有的知识经验在大脑中的储存方式，是大脑对过去知识经验的反映或组织，是学习者储存在记忆中的知识对新知识产生影响的过程，以及怎样把这些新知识内化到学习者原有认知结构中的过程。

英国心理学家巴特利特把图式定义为个体大脑中的知识储存，并把图式理论分为三类：语言图式、内容图式与结构图式。语言图式是个体所掌握的关于语言的语音、词汇和语法等基本知识；内容图式则是个体对世界的认识，是和语言图式有关的文化知识和背景知识；结构图式是不同类型和结构以及逻辑形式的知识。内容图式和结构图式又被称为非语言图式。

霍利约克（Holyork）提出了符号性图式理论。他认为个体先前的学习中包含了已经形成的某种抽象的符号性图式，也就是抽象的结构特性的学习过程，这种图式是"可被激活的信息"。该理论关注学习者的作用，强调"理解"是新旧信息在外部符号刺激下相互作用的结果。

(四)建构主义的学习迁移观

建构主义理论认为，知识是个体主动建构的，而不是被动接受的；知识并不是对现实世界准确、客观的反映，它只是一种解释或假设，会随着人们认识的深入而不断变化。而且，每个人都是从自己已有的经验出发来建构知识，并对周围事物赋予意义的，由于每个人的经验背景不同，建构出来的知识也就不同。从这个角度来看，知识只是对个人经验的合理化，不可能以具体的形式独立存在于个体之外。

后来维果茨基、奥苏伯尔、布鲁纳等人进一步研究并将其发展为建构主义学习迁移观。他们十分重视个体在学习活动中的主观能动性，特别强调情境的作用[①]。在他们看来，学习的迁移是在原有知识经验基础上的建构，迁移是主动且动态化的过程，个体主动建构已有知识经验和当前问题之间的联系[②]。个体对知识的理解总是在一定条件和范围内，过度强调情境的知识会阻碍迁移的产生，对不同情境中共同因素的深层表征才能够促进迁移。

(五)元认知迁移理论

美国心理学家约翰·弗拉维尔在 1976 年提出了元认知理论。元认知迁移理论是一种以策略训练为基础的学习迁移理论。元认知的实质是对于认知的认知，是个体对自身认知加工过程的自我觉察、自我反省、自我评价与自我调节，它包括元认知知识、元认知体验和元认知监控三个成分。元认知知识主要包括三种：个体元认知知识；任务元认知知识，即和认知任务的性质、任务的要求及目的有关的知识；策略元认知知识，即和策略及其有效运用有关的知识。弗拉维尔指出这三种元认知知识相互作用，不同的学习者会依据给定的认知任务对所采取的策略做出优劣或取舍的判断。元认知的发展水平制约着个体智力的发展，并影响个体问题解决的质量与效率。教师不能局限于教给学生具体的陈述性知识和程序性知识，还需要注意培养学生的元认知能力，以便学生能更好地迁移，提高学习效率。

除了上述几种常见的现代迁移理论外，还有鲁宾斯坦(С. Л. Рубинштейн)的分析概括说，迪德尔·金特纳(Deidre Kintner)的结构匹配迁移理论，林诺(J. G. Greeno)等人的情境性理论等。

---

① 张建伟，陈琦. 从认知主义到建构主义. 北京师范大学学报(人文社科版)，1996(4)：75～82.

② 约翰·D. 布兰思福特，安·L. 布朗，罗德尼·R. 科金，等. 人是如何学习的——大脑、心理、经验及学校. 程可拉，孙亚玲，王旭卿，译. 上海：华东师范大学出版社，2002：56～79.

相关链接 ☞

学习迁移的整合机制

从迁移实质来看，它是新旧经验的整合过程。所以迁移理论，总称为经验整合说。整合是经验的一体化现象，即通过分析、抽象、综合、概括等认知活动，使新旧经验相互作用，从而形成在结构上一体化、系统化，在功能上能稳定调节活动的一个完整的心理系统。整合可通过三种方式实现：同化、顺应与重组。

同化是指不改变原有的经验结构，直接将原有的经验应用到本质特征相同的一类事物中去，以揭示新事物的意义与作用，或者将新事物纳入原有经验结构中去。

顺应是指将原有经验应用于新情境时所发生的一种适应性变化。当原有经验结构不能将新事物纳入其结构时，需调整原有的经验或对新旧经验加以概括，形成一种能包容新旧经验的更高一级的经验结构，以适应外界的变化。

重组是指重新组合原有经验系统中某些构成要素或成分，调整各成分间的关系或建立新的联系，从而应用于新情境。这种经验的整合过程即重组性迁移。

第三节 学习迁移的促进

尽管迁移现象是普遍存在的，但迁移的发生并不是自动的，它需要一定的条件。根据以上迁移理论，我们在此进一步明确影响迁移的诸因素，并探讨促进学生积极迁移的举措。

一、影响学习迁移的因素

大量研究发现，迁移不仅受到学习者的认知结构、定势、学习者对知识的练习与熟练程度的影响，还受到学习材料、学习过程和学习情境相似性的影响。

(一)学习者的认知结构

奥苏伯尔在他的认知理论中提出认知结构是影响学习迁移的重要因素，认知结构主要通过三个变量来影响迁移的发生。

1. 认知结构的"可利用性"

当学习新的知识时，如果在学习者的原有认知经验中能够找到适用于同化新知识的旧知识(如概念、原理或具体事例等)，那么这个学习者的认知结构就具有认知

考试要点 📖

中学教师资格证考试要点：
了解学习迁移的分类，理解形式训练说、共同要素说、概括化理论、关系转化理论、认知结构迁移理论，掌握有效促进学习迁移的措施。

结构的可利用性。相反，如果在学习者的原有认知经验中找不到可用于同化新知识的旧知识，那么这个学习者的认知结构就没有可利用性。例如，在地理学习中，我们通常会先学习"内力作用和外力作用对地表形态的影响"，然后再学习"山地的形成与河流地貌的发育"，因为理解并掌握了内外力作用对地表形态的影响这个知识，就可以作为旧知识来理解山地形成与河流地貌发育的原因以及它们之间的关系，发挥原有知识可利用性的作用。针对原有认知的可利用性，奥苏伯尔提出了"组织者"这个概念，也就是帮助学习新知识的"辅助引导性材料"，通过组织者来加强原有知识经验与新知识之间的联系，促进迁移。

2. 认知结构的"可辨别性"

认知结构的可辨别性，是指在利用原有的知识经验去同化新的知识时，学习者能够认识到原有知识经验和新知识间的相同点和不同点，能够对新旧知识做出区分。可辨别性是以原有认知结构的稳定性为前提的，对旧知识掌握得越好，就越不容易混淆新旧知识。新知识和原有知识之间的辨识度越高，越有助于新知识的学习。反之，辨识度越低，新旧知识越容易混淆，越不利于新知识的学习。因此，教师在课堂设计时要尽量采用比较或对比等方式来强化知识之间的可辨别性。

3. 认知结构的"稳定性"

原有知识经验掌握得越稳定，理解得越到位，越有利于新知识的学习。采用及时反馈、纠正和过度学习等方法，可以加强原有知识经验的稳定性。比如，充分理解和掌握了唐诗的节律和特点后，学习宋词的节律和特点就容易很多。为了提高新知识的学习效果，促进学习者的学习和迁移，教师应当在学习新知识前或者在新知识的学习中巩固和新知识相关的原有知识。

(二)学习者的理解与熟练

学习者原有的认知结构能够促进学习的迁移。要想组织和构建丰富的原有认知结构，需要学习者学习并牢牢掌握基础知识。一般来说，基础知识掌握得越扎实，学习者大脑认知结构中储存的内容就越丰富、越稳固。在学习新的内容时，学习者大脑中可供提取的知识内容丰富，可供他们利用的共同成分也很充足，自然就容易产生学习迁移。学习者对知识内涵的理解水平越高，积累起来的认知结构层次就越分明、概括性越强、分析也越清晰，学生学习迁移的速度也越快，范围越广。

学习者通过一定的练习和训练，能够巩固所学知识，促进心智和动作技能的发展，有些知识熟练之后可以实现技能的自动化，不需要意识努力或只需很少的意识努力就能解决问题，从而较快地把意识转移到同类心智或技能的学习活动中去。比如，学习者在语文学习中熟练掌握了语法知识后，不但能分析句子的结构，而且写作时的病句也会减少。"熟读唐诗三百首，不会作诗也会吟"，就是众所周知的因为熟练诵读而自动产生学习迁移的典型事例。在我们的学习和生活中，熟能生巧，因巧而产生自动迁移的现象是常有的。

(三)学习者的定势

定势又称为心向，通常指先于一定的活动而又指向该活动的一种动力准备状态，也有人称其为一种预备性顺应或反应的准备。定势对迁移是有一定影响的，这种影响表现为两方面，既可以成为促进迁移产生的心理背景，也可以成为阻碍迁移产生的心理背景。

陆钦斯的量杯实验是定势影响迁移的典型例证。实验要求被试用容量不同的量杯(A、B、C)去量一定量的水(D)，量杯容量和需要量的水量见表10-3。实验组和控制组正式实验前先做一道练习题(1题)，然后进行正式实验，按要求解决其他几道题。实验组做全部的题目(2~11题)，而控制组只做7~11题。其中2~11题都可以用B－A－2C这个公式去解决，但是7~11题，都可以不用B，而仅用A－C或A＋C的公式就可以迅速解决。

表 10-3 陆钦斯量杯实验

问题	A	B	C	要量的水(D)	方法
1	29	3		20	D＝A－3B
2	21	127	3	100	D＝B－A－2C
3	14	163	25	99	D＝B－A－2C
4	18	43	10	5	D＝B－A－2C
5	9	42	6	21	D＝B－A－2C
6	20	59	4	31	D＝B－A－2C
7	23	49	3	20	D＝B－A－2C, A－C
8	15	39	3	18	D＝B－A－2C, A＋C
9	28	76	3	25	D＝A－C
10	18	48	4	22	D＝B－A－2C, A＋C
11	14	36	8	6	D＝B－A－2C, A－C

结果发现，实验组大多数被试都产生了很强的三壶量法定势。控制组被试因为用两壶法做了1题，接着就解决7~11题，通常会继续使用两壶量法。这说明实验前的练习中形成了应用某种公式的准备状态，而这种准备状态具有负迁移的作用，从而影响了问题解决的灵活性。

定势的消极作用有一个明显的表现就是功能固着，即把某种功能、作用赋予某种物体的心理倾向。由于先前的反复经验，个体对某种物体所具有的特定的、主要的功能产生了比较稳定的认识，当遇到问题需要解决时，首先想到的是这种物体的这一功能，不容易冲破固有定势的阻碍，去发现这种物体具有的其他潜在功能。因此，要促进迁移的发生，就要克服功能固着，克服定势的消极作用。

（四）相似性

1. 学习材料的相似性

吉克与霍利约克曾经探讨过迁移中学习材料的相似性问题。他们认为，学习材料的相似性有两种情况：一种是结构特性的相似，一种是表面特性的相似。和最终的结果与目标的实现有关的成分就属于结构特性，包括原理、规则或事件间的关系等。而那些与此无关的成分就属于表面特性，如某些具体的事例内容、学习情境中的环境因素等。结构特性的相似，就是我们所说的本质特征的相似；表面特性的相似，也就是非本质特征的相似。两种学习情境中包含着的共同结构成分和表面成分决定了学习材料的相似性。

2. 学习目标与学习过程的相似性

除了学习材料这种客观的相似性影响迁移外，个体加工学习材料的认知过程是否相似也影响着迁移的产生，认知加工过程的相似性也可以看成是主观相似性。认知加工过程经常受到学习活动目标的制约，因此，学习目标的要求是否相似或一致，会在一定程度上决定认知加工过程是否相似，从而决定能否产生迁移。

3. 学习情境的相似性

学习迁移经常发生在两种相似的学习情境中。如果学习的情境与测验的情境类似或相同，因为对测验情境熟悉，学生会通过回忆学习情境中的线索，并将其应用到测验中，产生迁移，促进成绩的提高。例如，考试时考生考试的地点是自己学习的学校，取得好成绩机会会增加；经常在本校的球场训练，那么在此球场比赛获胜的机会就较多。但是我们也要注意到两种情境的相似性不仅仅会促进正迁移，有时也会产生负迁移。为了预防负迁移，教师有必要提醒学生两个表面上看起来很相似的情境间的差异性。

除前面所涉及的影响迁移的一些基本因素外，诸如年龄、智力、学习者的态度、教学指导、外界的提示与帮助等都在不同程度上影响迁移的产生。

二、促进学习迁移的方法

研究者认为，通过恰当的教学，是可以提高迁移能力的，那在教学中该如何促进迁移呢？对此我们总结了一些方法。

（一）关注知识经验，完善认知结构

1. 学生原有认知经验的丰富性

学习和掌握基础知识是学生获得丰富认知经验的源泉。基础知识掌握得越扎实，学习者大脑认知结构中储存的内容就越丰富、越稳固，越有益于迁移的产生。为了牢固掌握学过的知识，学生就需要使学习的时间和练习的次数达到一定的程度。学生学习某个特定主题的时间越多，他们就越容易把学到的知识迁移到一个新的情境中；学生练习的次数越多，就越熟练，越利于学习的迁移。因此，教师在教学中应

该要求学生对基本的概念或原理反复学习、勤加思考、熟练掌握。

2. 原有知识经验的概括性与组织性

随着学生对知识内涵理解水平的提高，其积累的认知经验也会层次分明，概括性更强，更具有逻辑性和条理性。知识丰富又条理清晰的认知结构，更容易为新知识提供固着点，更可能发生迁移，发生迁移的速度也会更快。因此，教师在教学过程中要注重要求学生准确地理解基本原理和概念，并鼓励学生自己总结、归纳和概括学过的知识，充分掌握运用基本原理、规则的条件和方法，促成最有效的迁移。

3. 原有知识经验的可利用性

通常我们会用原有知识去同化与之有关的新内容，也就是把原有知识与新知识建立联结。学生在新知识和长时记忆中各种不同的旧知识之间建立的联结越多，在需要的时候提取就越容易。因此，教师在教学中要帮助学生建立稳定清晰的知识结构，使所学知识保持较高水平的可利用性、可辨别性和清晰性，以便在学习新知识时，迅速而准确地找到与它相对应的旧知识，及时为新知识的学习提供帮助。

(二)选择教学内容，安排教学过程

1. 精选教材

在教学过程中，教师不是要把一个学科的所有内容一点点地都教给学生，学生也不是没有选择地学习所有内容。要想让学生在有限的时间内获得并掌握大量有用的知识经验，就必须精选教学内容。在选择教材内容时，一般要关注内容迁移价值的广泛程度。广泛的迁移价值是指在学习并掌握了这些基本知识后，在后续的学习或实际应用中，不用重新传授或学习某些与先前知识相关的新内容，教师只需要稍微引导和点拨一下，学生就能学会和理解。教材内容不仅要选择这些基本的知识经验，还要编写一些基本的、典型的事例材料，结合那些有代表性的事例，阐明某些概念、原理的适用条件，从而促进迁移的产生，提高学习效率。

2. 合理编排教学内容

精选的教材内容只有通过合理的编排，才能促进迁移的产生，发挥迁移的作用，学习与教学才能事半功倍。如果教材内容编排杂乱无章，便很难产生迁移；即便发生了迁移，也收效甚微。从迁移的角度来看，合理编排教学内容有三个标准：教材实现结构化、教材实现一体化、教材实现网络化。

结构化是指教材内容的各组成要素间具有科学合理的逻辑关系，能够体现事物的各种内在关系，如上下、并列、交叉等关系。一体化是指教材内容的各组成要素能够整合为具有内在联系的有机统一体，只有一体化的教材，才能通过同化、顺应和重组的相互作用，不断构建心理结构，促使学生的心智和技能得到发展。网络化是一体化的进一步延伸，指的是沟通教材内容的各组成要素间上下左右、纵横交叉的联系，突出各种基本知识经验的连接点、连接线。

3. 合理安排教学程序

（1）从一般到个别，不断分化

根据学生认识事物的心理过程，教材或课堂教学内容应该按照从一般到个别，从整体到部分的原则呈现和安排。认知心理学的观点表明，人们在接触一个完全不熟悉的知识领域时，从已知的较一般的整体中分化细节，要比从已知的细节中概括出整体容易一些。

（2）融会贯通，促进知识的横向联系

按照知识的系统性和科学性，在概念之间、原理之间、知识的前后连贯与单元纵横之间，应该体现出其内在的联系。教师在教学中要注意引导学生思考、探索所学知识之间存在怎么样的联系，并对比发现它们的异同之处。

（3）教材组织系列化，确保从已知到未知

根据学生学习的特点，教材组织应遵循由浅入深，由易到难，从已知到未知的原则。学生大脑中已有的知识和要学习的新知识间的相同点，是实现迁移的重要条件，因此教学次序要合理，学生通过原有知识结构的可利用性，在回忆原有知识的基础上，学习与之相关的更加深入的新知识。

考试要点

教师资格证考试中学《教育知识与能力》真题（2014年统考）

材料题：

学生A：中学学习英语语法对以后学习英语帮助很大。学生B：平面几何学得好，后来学习立体几何就简单了，知识之间有很大联系。学生A：不光知识是这样，弹琴也是，会弹电子琴，学钢琴也快。学生B：可有时候也不一样，会骑自行车反而影响骑三轮车。学生A：有意思，学习很奇妙。

（1）请分析材料中两位同学谈话用到的学习原理。

（2）教师应该如何利用这一原理促进学生的学习。

参考答案：

（1）学习迁移也称训练迁移，是指一种学习对另一种学习的影响。根据迁移的性质可以把迁移分为正迁移和负迁移。一种学习对另一种学习产生积极的影响叫正迁移，即两种学习之间相互促进。例如，学习语法后对学习英语帮助很大；学习平面几何后对立体几何有帮助；会弹电子琴就比较好学钢琴。一种学习对另一种学习产生消极的影响叫负迁移，也就是两种学习之间相互干扰。例如，会骑自行车反而影响骑三轮车。

（2）学生迁移能力的形成有赖于教学，促进迁移的有效教学应从以下几方面考虑：

第一，精选教材。根据同化理论，认知结构中是否有适当的起固定作用的观念可以利用，是决定新的学习与保持的重要因素。为了促进迁移，教师应选择具有广泛迁移价值的科学成果作为教材的基本内容，兼顾学科自身的性质和学生的知识水平、智力状况及年龄特征和教学的循序渐进。

第二，合理编排教学内容，促进迁移。结构化：教材内容的各构成要素具有科学的、合理的逻辑联系，能体现事物的各种内在关系。一体化：教材的各构成要素能整合为具有内在联系的有机整体。网络化：网络化是一体化的引延，指沟通教材各要素之间上下左右、纵横交叉的联系，突出各种基本经验的连接点、连接线，这既有助于了解原有学习中存在的断裂带及断裂点，也有助于预测以后学习的发展带、发展点，为迁移的产生提供直接的支撑。

第三，合理安排教学程序。①依据学生认识事物的过程，教学安排应符合从一般到个别、从整体到细节的顺序，即渐近分化原则。②依据知识的系统性和科学性，概念之间、原理之间、知识的前后连贯与单元纵横之间应体现出内在的关系和联系。③依据学生学习的特点，教材组织应由浅入深，由易到难，从已知到未知。

第四，教授学习策略，提高迁移意识。教师要善于把学习方法教给学生，同时要让学生不断总结自己的学习经验，鼓励同学之间开展学习方法和经验的交流等来促进学习的迁移。

(三)创设与应用情境相似的学习情境

当前的学习情境与之后需要学习知识经验的实际情境相类似，有助于产生学习的迁移。在教学中，教师要尽量为学生创设与实际情况相似的情境，给学生提供在不同情境中练习的机会，那么他们就更容易应用所学知识。例如，学习计算，不仅仅让学生学会计算的法则，还要使他们学会在实际情境中解决计算的相关问题。此外，课堂上开展的学习活动，要有利于学生在之后能将其应用于相似的实际生活中。比如，在篮球训练中，不仅要求学生学会运球、传球等基本技能，还要通过比赛，使学生在实际情境中把所学的基本技能向实际的综合性技能迁移。有许多技能的学习，如演讲、表演、操作等，在类似于真实的情境下练习效果会更好。在不同的情境中运用所学知识和技能，学生在储存知识技能的时候就和这些情境联系起来，将来提取信息的时候就会更容易。

(四)教授学习策略，提高迁移意识

仅仅让学生理解、概括和组织所学的知识是不够的，还必须要使学生了解在什么条件下可以迁移所学的内容，迁移的效果如何等。我们常说"授之以鱼不如授之以渔"，为了让学生学会迁移，提高学习能力，教师应该结合具体的学科教学来教授有关的学习策略。比如，教学生使用图表、使用工具书、抓住要点和大纲，教会学生善于积累经验，学习为课题或解决问题制定方案等。

本章小结

1. 学习迁移是一种学习对另一种学习的影响，既能促进学习，也能阻碍学习。

2. 学习迁移根据不同角度可以分为多种类型。比如，正迁移和负迁移，顺向迁移和逆向迁移，一般迁移和特殊迁移等。

3. 早期有关迁移机制的代表性理论有形式训练说、共同要素说、概括化理论、关系转换理论。

4. 当前较有代表性的迁移理论有认知结构迁移理论、产生式迁移理论、图式理论、建构主义的学习迁移观、元认知迁移理论等。

5. 影响迁移过程的因素包括认知结构、练习、熟练、定势、材料间相似性、目标与教学程序间相似性等。

6. 教学中应用迁移规律时，可以从学习者的认知结构、教材的精选、教学内容的编排、教学程序的安排、创设学习情境等方面入手，并重视训练学生掌握有效的学习方法。

关键术语

迁移、正迁移、负迁移、一般迁移、特殊迁移、横向迁移、纵向迁移、顺向迁移、逆向迁移、形式训练说、共同要素说、概括化理论、关系转换理论、认知结构迁移理论、产生式迁移理论、图式理论、建构主义的学习迁移观、元认知迁移理论、定势

思考题

1. 什么是迁移？举例说明迁移在能力与品德形成中的作用。

2. 简要分析各种不同的迁移机制观点。

3. 影响迁移产生的主要因素有哪些？教学中如何充分兼顾到这些因素？

4. 如何理解已有经验在迁移中的作用？

5. 举例说明如何利用迁移规律提高学习与教学效率。

拓展阅读

1. 李亦菲，朱新明．对三种认知迁移理论的述评．心理发展与教育，2001(01).

文章通过整合相关文献，介绍了80年代以来认知心理学家提出的三种新的迁移理论：图式理论、共同要素理论和元认知理论，以及每种理论所强调的影响迁移的

因素。

2. 张春莉 . 学习的迁移理论新探 . 电子科技大学学报(社科版)，2000(01).

该文围绕迁移现象的三个核心问题展开讨论：①为什么迁移有时可以很容易发生，而有时又很难发生？②在什么条件下迁移才能发生？③在迁移发生之后，个体头脑中到底发生了什么变化？并最终建构了一个以图式理论、产生式理论和同化理论为理论基础的综合迁移理论模式。

3. [美]Jeane Ellis Ormord. 教育心理学(第四版)上册 . 彭运石，彭舜，等，译 . 西安：陕西师范大学出版社，2006.

这是一本当代心理学的经典教材，全书紧紧围绕"教学过程的有效开展"来组织心理学的相关研究成果，从学生的发展、学生的学习、教师的教学等角度阐释了相关的教育心理学原理、理论及其实践意义。

参考文献

1. 陈琦，刘儒德 . 当代教育心理学 . 北京：北京师范大学出版社，1997.

2. 张建伟，陈琦 . 从认知主义到建构主义 . 北京师范大学学报(社会科学版)，1996(04).

3. [美]约翰·D. 布兰思福特，安·L. 布朗，罗德尼·R. 科金，等 . 人是如何学习的——大脑、心理、经验及学校 . 程可拉，孙亚玲，王旭卿，译 . 上海：华东师范大学出版社，2002.

4. 爱因斯坦 . 论教育 . 中国大学教育，2003(01).

第十一章　学习评价与教学

学习目标 ▶ ┈┈

1. 把握学习评价的内涵，达到准确理解和合理应用的水平。

2. 正确使用学习评价的原则开展学习评价。

3. 学会针对不同形式的学习内容选用相应的评价方式进行评价。

4. 了解影响有效评价的因素并学会在进行学习评价的过程中控制相关因素。

5. 学会完整地实施学习评价过程。

导入 ▶

期末考试结束，假期即将到来，成绩单刚刚发到家长手中，便有家长拿着成绩单找到老师要求谈话。其中一位家长对着老师说："从我女儿的数学成绩上看，您对她的评价是有失偏颇的。您一直给她的评价是中等甚至中下，可是她的成绩几乎满分，这个您需要给我一个解释！"随后进来的一位家长拿着语文成绩单问老师："您一直说孩子语文学习得特别好，为什么只考了85分？是测验的问题还是孩子不是如您所说？"如果你是这位老师，面对两位家长的两个问题，你该怎样回答呢？

> **想一想**
>
> 1. 面对问题应该怎样与家长沟通？
> 2. 测验成绩与学生实际情况到底是怎样的关系？
> 3. 这些问题对以后的评价产生怎样的影响？

第一节　学习评价的概述

一、学习评价的概念及作用

(一)学习评价的概念

评价，是对一件事或者人物进行判断、分析并得出结论。学习评价，则是对学习这个活动的判断和分析。具体来说是指遵循教育规律，以教学目标为依据，运用科学的方法和措施，对学生学习活动的过程和结果进行质量分析和价值判断的过程。

学习评价的形式包括定性评价和定量评价两种。定性评价是教育者依据教学经验对学生的学习成效做出主观价值判断的过程。比如，教师通常根据经验对学生的某种行为或道德规范做出"好"或者"不好"的价值判断。定量评价则是根据教育和心理测量学、统计学等相关学科知识或其他评价方式对结果进行量化的评价过程。例如，对学习试卷成绩进行打分，用量化的数据来表示就是定量评价。谈到定量评价，必然要谈及的两个概念就是测量和测验，本节的第二部分将对此详细介绍。

> **考试要点**
>
> 教师资格证考试要点：
> 河北省《教育知识与能力》大纲要求小学教师了解教学评价的基本内容、类型和主要方法，能够针对小学课堂教学设计和实施进行恰当评价。

> **考试要点**
>
> 教师资格证考试中学《教育知识与能力》真题（2013下半年）
> 辨析题：教学评价就是对学生学业成绩的评价。
> 答案：错误

(二)学习评价的作用

学习评价虽然针对学习活动，但在学校情境下，学生的学习主要是通过教师的教学活动实现的，因此，学习评价对学生的学习和教师的教学活动都有着重要的影响。

> **想一想**
>
> 过多的将学生注意力集中在成就目标上对学生容易产生哪些不良的后果？

1. 学习评价对学生学习的作用

（1）可以起到鞭策和促进学生学习的作用

学习评价对学习的促进作用主要表现在以下几个方面。

第一，作为一种动力机制，评价可以有效地激发学生的学习动机，因为评价工具本身就是一种外在动机，当学生知道要考试时，通常会学得更多，掌握得更多。但是需要注意的是，评价工具将学生的注意力集中在成就目标上，会削弱学习的内在动机，产生一些不利的影响。第二，学习评价可以作为一种复习机制。长时记忆并不是永久的，只有不断地复习才可能长久地记住这些知识。为评价而进行的学习无疑是复习课堂知识的好方法。第三，学习评价影响认知加工。评价的方式一定程度上影响着学生知识的获得方式。学生通常会倾向于用评价的方式去获得知识，便于在考核时表现出较好的结果。第四，评价可以作为一种学习经历。对课堂知识的评价过程能帮助学生更好地学习课程内容，当评价要求学生以某种方式详细地描述课堂内容时尤其如此。但是有两点需要注意：其一，评价仅有助于学生学习具体陈述的信息；其二，当在评价中提供了不正确的信息时，学生最终会将错误的信息当作正确的加以记忆。第五，评价可以提供反馈性。规律性的课程评价能给学生提供有价值的反馈信息。比如，学生可以知道自己学会了什么，没有学会什么，哪里学习有困难等。

（2）可以诊断学生学习

这是学习评价的基本功能，即考察学生的学习状况，正确地判断教育目标的实现程度、学生对学习内容的掌握情况、学生的进步或退步情况。当然，通过多种评价方式的诊断，也可以分析出学生成绩不良的原因，为调整教学和学生自我调节提供依据。

（3）促进自我调节

评价本身有反馈的功能，可以帮助学生了解自己的学习状况。例如，学习水平高低、对各部分学习内容掌握得扎实与否、各项学习策略的运用是否得当、学习上是否有进步等，由此，学生可以对自己未来的学习进行有效调节，争取学业上的进步。

2. 学习评价对教师教学活动的作用

首先，可以指导教师设立合理的教学目标。教学开始之前，教师需要通过学习评价，了解学生的已有知识和学习能力，围绕合理的教学目标展开教学。其次，通过学习评价，教师可以根据学生学习的具体情况，选择合适的教学重点以及相应的教学方式。

二、学习评价的有关概念

提到学习评价，不得不提的两个概念就是测量和测验，测量与测验是实施学习评价常用的有效工具。下面就对这两个概念及其与评价的关系做一个阐述。以学期末评价为例，其目的是了解学生对本学期学习的知识的掌握程度，考试则是评价的手段，考试要用试卷来完成，那么在整个评价过程中，完成考试得出数量的表示结果就是测量，而试卷本身可以理解成测验的项目，完成测验对结果做出解释就是一个评价的过程。

具体来讲，测量是用数量或者数字表示结果的一种评价过程，它需要借助于一定的心理量表及其操作，对学生的学习情况进行测查，并以一定的数量来表示。对此，需要理解和注意的有三点。第一，测量目标与教学目标必须相匹配。测量的目的在于考察教学成效，因此测量内容只有符合教学目标，测量才变得准确和有意义。第二，测量量表必须具有有效性和科学性。量表测量的是个体的内在能力，因此，量表有效、可信是测量的前提。关于有效测量的要求后面会有详细介绍。第三，命题的合理性与客观性。测量是以数据来表示结果的，因此，只有避免主观性和不合理性才会量得客观、量得准确。

测验是测量一个行为样本的系统程序，它是通过观察少数具有代表性的行为或现象来量化描述人们的心理特征的。关于测验，同样有三点需要理解。第一，测验测量的是个体完成测验时的行为表现。第二，所测项目是从全部题目中抽取的一个代表性的样本。第三，测验的客观性要求在量表编制、施测过程、评分规则和结果解释上遵循一套系统的程序，做到标准化，保证科学化，从而减少误差，保证测验公平、准确。

测量与测验既有联系又有区别，测量与评价又经常容易被混淆，下面就分别对这两两关系进行一下梳理。

测量是用一定的量表衡量对象，用数字表示。测验是指用以测量的量表及操作，即选择一些代表性的行为样本进行考核并做出数量分析。简而言之，测验是教学测量的工具和手段，测量是对测验所得结果的客观描述。两者的共同点在于，都不考虑实际意义和测量的价值。

学习评价是获得学生信息的一种方式，它强调价值判断。学习评价通常会根据一定的价值标准对测量对象进行系统调查，一方面要了解数量多少，另一方面要了解其发展变化过程，以便做出某种解释、诊断和价值判断。测量或测验是评价过程实现的工具，它以客观、量化的结果来为评价提供解释的依据，因此评价离不开测量。与此同时，测量也不能脱离评价，只有通过教学评价，才能判断客观描述的实际意义。正确地进行测量与评价对教学双方都起到促进作用，对教育教学均具重要意义。

三、学习评价的原则

学习评价的进行必须遵照一定的原则和标准，只有有章可循、有标可比才能做到客观准确。进行学习评价需要遵循以下原则。

（一）客观性原则

学习评价的客观性原则是指评价过程要遵照客观事实，实事求是，即按照学习过程的实际表现进行质量的分析和价值的判断。落实该原则，需要注意以下三个方面。第一，资料和数据的搜集，要客观、翔实，切忌主观臆断。第二，结果的处理，要以客观尺度或标准化工具予以评定，不能以偏概全。第三，结论的得出，必须基于所得的全部事实数据和材料，不能选择性地得出结论。第四，结论的得出，要客观公正，避免主观推论或演绎。

（二）系统性原则

学习活动是一个有序而整体的活动，因此对学习活动的评价也必须将其作为一个系统来整体考察，这就是学习评价的系统性原则。该原则的落实需要注意以下三个方面。第一，整体性。学习过程是教师与学生之间互动的过程，学习评价也是对学生学习和教师教学双方面的一个系统评价，两者相互影响相互促进，因此，学习评价必须是对教学双方的整体评价。第二，层次性。学习是螺旋式上升的过程，同时具有一定的层次性，因此学习评价也必须按一定层次进行。第三，统一性。评价是对数量分析做出价值判断的过程，所以，学习评价也必须实现质量分析和价值判断的统一，单纯的知识获得，不能成为学习评价的唯一方式。目前对学习评价方式和标准的改革就是为了避免评价的不统一性给学生发展带来的不利影响。

（三）可行性原则

可行性是指除理论问题以外的各种实际问题，包含诸如人力、物力、财力、时间等诸多因素。该原则可总结为两点。第一，符合实际，即评价内容可以反映被评价者的真实水平。第二，简便易行，即学习评价的实施与结果均是客观条件所允许的，并且可操作、易操作。

第二节　学习评价的类型与方法

一、学习评价的类型

根据学习评价在学习过程中发挥的作用不同，通常可以把学习评价分为三类：

准备性评价(又称诊断性评价)、形成性评价和总结性评价。

(一)准备性评价

准备性评价是开始于教学活动之前的评价,如小升初入学考试、高中的入学分班考试等,其目的在于了解学生对未来的教学活动的准备状态,也就是说,是否具有完成新的教学任务所必需的基本知识和基本技能,从而有效地安排教学。准备性评价属于掌握性评价,试题难度较低,考核内容是基础知识和基本技能,目的是为制订教学计划提供依据。该评价通常是在教师不了解学生知识和能力时,或者所预测的学习结果非常具体并有明显顺序的情况下使用。

(二)形成性评价

形成性评价是教学过程中的评价,如期中考试,通常在一个学期的中间开展,目的在于了解学生在教学过程中达到教学目标、要求的程度,探究教学中存在的问题和缺陷,以便及时调整教学,提高教学的自觉性和主动性。形成性评价一般要进行多次,是教学过程的一个有机组成部分。同准备性评价一样,它也属于掌握性评价,试题根据教学内容制定,可难可易,一般由任课教师根据教学进度和实际教学情况实施。不区分学生的优良程度,不重视对学生分等鉴定及学生成绩间比较。该评价是反馈—调节功能的实现途径。

(三)总结性评价

总结性评价一般在教学活动结束后进行,如期末考试,目的在于考查教学目标达到何种程度,判断是否需要修订教学目标,重新进行补救教学,同时检查教学活动的组织是否得当、教材的安排是否合理,并确定学生的成绩。其目的在于对整个教育活动所取得的较大成果做出更为全面的评价。总结性评价因涉及范围广,评价内容必须具有代表性,各种试题的比例应与整个课程各类学习结果所占比例相当。

上述三种评价,即准备性评价、形成性评价和总结性评价之间并没有不可逾越的鸿沟,相反,它们是互相联系的。某一单元的总结性评价可以作为下一单元的准备性评价,一个小的单元的总结性测试可以是大单元的形成性评价。三者的综合运用可以帮助教师更好地开展教学。形成性评价比总结性评价更频繁,学习新知识新技能的初步教学完成时,通常使用形成性评价,总结性评价着眼于测试较大范围内的教学内容的掌握情况,通常在形成性评价的基础上形成。

二、学习评价的方法

学习评价需要有明确的量化指标,这就需要相应的测验方法,下面我们就介绍几种常用的评价方法。

(一)标准化学业测验与教师自编测验

1. 标准化学业测验

标准化学业测验是标准化测验的一种,它是指已经经过标准化程序编制的教育心理测验。标准化测验的程序包括：①选取代表性的材料编制测验的项目；②选取有代表性的被试进行测试；③根据测试分数求出常模；④按照规定程度建立信效度；⑤明确实施步骤和计分方式等。作为标准化测验，应当已经具有常模、效度、信度、施测程序和计分方法等基本条件。

知识窗口

如何使学生在标准化测验中做出最佳表现？

1. 对测验的重要性和目的性进行解释。

2. 消除标准化测验的神秘感。

3. 提供良好的测验条件。

4. 监考人员的考前准备。

标准化学业测验是指由学科专家和测验编制专家共同按照上述标准化测验的编制要求专门为接受过某种教学或训练的人编制的测验，目的在于测验教学或训练后的实际工作表现。国外的托福考试、中国的汉语水平测试都是标准化学业测验的典型代表。

标准化测验的优点表现在于客观性、可比性和计划性等方面，具有良好的信效度；不足在于，使用条件严格，测验对象也需要符合标准化测试常模的要求范围，因此教学过程中容易出现教师为了迎合标准化测验的要求而忽略学生实际的教学，导致与评价目的背道而行。

相关链接

标准化测验中存在的问题

标准化测验优点众多，但仍然存在以下潜在缺陷。

测验偏见：因学生的性别、种族、社会经济地位和宗教信仰等不同，评估方法或评估过程的特点可能会冒犯学生或不公平地对待学生。

测试的文化背景：同一个测验对不同文化和社会背景的成员所得到的结果是有差异的。

高风险测验：把某次测验分数当作重大决策的唯一依据。

2. 教师自编测验

教师自编测验是指教师需要自行设计与编制考查学生学习进步情况的测验。教师自编测验的优点在于操作容易、施测方便，但仅用于本班或者本年级。需要注意的是，即使如此，教师自编问卷也需要遵循一定的原则：第一，教师要掌握学习目标，并熟悉各种形式试题的特点和性能；第二，测验要能测量明确规定的学习结果；第三，自编测验要能预测学习结果；第四，样本要具有代表性；第五，按预期结果选择试题的形式。

(二)常模参照测验与标准参照测验

1. 常模参照测验

常模参照测验旨在测量和测验学生在一定群体中的等级。通常是以学生团体的平均成绩作为参照标准，就某学生得分的高低来说明其在学生团体中的相对位置，将学生分类排队。该测验类型所测学生成绩是相对的，注重学生个体间的比较，适合于区分学生的成绩水准，用于选拔、编班、编组之用。对这种测验的编制要求是，区分度要高、难度适宜，学生得分范围广、差异大，充分显示个别差异。但是，该测试类型的弊端是重视排名、鼓励竞争，所以容易引起学生的紧张和焦虑情绪，因此测试之前切记对过度紧张的学生进行合理的心理疏导，避免紧张因素影响学业成绩。

2. 标准参照测验

标准参照测验旨在测量和测验学生是否有效地完成了教学目标。通常是参照规定的作业标准，核对学生的测验得分，评定是否达标及达标程度如何。该测验的特点是，学生成绩高低都是绝对的，而非同辈集体中的相对位置。该类型测验用学习的数量和程度表示，与预先的标准加以比较来确定学生的学习情况。测验不必关心题目的难度和区分度，但是试题必须正确地反应教学目标，也就是说，试题在数量和质量上要同测定的范围和内容一致。测试过程中，如果学生不能正确回答某些问题，就要检验这些题目是否体现了教学目标、教法是否得当等问题。标准参照测验主要用来考察学生的基础知识和技能的学习情况，用于诊断和个别指导。

(三)传统评价与真实性评价

1. 传统评价

教师举行的期中考试和期末考试，就是所谓的传统评价，主要用来测量学生学到了多少知识、掌握了哪些技能。传统评价通常采用单选、多选、填空、完成句子、配对及小论文等形式。传统评价并非最佳或者唯一的评价形式，但是最为常用，并且编制良好的评价可以提供有价值的信息，操作也简单且经济实用。

2. 真实性评价

真实性评价是当代知识观、学习观和质性研究方法在学习评价领域的最佳表现，是学习评价的最好发展趋势，下面就对真实性评价的内涵、特征、优势及注意问题等方面进行较为详细的介绍。

真实性评价，是指学生运用自己所学到的知识和所掌握的技能解决生活中或与现实情境相似的真实性任务，以便通过自己创造性的活动，展示和证明自己知识的获得、才能的体现和问题解决的策略。例如，现行的驾驶员考试的路考就是真实性评价的代表。

真实性评价由三个要素构成。第一，评价标准，告诉学生做什么和能做什么的描述，也就是教师对学生学习结果的预期。第二，评价任务，也叫真实性任务，即为了达到评价标准而需要完成的任务，因为学生只有通过完成任务才能展示知识水平和解决问题的能力。第三，评价量规，为了评价学生表现而设立的表现标准和评分等级，量规是对真实性评价的公平性和客观性的保障。综上所述，真实性评价实则是教育性评价、发展性评价和表现性评价的综合体。

所谓真实性评价，其真实性主要表现在如下六个方面：学习任务、评价信息、评价标准、评价环境、评价方式及评价内容。总之，学习评价整个过程中的每个环节都是基于真实的、现实的、客观的表现。

同传统评价相比，真实性评价有其独特的优势表现。第一，真实性评价是直接的测量方式，让学生以有意义的方式展现自己所学习的知识，避免出现"高分低能"这样的现象。第二，真实性评价较好地表达了建构主义的学习评价观，在真实性评价过程中，学生需要理解和运用原有的知识来完成现在的学习任务，促进了原有知识的应用，同时建构了新的知识系统。第三，真实性评价是对教学、学习、评价的整合，对此不必赘述。第四，真实性评价为学生提供了能力展示的多种途径和机会。学生可以根据自己的优势表现来展现对任务的完成程度，让评价方式变得丰富多样。真实性评价是多元化的评价，给了学生更多展现自我的方式，给了学生自我表现的机会，对教师来说，也可以更全面细致地了解学生的各个方面。

真实性评价的开展需要注意以下问题。第一，关于评价时间。评价需要计时，但是前提是提供充足的准备和演练时间，也就是说除非是自然的与速度有关的行为表现，否则真实性评价不会面对时钟进行。第二，真实性评价要尽可能地接近学生将来在校外现实生活中表现出来的行为。第三，评分的公正性。评分标准的制定一定要与最重要的技能相匹配，而非其他无关紧要的因素。第四，最佳的真实性评价能够加强并促使学生展现他们所掌握的知识和技能。第五，真实性评价要求学生对自己的行为结果有反馈，并对反馈信息做出反应，巩固良好的行为表现。

第三节　评价有效性的必要因素

学习评价是教学过程的重要环节之一，有效的学习评价对教学结果起着积极的促进作用，但是教学过程的监控及学生学习结果的评定都需要有量化的指标来进行评价，每个量化指标也要遵循一些标准和要求，本节就主要介绍学习评价的相关指标。

一、效　度

学习评价依据的是测量的结果，因此它是间接的，或者推论性的。一个评价的测量分数与它要测的特性或能力的关系越是间接，越是需要推断，效度就越是重要。

(一)效度的定义

效度是指评价工具能测量到其所要测量的事物达到的程度。效度是一个评价的首要因素，没有效度，即使具有其他任何优点都无法真正发挥评价功能。但是需要注意的是，评价的效度是相对的，任何一种评价只是对一定的目的来说是有效的。因此，表述时应明确说明某种评价对什么测量是有效的，而不能笼统概括。效度通常以系数来表示，系数高低只是代表程度的差别而非全或无的差别。

(二)效度的类型

效度有如下几种常见的类型，一个评价可以用一种或一种以上的效度来表示。

1. 内容效度

内容效度指评价的题目多大程度上代表了所要测量的结构概念的整个内容。提高内容效度的主要途径是从总体题库中抽取合适的题目样本，只有样本全面又具有代表性，才能根据测量结果对学生做出准确推断和评价。

2. 预测效度

预测效度指评价分数对于未来的行为或作业测量的预测能力。例如，用学习能力评价来预测学生的学习成绩。这种预测的准确性指标就是评价的效度。

3. 构想效度

构想效度指评价工具实际测量出所要测量的理论结构和特质的程度，换句话说，就是测验分数能够反映某个能力或特征的程度，它反映的是理论和实际之间的一致性。当我们试图了解学生的特征和能力，比如运用人格测验、智力测验时，通常要考虑测验的构想效度。

二、信 度

(一)信度的定义

信度是指一个评价测量其所要测量的品质前后一致性的程度。信度涉及的是评价的准确性、可靠性问题。被试多次进行某一评价，如果每次分数相近或相同，那么信度是高的。信度是评价的必要条件，但是，仅仅信度高对评价并没有重要意义。

(二)信度的类型

信度通常用信度系数表示，常用的信度系数有如下三类。

1. 等值性系数

要获得等值性分数，需要进行平行评价，平行评价与原评价内容、难度一样，但题目不同，因而等值。平行评价与原评价两者得分的相关性就是等值性系数，两次评价分数的一致性就是信度，因为采用的平行评价就像原评价的复本一样，因此，这种方式测量得出的信度也称为复本信度。在有些情况下，无法利用另一个等值的平行评价时，可将原评价一分为二，分别求出评价成绩及相关系数，称作分半信度，分半信度是复本信度的一个特例。

2. 稳定性系数

对所测品质先用一个评价测量，过一段时间后再用这个评价测量一次，计算测量与再测量得分之间的相关，即可得到稳定性系数，也称为重测信度。两次评价的间隔时间可长可短，间隔时间不同，可以得到不同数值的信度系数，间隔时间是影响稳定性系数的重要因素。

3. 普遍性系数

普遍性系数指对一个评价的测量有多大一致性的估计，评价是由测量同一品质或属性的异质的但又有关联的分评价组成的。异质性是指构成评价的各分评价是不一致的，每个评价只是测量所测的品质或属性的一个方面。当这些分评价的结果互相有关联的时候，平均的相关就可以作为普遍性系数。简言之，普遍性系数就是许多分评价的测量分数的平均相关系数。

他山之石 ✦

提高信度和效度的指导方针

1. 确保测验涵盖了所有学习内容。
2. 确保学生知道如何使用所有的测验材料。
3. 掌握测验实施的具体要求。
4. 保证测验过程中学生尽可能的舒服。
5. 记住没有哪一个测验分数是完美的。

三、项目的代表性、难度与区分度

(一)代表性

学习评价过程不可能对学生所学的全部知识开展，只能选取有代表性的一部分，因此必然涉及取样问题。所谓取样就是选择关于这些内容的一个样本作为估计该样本所属的总体的基础。取样必须符合两个条件：第一，样本必须具有代表性，即可以适当地代表总体；第二，取样的随机性，即在符合代表性和意义性的要求范围内，样本必须是随机抽取的。样本的代表性与随机性是避免评价偶然性的最好方法。标准化评价通常在这方面做得比较好，教师自编评价在这方面容易出现一些问题。

(二)难度与区分度

有些学习评价需要做到最大限度地区分个体的能力，这时候实现该目的就要考虑项目的难度和区分度。

1. 难　度

项目难度是指评价题目的难易程度，通常以答对或通过该项目的人数占应试总人数的百分比表示，即通过率。通过率越高，难度越小。难度的选择取决于评价的目的，通常难度在 0.5 左右的项目，其区分度是最大的。

2. 区分度

区分度又称辨别力，是指试题对所要测量的心理特征的识别程度，也就是项目的效度。项目效度越高，区分度越大，辨别力越强。项目区分度的选择要与评价目的密切相关。

第四节　学习评价的实施流程

前面三节内容对学习评价的相关内容进行了介绍，本节对学习评价的流程进行梳理，以便我们更清楚地了解整个评价过程。

一、确定评价目标

明确评价对象、确定评价目标是学习评价进行的第一步。这一步骤中，我们需要注意以下问题。

（一）评价的用途

进行评价时需要确定评价的功用。例如，是入学考试用于编排班级，还是阶段性地考查教学成效，或者是期末考试考查学生的学习状况。用途不同，取材范围、题目内容及难度、区分度均应有所区别。如果这些问题没有考虑好，将直接影响评价结果的可靠性。

（二）对学生情况的全面了解

要想更有针对性地评价，需要把握评价对象的基本状况，如年龄特点、来源、原有知识的掌握程度等。

（三）评价方式的选择

在评价时，还涉及评价方式的选择。一些科目通常会选择闭卷考试考查学生对知识的掌握情况，如数学考试；一些科目侧重于考查学生的观察、理解、综合、分析的能力，通常可以采用半开卷或者开卷考试的方式，如初中升学时包含政治、历史等科目的文科综合考试。

（四）评价内容的确定

教师还应当在掌握教学大纲、学生现有水平、教学进度等的基础上，明确具体的评价内容，如某单元或者某章节，甚至全书所学内容。

（五）评价目标分析及表述

在明确了评价内容之后，还需要进一步确定哪些教学内容考查记忆、哪些内容考查理解、哪些内容考查运用、哪些内容考查评价等。通常在一个评价中，这些考查目标需要兼顾，但是不同的内容往往目标不同。对评价目标的分析，可以根据布卢姆的学习水平分类来进行，而评价目标的描述则要满足将目标具体化和对学生评价的直接性两个要求。

知识窗口 ✿

布卢姆的六级认知目标

知识：对思想或事物的简单回忆。

领会：最低级的理解，如用自己的语言陈述一个概念。

运用：将抽象概念用于特定的、具体的情境中。

分析：把交流的信息分解成各种要素或组成部分，弄清楚它们之间的内在联系。

综合：把各要素组成一个整体，以构成一种新的形式或结构。

评价：依特定的目的对材料和方法做出判断。

六级目标又可以分为若干亚级，由此一系列的目标便可成为一个单元的测评指南。需要提醒的是，为了便于测量，应尽可能将各级目标具体化。

二、编写评价内容

评价内容的编写显得尤为重要，需要做好以下工作。

(一)资料收集

资料主要来源于两个方面。第一是教学大纲要求。教学大纲是学生学习和评价的最重要的参考依据，资料收集要求教师对教学大纲有深刻的认识和了解，熟悉该学科大纲对知识点的要求。第二是专家和名师的经验。专家、名师具有丰富的课程经验，他们对大纲的理解、所编样题和测验，可供编写评价内容时参考。

(二)命题原则

编写评价内容，通俗地说就是命题。命题需要注意以下原则。

首先，评价题目要符合测试目的。比如，试题要以大纲要求为出发点，避免偏题、怪题的出现。其次，题型多样性。保证丰富的题型种类，而且注意前后不要出现相互提示或者是重复的题目。最后，表达准确。试题试卷的编制是一项严肃的工作，要避免模棱两可、有歧义的语句，避免使用反问句、双重否定句等表达方式，力图做到简单、明白、准确。

(三)题型的确定

题目的编制要具有多样性，合理安排选择、判断、简答论述等题型。

其一，选择题。选择题是学习评价试卷中最常见的题型。根据需要可分为单选、多选、不定项选择等。选择题的编制要做到题干意义完整，选项字数相当，避免绝对性词语给学生作答带来的暗示性等。

其二,判断题。判断题计分方便,但是随意猜测也具有较高的准确率。判断题通常用于考查学生对基本概念和规律的掌握。

其三,简答论述题。这类题型除了考查学生的基本知识点,还着重考查学生运用、分析和综合的能力。这种题型对阅卷教师有较高的要求,阅卷者要对标准答案和评分标准有较高水平的理解。

三、编排评价内容

题目确定之后就可以组卷,组卷需要注意以下问题。

(一)测试题目的难度排序要合理

通常按照先易后难的原则排列题目。这样,一方面可以消除学生紧张的心理,

另一方面可以帮助学生熟悉考试流程。试卷最后安排少量难度高的题目,一方面可以了解该群体的最好水平,另一方面可以保证区分度。

(二)利用不同类型题目的特点合理编排题目

相同选项的题目尽量避免在一起,避免思维定势带来的不良后果。另外,答题纸要做到各类型在一起,简答论述题要留有足够的空间作答。

四、分析评价结果

评价必须遵照的前提就是客观与公正,要达到此目的,需要注意两个方面。

(一)确定评分标准

评分标准的确定及规范的记录是正确评价的基础。教师对试卷各种题型的答案或评分标准要进行充分的讨论,并写出评分细则,避免由于评分者自身因素导致的误差。对操作或者口试项目,必要时要进行录音录像,以便根据评分标准分项打分。

(二)结果的分析

为了避免一次评价带来的偏颇,对结果的分析还要结合学生实际学习过程中的具体表现。此外,对重要的学习评价,除了信效度资料之外,还要掌握其常模,以便做出对照分析。

本章小结

1. 学习评价是遵循教育规律，以教学目标为依据，运用科学的方法和措施，对学习活动的过程和结果进行质量分析和价值判断的过程。

2. 学习评价的进行要遵守客观性、系统性和可行性三个原则。

3. 学习评价按照不同的作用可以分为准备性评价（又称诊断性评价）、形成性评价和总结性评价；按照方法可以分别标准化学业测验与教师自编测验、常模参照测验与标准参照测验、传统评价与真实性评价。其中真实性评价是现代学习评价发展的新趋势。

4. 在学习评价过程要对项目的信度、效度、难度、区分度及可行性进行控制与考虑。

关键术语

学习评价、测量、测验、诊断性评价、总结性评价、形成性评价、客观性原则、系统性原则、可行性原则、信度、效度、难度、区分度、标准化测验、教师自编测验、常模参照测验、标准参照测验、传统评价、真实性评价

思考题

1. 什么是学习评价？评价与测量、测验的区别与联系是什么？
2. 学习评价过程中需要遵循哪些原则？为什么？
3. 简述常见的学习评价方式及适用范围。
4. 谈谈自己对真实评价的理解。真实性评价同传统评价相比有哪些优点？
5. 一个完整的学习评价有哪些步骤需要遵循？

拓展阅读

1. [美]阿妮塔·伍德沃克. 伍德沃克教育心理学（第11版）. 伍新春，改编. 北京：中国人民大学出版社，2013.

本书是教育学经典教材，其主要介绍了有关儿童发展、认知科学、学习、教育和测评等各方面研究中所蕴含的教育启示和应用。该书最大的特点就是实用性。通过引用大量的案例、课堂片段、个案研究和实践指南，甚至归纳了有经验的教师自己总结的教学法宝，来帮助解决日常的教学问题。

2. 郭熙汉，何穗，赵东方. 教学评价与测量. 武汉：武汉大学出版社，2008.

本书是关于教学评价的测量方法的著作，着重解释了教学评价的相关概念及关系、教学评价的基础理论及基本原理。值得推崇的一点是书内介绍了大量案例，具

有明显的借鉴意义。

3. 韦小满 . 特殊儿童心理评估 . 北京：华夏出版社，2006.

本书是关于特殊儿童的心理评估的著作，主要阐述了特殊儿童心理评估的对象和特殊儿童心理评估中的一些基本问题，分别介绍了智力、学业成就、言语和语言障碍、知觉、动作和知觉—动作、适应行为、情绪行为问题等最常用的评估工具和评估方法。其特点在于运用实例说明在特殊教育中如何将各种评估工具和评估方法进行综合的应用。

参考文献

1. 冯维 . 现代教育心理学 . 重庆：西南师范大学出版社，2005.

2. 冯忠良，伍新春，姚梅林，等 . 教育心理学 . 北京：人民教育出版社，2000.

3. 邵瑞珍 . 教育心理学 . 上海：上海教育出版社，1997.

4. 陈琦，刘儒德 . 当代教育心理学 . 北京：北京师范大学出版社，1997.

5. 乔建中 . 教育心理学 . 北京：人民卫生出版社，2013.

6. [美]Jeanne Ellis Ormond. 教育心理学 . 彭运石，彭舜，等，译 . 西安：陕西师范大学出版社，2005.

7. [美]Robert J. Sternberg，Wendy M. Williams. 教育心理学 . 张厚粲，译 . 北京：中国轻工业出版社，2003.

8. [美]Anita Woolfolk. 教育心理学（第十版）. 何先友，等，译 . 北京：中国轻工业出版社，2008.

第十二章 学习动机与教育

学习目标 ▶ -

1. 了解需要、兴趣、情绪等基本概念以及学习动机的类型。

2. 理解学习动机的各种理论，并能应用于实践。

3. 掌握学习动机的影响因素以及激发和培养学生学习动机的方法。

导入▶

一位学生在化学课的期中考试中考了59.5分，在自以为某题正确的情况下，他找到老师要求加上该题应得的分数。老师详细地解释了不能得分的原因，但当看到

想一想

这个案例中，老师是从哪方面激发了学生的学习动机呢？

该生失望沮丧的表情时，还是给他加了0.5分，并告诉他："这次借给你，下次考试时要还回来。"学生高兴地答应了。

期末考试中，这位学生化学考了65分，找到老师要求还上当初借的分数，老师笑着说："看到你进步，我很高兴，那0.5分就不用还了。"①

第一节 学习动机及其相关理论

人的任何活动都是由一定的动机激发并指向一定的目的，学习活动也不例外。学习动机对于学生的学习活动至关重要，因此，了解学习动机及其相关理论也非常必要。

一、学习动机及其相关概念

(一)动 机

人们从事各种各样的活动都需要一定的动力，这种动力在心理学界被称为动机。所谓动机，是指驱动人或动物产生各种行为的原因。② 它具有三种功能。第一，激活功能。动机是个体能动性的一个主要方面，它具有发动行为的作用，能推动个体产生某种活动，使个体由静止状态转向活动状

名人名言

动机是起动和指导行为的因素，以及决定行为的强度和持久性的东西。
——J. 休斯顿(J. Houston)
动机是构成人类大部分行为的基础。
——韦纳(Weiner)

态。比如，我们为了获得知识而学习，为了赢得更高的社会地位而努力工作。第二，指向功能。动机能将行为指向一定的对象或目标，引领人们从事某项具体的活动。比如，喜欢一个歌手，当他来到自己的城市开演唱会，歌迷们就很热衷于到现场去与偶像见面。第三，维持和调整功能。动机具有维持功能，它表现为行为的坚持性。当动机激发个体的某种活动后，这种活动能否坚持下去，同样要受动机的调节和支配。动机的维持作用是由个体的活动与他所预期目标的一致程度来决定的。当活动

---

① 傅道春.教育学——情境与原理.北京：教育科学出版社，1999：340.
② 皮连生.教育心理学(第四版).上海：上海教育出版社，2011：291.

指向个体所追求的目标时，这种活动就会在相应动机的推动下继续进行；相反，当活动背离了个体所追求的目标时，进行这种活动的积极性就会降低，或者完全停下来。人们在成功的机会很小时，也会坚持某种行为，此时人的长远信念起决定作用。

(二)学习动机

1. 学习动机

学习动机是指激励并维持学生朝向某一目的的学习行为的动力倾向。[①] 学习动机与学生的需要、兴趣、情绪等都密切相关。

2. 动机与学习效果的关系

美国心理学家耶克斯(Yerkes)和多德森(Dodson)认为，各种活动都存在一个最佳的动机水平，效率与动机水平的关系可以用倒 U 型曲线来表示，如图 12-1 所示。随着动机水平的提高，效率呈现一个先增加后减小的趋势，不同难度的任务存在一个不同的最佳动机水平，面对简单的任务，较高的动机水平效率更高，随着任务难度的增加，动机水平也应适当降低，才更有利于任务的完成，这便是著名的耶克斯—多德森定律。因此，教师在教学时，要根据学习任务的不同难度，恰当控制课堂氛围。在学习较容易、较简单的内容时，应尽量使学生集中注意力，保持紧张的状态；而在学习较复杂、较困难的内容时，则

> **考试要点**
>
> 中学教师资格证考试要点
> 河北省《教育知识与能力》大纲要求：
> 了解学习动机的功能，理解动机理论，掌握激发与培养中学生学习动机的方法。

> **考试要点**
>
> 教师资格证考试中学《教育知识与能力》真题(2014年上半年河北)
> 心理学研究表明，动机强度与问题解决效果的关系可以描绘成( )。
> A. 波浪线 B. 斜线
> C. U 型曲线 D. 倒 U 型曲线
> 答案：D

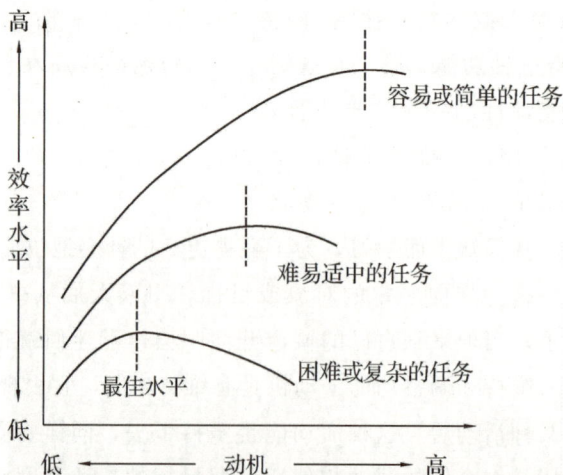

图 12-1 耶克斯—多德森定律示意图

① 陈琦，刘儒德. 当代教育心理学(第2版). 北京：北京师范大学出版社，2007：211.

应尽量创造轻松自由的课堂气氛；在学生遇到困难时，要尽量心平气和地引导，以免学生过度紧张和焦虑。

当然，学习动机对学习效果的作用还受到其他中介因素的影响，如学习任务的难易程度、学习方法、学习习惯、智力水平、身体健康状况等。

(三)需　要

需要是有机体内部的一种不平衡状态，它表现在有机体对内部环境或外部生活条件的一种稳定的要求，并成为有机体活动的源泉。[①] 需要是由个体对某种客观事物的要求引起的。这种要求可能来自有机体内部，也可能来自个体周围的环境。例如，人饿了要吃饭，这种需要是由机体的内部要求引起的；孩子为了获得老师的表扬而努力学习，这种需要是由外部要求引起的。当人们感受到这些要求，并引起个体某种内在的不平衡状态时，要求就转化为某种需要。

(四)兴　趣

每个人在做自己喜欢的事情时通常都会感到满足，因为感兴趣，所以愿意付出努力，这就是兴趣的力量。心理学把兴趣定义为个体对某人或某事物的选择性注意的倾向[②]。兴趣是由内外两个因素构成的：一是个体的内在需要，二是外界的人或事物具有满足个体内在需要的价值。

兴趣可以分为直接兴趣和间接兴趣两种。直接兴趣是由认识事物本身的需要所引起的，如对看电影、小说的兴趣；间接兴趣是由认识事物的目的和结果引起的，它和当前认识的客体只有间接的关系，如人在完成科学实验的过程中，可能对繁杂的数据处理没有兴趣，但对研究结果有兴趣，这种兴趣就是间接兴趣。间接兴趣在自觉组织的劳动中占重要地位，因此应该注意它的形成和培养。

(五)情　绪

情绪是动机的源泉之一，是动机系统的一个基本成分。它能激活人的活动，提高人的活动效率。适度的情绪兴奋，可以使身心处于活动的最佳状态，推动人们有效地完成任务。早在 20 世纪初，耶克斯和多德森就发现情绪唤醒水平过高或过低都不利于学习，当情绪处于中等唤醒水平时，学习效果最好。因为动机水平和焦虑水平都以被试的情绪唤醒水平为指标，而且当人在情绪唤醒时会出现心理和生理反应，包括脑电波模式、血压和心率与呼吸频率的变化，所以耶克斯—多德森定律有时也被视为反映动机水平或焦虑水平与学习成就之间关系的原理。

(六)学习动机与需要、兴趣、情绪的关系

学习动机与需要、兴趣、情绪有密切的关系。动机是在需要的基础上产生的，当某种需要没有得到满足时，就会推动人们去寻找满足需要的对象，从而产生活动的动机。在这种情况下，需要推动着人们去活动，并把活动引向某一目标，这时需

[①]　彭聃龄 . 普通心理学(第 4 版). 北京：北京师范大学出版社，2012：370.
[②]　皮连生 . 教育心理学(第四版). 上海：上海教育出版社，2011：294.

要就成为人们活动的动机。需要作为人的积极性的重要源泉，是激发人们进行各种活动的内部动力。

兴趣其实就是动机的一种，差别只是兴趣所激发的活动方向比较专注，对象比较具体而已。兴趣可以激发学生的内在动机，如果学生对学习感兴趣，他们就会被学习活动的过程或者结果所吸引，从而主动地参与学习活动。所以在教学过程中，我们要注意培养学生的学习兴趣，使之转化为长久的学习动机。

轻松愉悦的情绪状态有利于学习动机的培养，如果学习让人体验到积极的情绪，学习动机就会增强；相反，消极的情绪则不利于学习动机的养成。根据耶克斯—多德森定律，情绪唤醒水平过高或过低都不利于学习，只有情绪处于中等唤醒水平时，学习效果才最好。因此，教师在运用耶克斯—多德森定律调动学生积极性时应注意如下几点：第一，对于高焦虑的学生应尽量少给他们学习上的压力，而对于低焦虑的学生则要适当施加压力，使两者的唤醒趋向于中等水平，从而调动其学习积极性。第二，对于简单任务，如背外语单词、做算术口算题等，可以通过竞赛等方式提高学生的动机水平，从而提高学生的积极性与学习效果。第三，对于带有创造性的新学习或问题解决任务，不宜用开展竞赛等方式来施加压力，而应放宽时限，让学生在轻松的环境下学习，这样效果会更好。

二、学习动机的分类

学习动机可以促进学生学习，作为老师，了解不同种类的学习动机非常必要。学习动机从不同角度划分，可以分为不同的种类，在这里我们主要列举其中的几种，因为这些分类具有很强的可操作性，可以让老师在教学过程中从不同角度来激发学生的学习动机。

(一)内部动机和外部动机

根据学习动机的来源，学习动机可以分为内部动机和外部动机。

内部动机是指由人们对学习本身的兴趣所引起的动机。这种动机是学生在追求个人兴趣和能力的提高时所产生的一种寻求挑战并克服挑战的自然倾向，它会让学生获得或保持一种愉悦的内部状态。[①] 内部动机在活动之中得到满足，而不是在活动之外。如果学生的学习活动受到内部动机的推动，他们学习的主动性就会大大增强，人们在做自己感兴趣的事情时通常会感到愉悦，这种愉悦与学习活动构成了一种良性循环。

外部动机是由外部诱因所引起的动机。这种动机的满足不在学习活动本身，而在学习活动之外。例如，有些学生努力学习是为了获得老师和同学的表扬，而不是对学习本身感兴趣。当然内部动机和外部动机并不是绝对分离的，外在的任何要求

---

① 王振宏，李彩娜. 教育心理学. 北京：高等教育出版社，2011：278.

或压力等因素都必须转化为个体的内在需要，才能成为学习的动力。

(二)认知内驱力、自我提高内驱力和附属内驱力

奥苏伯尔把学校情境中的成就动机分为至少三方面的内驱力决定成分，即认知内驱力、自我提高内驱力和附属内驱力。[①]

认知内驱力是一种了解和理解的需要，要求掌握知识的需要，以及系统地阐述问题并解决问题的需要。这种内驱力一般是由好奇的倾向转变而来的。个体的一些好奇倾向，最初并没有特定的内容和方向，而是经过一系列的实践活动，才最终真正表现出来，从而有了特定的方向。因此，学生对于某学科的认知内驱力并不是天生的，而是在后天的学习活动中逐渐获得的，并且有赖于特定的学习经验。在有意义的学习中，认知内驱力可能是一种最重要并且最稳定的动机。具有这种动机的学生往往会因为对学习真正感兴趣而学习，这种学习动机指向学习活动本身，被称为内部动机。

自我提高内驱力是个体因自己的胜任能力或工作能力而赢得相应地位的需要。自我提高内驱力与认知内驱力不一样，它并不直接指向学习任务本身。自我提高内驱力把学习结果，也就是成就，看作赢得地位与自尊心的根源，它显然是一种外部动机。拥有这种学习动机的学生特别害怕失败，失败会使他们的地位与自尊心受到威胁，他们会为了自尊做出长期而艰苦的努力。

附属内驱力是成就动机的第三个组成部分，它指的是学生为了获得教师、家长和同伴的赞许或认可而表现出来的一种努力学习的需要，这种需要既不指向学习任务和学习目标，也不指向自我地位的提高，而是对教师、家长和同伴在感情上的依附，是一种归属与爱的需要。教师、家长对学生来说是某种权威，学生需要获得权威的尊重与认可，从而显示出自己在集体中的优越地位。除此之外，获得权威的认可还意味着他们与教师、家长保持着亲密的情感关系。为了保持这种关系，学生会有意识地使自己的行为符合教师、家长或同伴的要求和期望，以便获得并保持教师、家长、同伴的赞许和认可。这种动机也是一种外部动机。

在成就动机中表现出来的认知内驱力、自我提高内驱力和附属内驱力这三个组成部分的比例，通常会由年龄、性别、社会阶层的成员地位、种族起源以及人格结构等因素而定。

(三)远景性动机和近景性动机

根据动机起作用的时间长短划分，可以把学习动机分为远景性动机和近景性动机。远景性动机是指动机行为与长远目标相联系的一类动机。近景性动机是指动机行为与近期目标相联系的一类动机。例如，学生学习是为了期末考试取得好成绩或者是为了以后拥有一份体面的工作，前一种属于近景性动机，后一种则属于远景性

---

①　陈琦，刘儒德．当代教育心理学(第2版)．北京：北京师范大学出版社，2007：216.

动机。

上述的三种动机在学生的学习活动中都起着很重要的作用，除了上述提到三种分类，学习动机还有很多其他分类，如高尚动机与低级动机、直接动机与间接动机，这里就不再一一赘述。

三、学习动机理论

学习动机理论是解释人和其他有机体产生并维持学习活动原因的各种学说。这些学说有的是学习论的一个组成部分，暗含在学习理论中，有的是从广义的动机理论中引申而来。学习理论可以分为行为主义的、认知的和人本主义的，同样，动机理论也可以做相应的划分。

考试要点

教师资格证考试《教育知识与能力》真题（2013年下半年河北）

最近，王华为了通过下个月的出国考试而刻苦学习外语，这种学习动机是（　　）。

A. 外在远景动机

B. 内在远景动机

C. 外在近景动机

D. 内在近景动机

答案：C

解析：外部学习动机往往由外部诱因引起，是与外部奖励相联系的一类动机。王华为了出国而学习属于外部动机，下个月的出国考试是近期目标，属于近景动机，所以王华的这种动机属于外在近景动机。

(一)行为主义的动机观

行为主义心理学不仅用强化来解释学习的发生，也用强化来解释行为产生的原因。强化是指能够增强行为频率的刺激，如驯兽师要想训练海豚从水中跳起的高度，他们会在海豚跳出水面之后给海豚提供食物，这样循环往复，海豚跳出水面的高度就会慢慢增加，这里驯兽师提供食物的行为就是强化。行为主义心理学家认为，人的某种学习行为倾向完全取决于先前的这种学习行为与刺激因强化而建立起来的稳固联系，而不断强化则可以使这种联结得到加强和巩固。这种理论可以很好地应用于教师的教学实践当中，如学生取得了好成绩要及时表扬，这种表扬会激励学生更加努力从而取得更好的成绩，这样可以形成一个良性循环，学生的成绩就会不断提高。强化论可以解释婴儿和低年级儿童的许多学习行为的原因。例如，有些婴儿见到家里某个最亲近的人便又哭又闹，这种行为的原因可以用亲人本身的强化来解释。

(二)认知理论的动机观

现代认知理论认为，来自外界的信息经过编码、存储、提取和输出等加工过程，在头脑中形成了各种不同的观念。这些观念在刺激和行为中间起中介作用，它既能引起行为，又能改变行为，在这个意义上，认知具有动机功能。近年来，动机的认知理论逐渐受到重视。

考试要点

中学教师资格证考试要点：

历年考试中，动机理论是常考的客观题。

1. 动机的归因理论

20 世纪 60 年代，心理学家用因果关系推论的方法，从人们行为的结果寻求行为的内在动力因素，这称为归因。

海德指出，当人们在工作中体验到成功或失败时，会寻找成功或失败的原因。韦纳系统地提出了动机的归因理论，证明了成功和失败的因果归因是成就活动过程的中心要素。

韦纳提出，可以根据三个维度对成败的原因进行分类（见表 12-1）。①内外维度。据此可把导致成败的原因分为内部原因和外部原因。内部原因，即个人自身的原因，如能力、努力等；外部原因，即个人自身之外的原因，如任务难度、运气等。②稳定性维度。据此可以把内部和外部原因再分为稳定的原因和不稳定的原因，持久的努力、学习方法等属于稳定的原因，而运气、情绪等则属于不稳定的原因。③可控性维度。可再细分为个人自身能控制的原因和个人自身不能控制的原因。自身的努力是可控的，而任务难度、运气等则是不可控的。

表 12-1 韦纳的归因模型

	内部（原因）		外部（原因）	
	稳定的	不稳定的	稳定的	不稳定的
可控的	持久的努力	临时的努力	方法优劣	他人的帮助
不可控制的	能力	心境	任务难度	运气

韦纳认为，每一维度都对动机具有重要影响。如果把成功归因于内部、稳定、可控的因素，在取得成功之后便会产生自豪感，从而提高学习动机；相反，把成功归因于外部的、不稳定的、不可控的因素时，则会产生侥幸心理，不利于学习动机的提高。如果将失败归因于外部、不稳定、不可控的因素时也会产生侥幸心理，这时人们就不会努力改变现状；而将失败归因于内部、稳定、不可控的因素时，则会使人产生习得性无助感。

小贴士

习得性无助是指当个体感到无论做什么事都不会对自己的重要生活事件产生影响时所体验到的一种抑郁状态。一个总是失败并把失败归于内部的、稳定的和不可控的因素（能力低）的学生会形成一种习得性无助的自我感觉。

在教学实践中，学生常常会出现一些消极的归因模式，即将成功归因于运气，将失败归因于能力的缺乏，进而导致其羞愧、沮丧，从而缺乏趋向成功的倾向，这会降低学生对成功的期望，最终回避成就任务。因此，教师要善于引导学生进行积极的归因。引导学生将成功归因于自己的能力和努力，将失败归因于努力的缺乏，从而增强学生的成功期望，提高学生的自尊心，增加行为的坚持性，最终让学生获得成就。

2. 成就动机理论

早期的心理测量学家通过主题统觉测验发现，不同的人对成就的需要不同。麦克利兰（David C. McClelland，1917—1998）等人认为，人的许多行为能够用单一的需要，即成就需要来解释。

主题统觉测验的材料包括许多图片，测验时要求被试对图中描绘的人物或事件构思出一个故事。隐含在这类测验中的一个基本思想是，动机会影响一个人的想象，因此人的主导动机可以在他构思的故事内容中流露出来。麦克利兰还发现，具有高成就需要的个体（成就需要测试分高者），一般来说是一些有开创性的人，是能够察觉到自己周围的挑战并能成功应对挑战的人。

阿特金森对成就动机理论的许多方面都做了提炼。他的主要贡献是区分了这种动机中的两种不同倾向：一是力求成功的需要，二是避免失败的需要。每个人都有力求成功和避免失败的需要，但是人们在这两种特征的相对强度方面各不相同，根据需要的强度大致可以分为力求成功和避免失败这两种类型的人，也就是高成就动机者和低成就动机者。阿特金森认为，生活使人面临难度不同的任务，他们必然会

> **温馨提示** ♥
>
> 在教育教学中，对力求成功者，教师应通过给予他们更多新颖且有一定难度的任务、创设竞争的情境、严格评定分数等方式来激发其学习动机；而对于避免失败者，则应安排竞争较小的情境，如果取得成功则要及时表扬给予强化，评定分数时应尽量放宽，还应当避免当众指责或批评他们。

评估自己成功的可能性。力求成功的人通常倾向于选择成功概率在50％的任务，因为这种选择能给他们提供最大的现实挑战，他们更倾向于通过自己的能力克服困难，完成挑战。如果他们认为成功完全不可能，或胜券在握，动机水平反而会下降。相反，避免失败的需要强于力求成功愿望的人，面对成功可能性为50％的任务时，则会采取回避态度。他们更倾向于选择比较简单的任务，因为失败的可能性较小，或者选择非常困难的任务，即使任务失败，也不会对其自尊构成威胁。高成就动机者的成功期望、面对任务时的坚持性，在许多情况下都优于低成就动机者。

3. 自我价值理论

自我价值理论关注人们如何评估自身价值。自我价值理论认为人类将自我接受作为最优先的追求。这种保护和防御以建立一个正面自我形象的倾向就是自我价值动机。科温顿（Covington）认为自我价值的需要是所有个体都具有的一种基本需要，人天生具有自我价值保护的倾向。学生学习动机的一个重要来源就是对自我价值的维护。研究表明，大多数学生把自我价值感等同于取得成功的能力，他们把能力看作决定个人成败的主要因素，是体现自我价值最重要的方面。

通常，对于学习上的成功，学生更愿意把它解释为自己能力强，因为这有利于维护和提高自我价值感；对于学习上的失败，他们则喜欢把它归因于没有足够的努力，因为不努力不代表自己没能力，从而维护自我有价值的积极意向。在充满竞争的校园环境中，很多学生的学习动机就是为了提升和保护有关能力的自我概念。科温顿进一步指出，许多学生在学习中不愿意付出努力，其根本原因是为了维护自我价值。对学生来讲，"努力是一把双刃剑"：一方面，努力会得到老师的夸奖；另一方面，过高的努力仿佛又意味着能力不足。所以虽然老师对努力持肯定态度，但还是有很多学生不愿意付出努力，因为他们担心即使自己付出了很大的努力也不会成功，这很难让人接受。如果付出较少的努力而导致失败，这时不努力就可以成为失败的借口。

4. 自我决定理论

自我决定理论是由美国心理学家德西（Deci）和瑞安（Ryan）在 20 世纪 80 年代提出的动机过程理论。该理论建立在"人是积极的有机体，具有与生俱来的心理成长和发展的动力，使其努力掌控环境中的挑战，并将其整合到自己的自我概念中"这一基本假设上。人类有机体一直在争取自主性、自我决定感和归属感，也就是说，我们在与这个世界相互作用时，每个人都需要感到我们是有能力的、有选择的，我们应该对自己的生活拥有控制权，生活掌控在我们自己手里，我们应当是某个集体中的一员。

自我决定理论的核心是自主需要。人们在体验到成就或效能的同时，还应当感觉到行为是由自我决定的，而不是迫于压力被迫妥协的。因此，在教学活动中，应当鼓励学生自己安排和决定自己的学习，激发他们学习的自主性，这样才能让学生对学习感兴趣，促进他们内部动机的养成。相反，有些控制性的教学虽然可以提高一些死记硬背的任务的成绩，但是学生会感

名人名言

> 对生活环境进行控制的努力几乎渗透于人一生中的所有行为之中，人越能够对生活中的有关事件施加影响，就越能够将自己按照自己喜爱的那样进行塑造。相反，不能对事件施加影响会对生活造成不利的影响，它将滋生忧惧、冷漠和绝望。
> ——班杜拉

到他们是在被迫完成任务，他们在心理上是抗拒的，这不利于培养他们的内部动机，还可能使学生对老师产生反感情绪。因此，在教学中，老师应当努力把学生的外部动机转化为内部动机，将学习与学生的需要结合在一起，让学生把学习作为自己的人生目标，这可以通过自主支持、能力支持、关系支持加以实现。

5. 自我效能感理论

自我效能感是指人们对自己能否成功地进行某一成就行为的主观判断，这一概念是由班杜拉最先提出的。班杜拉认为，自我效能感是影响学习的一个关键因素，当人确信自己有能力进行某一活动时，他就会产生高度的"自我效能感"，高自我效

能感的学生内部动机很强，低自我效能感的学生内部动机较弱，因此我们可以通过增强学生的自我效能感来间接培养其学习动机。

班杜拉指出，个体对自我效能的认识主要来源于三方面的信息。一是亲身获得的成就。亲身获得的成就是通过自己的努力获得了成功，这是个体对自己能力认识的最重要的信息来源。多次的成功会使自我效能感提高，如果总是失败，势必会降低自我效能感。二是替代性经验。很多时候，我们的经验并不是直接获得的，而是通过观察别人的行为间接获得的。我们不可能在做决定之前把所有的可能都经历一遍，那样效率太低了。我们需要快速地做出决定，这就要参照别人的经验。一般情况下，那些具有与自己类似能力或稍高能力的人，为个体衡量自身效能提供了最丰富的信息。如果与自己能力差不多的人取得成功，我们会认为自己同样有能力取得成功。三是权威劝说。个体对自己能力的评估还会受到他人的影响，特别是他们心中的权威人物。他们对权威人物越是信任，自我效能感就越有可能受到言语说服的改变。根据自我效能信息的来源，我们可以相应地采用一些方法来增强学生的自我效能感。比如增加学生学习成功的机会，为学生树立合适的榜样，适时地进行言语说服等。

6. 成就目标理论

20世纪80年代初，德维克（Dweck）提出了较为完善的成就目标理论。

德维克认为，人们对能力持有不同的内隐观念。一种是能力实体观。持这种观点的人认为能力是一种稳定的、不可改变的特质。根据这一观点，有些人会比另一些人更加聪明，但是每个人的能力的量都是固定的。另一种是能力增长观。持这种观点的人认为能力是不稳定的，是可以控制的，是可以随着知识的学习、技能的培养而加强的。

> **想一想**
>
> 不同学派的动机理论有何异同？

持能力实体观的学生倾向于建立成绩目标，他们会选择合适的工作。比如，不需花费太多精力而且成功可能性很大的工作，这样他们就能向别人证明自己的能力。因为拼命工作换取的成功并不足以说明自己天资聪颖，如果加倍努力依然没有成功，那结果就更糟糕了，对自信心的打击太大了。具有成绩目标的学生更关心的是能否向其他人证明自己的能力，而对于学习本身并不关心，他们更在乎通过学习而获得的结果。那些有学习困难的孩子更容易形成能力实体观。

相反，持能力增长观的学生，他们更多地设置掌握目标，他们最终的目标是提高自己的能力。他们并不认为失败是一件可怕的事情，失败了还可以重整旗鼓，继续努力，失败是成功之母。他们并不会因为一次的失败而对自己的能力产生怀疑，而是会从失败中总结经验教训，这样不知不觉能力就得到了提高。持掌握目标的学生，其学习是为了个人的成长，他们更关心自己能力的提高和技能的获得，至于别人怎么想并不在他们的考虑范围之内。这类学习者会更多地寻求帮助，使用较高水平的认知策略，运用更高效的学习方法。

（三）人本主义的动机观

人本主义心理学家马斯洛认为，学生生来就具有自我成长的潜力，教师的任务不只是教学生知识，更重要的是为学生设置良好的学习环境，包括良好的心理环境、无条件积极关注、让学生自行学习并发展其潜力。马斯洛对人的需要做了一个全面分析，提出了需要层次理论。

马斯洛认为，人有七种基本需要，分别是：生理需要、安全需要、归属与爱的需要、自尊与尊重的需要、求知与理解的需要（认知的需要）、审美的需要和自我实现的需要。这些需要从低级到高级排成一个层级，如图 12-2 所示。

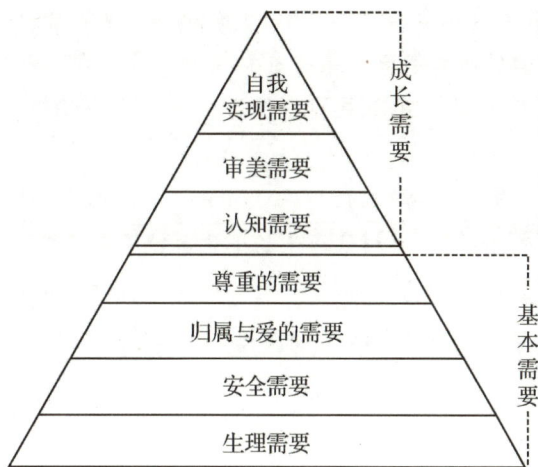

图 12-2 马斯洛需要层次理论

他将前四种需要定义为缺失需要，也就是人的基本需要，这些需要使我们能生存下来，但必须得到一定程度的满足。如果缺失需要得到了满足，就会产生更高层次的需要，也就是上述提到的后三种需要，通常被称为成长需要。这些需要不是我们生存所必需的，但是对于社会生活来说却具有非常重要的意义。缺失需要让我们生存下来，成长需要让我们活得更加精彩。比如，一个饥肠辘辘的人显然要先满足生理需要，才能产生更高层次的需要，如交个朋友之类的，以此来满足他的精神需要。

马斯洛认为，只有低级需要基本满足以后，才会出现更高一级的需要。人的各层次需要都与学习有一定的关系。生理需要和安全需要虽然并不直接推动学习，但它们保证学生能够安心地在学校学习，很难想象如果学生的温饱得不到满足，他们怎么能安心学习。归属与爱的需要对于学生来说也非常重要，这是他们的情感支持。尊重的需要是推动学生学习的重要动力，学生通过努力学习来获得他人的尊重，从而产生自信，感受到自己的能力和价值。所以在学校教育中，在满足学生缺失需要的前提下，应注重培养学生的成长需要，如对于审美的追求、自我实现等，提高学生的综合素质。

综上所述，不同的动机理论对影响动机的因素有不同的认识，行为主义理论注重表扬、奖励等对学生学习行为的强化，认知学派更强调学生自身对行为的控制和支配，人本主义的理论侧重发展学生的潜能。了解了这些理论之后，我们需要把理论应用于实践，在实际的教学活动中综合运用不同的方法激发和培养学生的学习动机。

相关链接

马斯洛（Abraham Harold Maslow，1908—1970），美国社会心理学家，人格理论家，人本主义心理学的主要发起者。马斯洛对人的动机持整体的看法，他的动机理论被称为"需要层次论"。1933 年，他在威斯康星大学获博士学位，第二次世界大战后转到布兰代斯大学任心理学系教授兼主任，开始对健康人格和自我实现者的心理特征进行研究。曾任美国人格与社会心理学会主席和美国心理学会主席。

马斯洛的著名论文《人类动机论》（A Theory of Human Motivation）最早发表于 1943 年的《心理学评论》。他相信，生物进化所赋予人的本性基本上是好的。越是成熟的人越富有创作的能力，邪恶和神经症是环境造成的。他著有《动机和人格》（1954）、《存在心理学探索》（1962）、《科学心理学》（1967）、《人性能达到的境界》（1970）等。

他山之石

在学校中，学生缺乏学习动机在某种程度上与那些缺失需要（特别是爱和自尊的需要）未得到充分满足有很大关系。如果学生感到没有被人爱，或认为自己无能，他们就不可能有强烈的动机去实现较高的目标。那些无法确定自己是否惹人（特别是教师）喜爱或不知道自己能力高低的学生，往往会做出较为"安全"的选择，即为测验而学习，而不是对学习本身感兴趣。

第二节 学习动机的激发与培养

学生的学习动机不仅直接影响其学业成绩，还影响学生的学习态度、努力程度、对任务的坚持性等。上一节阐述了学习动机的基本概念、理论等，这一节重点介绍激发和培养学生学习动机的方法。

一、激发与维持学生学习动机的两个模型

在教育心理学领域，大量的研究探讨了自尊、自我效能、信念、情感、自我概念等因素对学生学习的重要影响。其实这些因素都不是单独起作用的，在学校教学中它们同时在起作用。接下来要介绍的这两个模型就融合了以上各因素的作用。

(一)ARCS 模型

ARCS 模型是由美国佛罗里达州立大学的凯勒(J. Keller)教授提出的一个动机模型，该模型重点关注如何通过教学设计来激发学生的学习动机。ARCS 模型中，A代表注意，R 代表关联，C 代表信心，S 代表满足。在凯勒看来，上述四个方面代表了四类主要的动机策略，教学设计要围绕这四个方面进行(见表 12-2)。

1. 注 意

首先要让学生把注意力集中到课堂上，对于低年级学生，可以通过卡通片、彩色图片、故事等激发学生的兴趣；对于高年级学生，可以提出能引起他们思索的问题，激发其求知欲。

2. 关 联

关联是指教学要与学生的知识背景、个人需求和生活经验联系起来。因为学生更关心与自己相关的事情，所以教学要与学生的实际相结合。

表 12-2 ARCS 动机作用模型

	种类和亚类	处理的问题
注意	A1 感知的唤起 A2 好奇的唤起 A3 变化	我怎么做才能引起他们的兴趣？ 我怎样才能激起他们求知的态度？ 我怎样才能保持他们的注意？
关联	R1 目标定向 R2 动机匹配 R3 熟悉	我怎样才能更好地满足学生的需要(我知道他们的需要吗)？ 我怎样、何时向我的学生提供合适的选择、责任感和影响？ 我怎样才能将教学与学生的经验联系在一起？
信心	C1 学习需要 C2 成功的机遇 C3 个人的控制	我怎样才能帮助学生建立积极期望成功的态度？ 学习经历将怎样支持或提高学生对自己的胜任能力的信念？ 学生将怎样清楚地明白他们的成功是建立在努力和能力基础之上的？
满足	S1 自然的结果 S2 积极的结果 S3 公平	我怎样才能给学生提供应用他们新获得的知识或技能的有意义的机会？ 什么东西将对学生的成功提供强化？ 我怎样才能帮助学生对他们自身的成就保持积极的感受？

3. 信 心

为了建立自信心，教学应多给学生提供获得成功的机会。课堂提问要照顾到大多数同学。课堂问题的设置也要有难有易，这就需要教师把不同难度的问题交给不同程度的学生回答，并及时表扬，使大多数人都参与到课堂中来。

4. 满　足

要让学生在每节课中都有所收获，不要让学生感觉上课是没用的，至少让他们在上课中有所参与，不要让学生远离课堂，鼓励学生多与自己作比较，多关注自己的进步。

(二)TARGET 模型

1990 年，在艾伯斯坦(Epstein)提出的影响学习动机系统的六种家庭结构的基础上，埃姆斯(Louise Bates Ames，1908—1996)提出了教师可以控制的影响学生动机的六种因素：任务设计、权利分配、肯定方式、小组安排、评估活动和时间分配，简称 TARGET。该模型更关注学生的成长过程而不单是学习的结果(如考试成绩、排名)，更关注学习的过程而不是能力的角逐。这六种因素的含义分别如下。

1. 任务设计

任务设计包括学习活动、习作及家庭作业的设计。老师安排的任务会影响动机，任务设计的目的在于提高学生参与学习活动的兴趣、投入程度及参与质量。任务可能包含获得、内在和利用三方面的价值：获得价值指学生获得成功的重要性，内在价值指学生从任务本身获得的乐趣，利用价值取决于任务对达到短期或长期目标的贡献有多大。

2. 权利分配

在传统的教学模式中，教师是课堂学习的主导，控制着学习的内容和进程。在这种情况下，学生的学习是被动的，缺乏个人控制感，学习的积极性和自主性较低。TARGET 模型认为，如果在课堂上给予学生更多的自主性，多给学生提供一些自主选择的机会，让学生多参与决策，他们有了自主性，就会积极主动地学习。

3. 肯定方式

这是指教师以正规或非正规的方式运用奖励、诱因及赞扬引导学生的行为。认可的方式、原因对引导学生学习兴趣、自我价值观及满足感都有非常重要的影响。传统的教学模式更加注重对于优秀学生的奖励，对于那些成绩平平或成绩较差的同学取得的进步有所忽视。长此以往，后一类学生会丧失存在感，认为自己的努力没用，并没有人在意自己取得的进步，最终导致放弃。

4. 小组安排

学生在教室里与同伴的关系怎样，受到活动目标结构的影响。目标结构可以是竞争性的、个人化的或合作性的。当然，合作性的目标结构能激发动机并促进学习，尤其对低成绩的学生而言。在课堂中，可以设置一些小组讨论环节，让学生合作学习，互相交流学习心得。

5. 评估活动

评估活动包括标准、程度、方式、频率、内容和评估与改善学习的关系，它对学习动机的影响最为显著，但只强调对学生外在表现的评估势必会降低学生的学习动机。

6. 时间分配

在传统的教学活动中，所有学生的学习内容、学习进度、作业量和完成期限都是相同的。对于优秀的学生来说，很多作业没必要再做，因为他们已经掌握，而对于基础薄弱的同学，完成难题有很大困难。因此，TARGET 模型主张教师根据学生能

力、学习速度确定教学进度和作业量，从而提高学生的自我决定感和学习积极性。

事实上，上述提到这两个模型非常相似，它们都把学生的学习动机问题贯穿教学的全过程，同时也都强调处理学习动机的问题涉及的范围很广，不仅包括学生的特点，还包括老师自身的素质及其教学过程的设计。不同之处在于，第二个模型增加了分组和时间安排这两个项目。根据学习动机理论和这两个模型，我们提出了相应的激发与培养学生学习动机的方法。

二、激发与培养学生学习动机的措施

为什么有些学生即使遇到困难或挑战也能够坚持努力学习，而有些学生虽然具有相应的学习能力却不努力学习？教师应当如何有效地激发学生的学习动机呢？要成为优秀的教师，必须理解和掌握一系列调动学生学习积极性的方法，列举如下。

(一)激发内部动机的措施

1. 培养学生的学习兴趣和求知欲

研究发现，具备新奇、变化、夸张、复杂、含糊不清这些特性的信息会作为诱因唤起人们的认知好奇心。这些信息与学生认知结构中已有经验不一致，从而引起认知上的矛盾，导致心理不和谐的状态出现，使人产生疑问、迷惑、混乱，促使人们产生对信息的探索行为。"创设问题情境"是引起认知矛盾的常用方法，通过"设疑"使学习者对要学习的内容产生疑问，出现心理的不和谐状态，于是就会产生探究的驱动力。这里问题情境的设置要符合学生的实际生活，贴近学生。

在难度的设置上要注意难度适中、具有挑战性的课业最能帮助学生感受到成功的喜悦，激发其内在的学习兴趣。学生的成就感源于对自己能力的感觉和判断，容易的任务不足以证明学生的能力，而难度过大的任务又会打击他们的积极性。

2. 培养学生对成就的需要和成就感

据马斯洛的需要层次论，实现自我价值和力求成功是每一个人都具有的高级需要，但必须以生理需要、安全需要等较低层次需要的满足为前提。培养学生对成就的需要和成就感主要是针对那些学习成绩不好、被人看不起、有些自暴自弃的学生。他们有些低级需要甚至都得不到满足，因此无法产生更高级的需要，对于这类学生，教师(包括家人和同伴)应改变对他们的不良态度，给予他们更多的关爱和尊重。学

习成绩差并不代表所有方面都差，有些同学可能有很棒的才艺，有些同学可能人际交往能力很强，老师应注意发现学生的闪光点，并及时表扬，增强学生的自信心。

3. 正确归因

学生在每次考试之后，总会为考试结果寻找一些原因，如"这次成绩好是因为我能力强"，"这次成绩差是因为试题太难"等。对考试结果的归因往往会影响学生的学习动机，从而左右学生日后的学习行为。良好的归因模式有助于激发学生的学习动机，形成对下次成功的高期待；不良的归因模式不仅不利于学习动机的激发，相反还会因为学生总把失败归因于自己的能力差，而产生习得性无助现象，即认为无论自己怎样努力也不可能取得成功，于是便采取逃避努力、放弃学习的无助行为，从此一蹶不振。因此，教师应引导学生客观归因，尽量将学习上的成功归因于自己的能力和努力，而将学习上的失败归因于内部的不稳定因素，即努力不够，只有这样，成功者才不会沾沾自喜，失败者也不会自暴自弃，他们都会通过努力来使自己取得进步。

(二)激发外部动机的措施

1. 对学习结果及时反馈

学习结果的及时反馈(包括作业的正误、成绩的好坏以及应用所学知识的成效)能有效激发学生的学习动机和学习积极性。通过结果反馈，学生既可以看到自己的进步，激起进一步学好的愿望，也可以了解自己的不足，树立克服缺点的信心，从而提高学生学习的积极性。关于反馈学习结果的激励作用，国外已有不少实验加以证明。反馈在学习上的效果非常显著，尽量在每天都能对学生学习的结果有所反馈，让他们看到自己的进步。如果没有反馈，学生不知道自己掌握知识的情况，不知道从哪个方向努力，这会降低他们的学习动机。

2. 恰当进行奖励与惩罚

奖励与惩罚对动机具有极大的激励作用。尽管在一定的情形中，适度的批评和惩罚对促进学习是有效的，但一般来说，表扬、鼓励、奖励要比批评、指责、惩罚更能有效地激发学习动机。教师对学生的进步进行肯定、表扬和鼓励，使学生体验到成功，提高其自我效能感。要注意的是，只奖励少数学生的课堂是不能激发大多数学生的学习动机的，尤其是低成就和力求避免失败的学生，老师应当公正无私，对所有同学取得的成绩和进步都进行表扬。除了要有普遍性之外，还要有针对性，表扬和批评要符合实际情况，不应夸大学生取得的成绩，应当让学生感到自己确实付出了相应的努力，老师的表扬应有理有据，任何过火与不及都有损动机作用。

3. 设置合作型目标结构

有关课堂环境对学习动机影响的系统研究始于多伊奇(M. Deutsch，1920—　)提出的目标结构理论，它是在勒温(Kurt Lewin，1890—1947)群体动力学理论的基础上提出的。多伊奇认为，由于团体中对个人达到目标的奖励方式不同，在达到目标的过程中，个体之间相互作用的方式也不同。研究表明，个体相互作用的方式主要有相互对抗、相互促进和相互独立三种形式，与此相对应，也存在着三种现实的课堂目标结构：竞争型、合作型和个体化型。在竞争型目标结构中，团体成员之间的目标具有对抗性，只有其他人达不到目标时，某一个体才有可能达到目标，从而取得成功；如果其他人成功了，则降低了某一个体成功的可能性。在这种情境中，个体重视取胜，成功有时更甚于公平、诚实，因此同伴之间的关系是对抗、消极的。在合作型目标结构中，团体成员之间有共同的目标，只有所有成员都达到目标时，某一个体才有可能达到目标；如果团体中某一个人达不到目标，则其他人也达不到目标。在这种情境中，个体会以一种既有利于自己成功也有利于同伴成功的方式活动，因此同伴之间的关系是促进、积极的。在个体化目标结构中，个体是否成功与团体中其他成员是否达到目标无关，个体注重的是自己对学习的完成情况和自身的进步幅度。在这种情境中，个体寻求对自己有益的结果，而并不在意其他个体是否取得成功，因此同伴之间的关系是相互独立、互不干涉的。

三种课堂结构都能在不同的方面激发学生的学习动机。但是大量研究表明，合作型目标结构能最大限度地调动学生学习的积极性，更有利于激励学生的学习动机和改善同伴关系。要使合作学习有效，必须将小组奖励与个人责任相结合，也就是说，当合作小组达到规定的目标时，给予小组奖励，这样才能使小组所有成员都必须对小组的成功做出贡献。当每一名小组成员对小组的成绩都负有责任时，所有成员才会积极地参与到小组活动中，这样才能使所有成员都有取得进步的机会。否则，极有可能产生责任扩散和"搭便车"现象。

很多学者研究发现，动机不具有跨文化普遍性，中国学生的学习动机具有独特性。小学生的学习动机中，外部动机始终占据主导地位，内部学习动机还处在不断发展的过程中。这提示教师在激发与培养小学生学习动机时，应该充分考虑其发展变化的规律。一方面由于小学生的学习动机以外部动机为主，因此在教育过程中应大量采用合理奖励、及时反馈、定期考察、适度竞争等教育方式激发其学习动机；另一方面，要有意识地引导学生，培养学生的求知欲和学习兴趣，增强学生的自我效能感，促使其学习动机从外部动机向内部动机转化，调动学生学习的积极性。[①]

当然以上激发与培养学生学习动机的方法只是一部分，在实际的教学活动中，老师应根据学校和学生自身的特点，采用恰当的方法，当然也可以在自己的教学实践中总结一些有效的办法。总之，学习动机的激发和培养不是一天两天就能完成的，还需要教师坚持不懈，不放弃任何一个学生。

---

① 林崇德. 发展心理学(第二版). 北京：人民教育出版社，2009：257.

本章小结

1. 学习动机是推动学生学习的内在动力。它同原有知识一起，构成了影响学生学习的两个重要的一般因素。

2. 心理学家对推动人行动的原因提出了多种理论。行为主义强调，需要剥夺所产生的内部刺激以及外部强化是推动个体行动的原因；认知心理学的动机理论以归因论为代表，强调用个人对自己行为成败原因的认知来解释人的行为动机；人本主义心理学家马斯洛把需要等同于动机，认为人有由低级到高级七种需要构成的动机。

3. 激发与维持学生学习动机的 ARCS 模型和 TARGET 模型表明，激发与维持学生学习动机不只是存在于教学开始阶段，而是贯穿教学的全过程。

4. 在激发与维持学生的学习动机的前提条件满足以后，教师可以采用激发学生内在动机的策略激发与维持内部动机，也可以采用激发学生外部动机的策略激发与维持学生的外部动机。随着学生年龄增长，教学中应逐步以激发内部动机为主，以激发外部动机为辅的动机激发策略。

关键术语

学习动机、需要、兴趣、诱因、期待、外部动机、内部动机、认知内驱力、自我提高内驱力、附属内驱力、需要层次论、成就需要、自我效能感、归因、能力实体观、能力增长观、自我价值、自我决定、合作型目标结构、竞争型目标结构、个人化目标结构、习得性无助

思考题

1. 什么是学习动机？学习动机的基本结构是什么？

2. 如何利用学习动机和学习效果的相互制约关系，培养学生面对不同难度任务时的动机水平？

3. 成就动机理论主要有哪些内容？根据该理论应当如何来激发学生的学习动机？

4. 什么是归因理论？常见的归因维度有哪些？如何指导学生对学习结果进行正确归因？

5. 自我决定理论和自我效能感理论对学习动机的激发和培养有何启发作用？

拓展阅读

1.［美］J. 布罗菲. 激发学习动机. 陆怡如，译. 上海：华东师范大学出版社，2005.

该书的写作目的在于将动机研究的成果整合成教师在课堂上可用的方法与策略，涉及内容如下：①什么样的课堂气氛最有利于调动学生的学习动机？②如何才能最有效地激发并维持学生的学习信心？③对于那些在学习上受过挫折的学生，如何重建他们的学习意愿？④奖赏、表扬等强化方式应该提供吗？如何提供才最有效？⑤如何激发学生的内部动机？⑥如果学生对学习毫无兴趣，老师应该怎么办？

2.［美］Herbart L. Petri，John M. Govern. 动机心理学（第五版）. 郭本禹，等，译. 西安：陕西师范大学出版社，2005.

本书作者站在公允的立场上选用各家理论观点和研究成果，而没有偏向一家之言。本书包括了对人类动机的生物、行为（习得）和认知的解释，并分析了这些解释的优点和缺点，以便让学生得出自己的结论。

3.［美］亚伯拉罕·哈罗德马斯洛. 动机与人格. 马良诚，等，译. 西安：陕西师范大学出版社，2010.

该书认为追求自我实现是人的最高动机，健全社会的职能在于促进普遍的自我实现。健康的心理之所以与不健康的心理有巨大的差别，就在于健康的心理是以善良、诚实、正义、坦率、公正、合理等思想为基础，而把烦恼、焦虑、恐惧等负面思想排斥出去。

参考文献

1. 彭聃龄. 普通心理学（第4版）. 北京：北京师范大学出版社，2012.

2. 冯忠良，吴新春，姚梅林，等. 教育心理学. 北京：人民教育出版社，2010.

3. 陈琦，刘儒德. 当代教育心理学（第2版）. 北京：北京师范大学出版社，2007.

4. 皮连生. 教育心理学（第四版）. 上海：上海教育出版社，2011.

5. 林崇德. 发展心理学（第二版）. 北京：人民教育出版社，2009.

第十三章 学生差异与教育

学习目标 ▶ ┈┈┈┈┈┈┈┈┈┈┈┈┈┈┈┈┈┈┈┈┈┈┈┈┈┈┈┈┈┈┈┈┈┈┈┈┈┈┈

1. 理解学生智力存在差异的原因及对策。

2. 识记认知风格的概念及分类。

3. 识记气质、性格、能力的概念，理解气质的类型特点、性格的特征、能力的分类。

4. 举例说明学生的个性差异与教育。

5. 理解什么是性别偏向，掌握性别偏向在课堂中的表现及对策。

6. 探究性别差异对教学的启示。

导入 ▶

　　小张是刚刚工作的老师，她的班上有一群可爱的学生，他们有的乖巧可爱，有的活泼聪明，有的安静懂事，他们都喜欢跟小张在一起说说笑笑，小张也十分喜欢他们。但是，最近小张却为这群可爱的学生伤透了脑筋，因为，她注意到每次考试考得好的都是同样的几个学生，而总是有那么几个学生，上课的时候也同样跟大家一起认真地听讲，可是连续几次考试，他们都垫底。不论小张怎么努力，他们好像就是学不会，刚刚教给他们的，转身就忘了，就好像有人把他们的记忆偷走了一样，他们每次都会犯同样的错误。还有一个学生，学习成绩倒不像那几个学生一样让小张头疼，但是每次课上到一半时间的时候，他就开始坐不住了，在座位上左顾右盼，跟周围的同学小声地说话，小张已经严厉地指出了他的问题，但是效果并不明显。他的这种情况不仅干扰了小张上课的思路和进度，还让她的信心备受打击。小张不明白，为什么同一个班级里的学生差异会这么大？

　　其实，个体之间的差异表现是多种多样的，背后的原因也是各不相同的。作为教师，弄清学生之间的差异及其原因是教学工作顺利开展的保证，也是因材施教的基础。那么，学生之间的差异主要表现在哪些方面呢？教师针对这些差异又该如何教育与教学呢？本章就来探讨学习者的差异及其教学的相关知识。

第一节　认知差异与教学

　　学生学习的过程，从接受新的事物、理念、知识开始，到理解、领会、掌握并能熟练运用就是一个认知过程。在此过程中，不同学生所表现出来的差异就是认知差异，认知差异主要体现在智力上的差异和认知风格之间的差异。这些差异使得学生在学习过程中表现出不同的特点，并对其学习效果产生影响。因此，作为教师了解学生的认知差异是十分必要的。

一、学生智力差异

(一)什么是智力

　　智力(intelligence)是指个体认识、理解客观事物，并运用知识经验等解决问题的能力，包括观察力、注意力、记忆力、思维力和想象力。根据对智力的定义我们可以看出，智力主要体现在以下三个方面：第一，已经具备的能力；第二，个体已获得的知识；第三，把知识和经验成功运用到新情境中的能力。智力的高低通常用智力商数来表示，用来表示智力的发展水平。

(二)智力的结构理论

　　智力的概念一被提出，就引起了广泛关注，不同学者也提出了很多有关智力的结构理论。在此，我们对智力的结构理论的发展进行梳理，并介绍一些其中有代表性的理论。

1. 传统智力理论

（1）二因素理论

二因素理论是英国的心理学家斯皮尔曼（C. E. Spearman，1863—1945）提出的。该理论认为，智力是由两个因素构成的：一般因素（G因素）和特殊因素（S因素）。G因素是个体的基本的心理潜能，存在于所有的智慧行为中；S因素是指在完成特定的任务时所必需的特殊能力。人们完成任何一项活动都是由G因素和S因素共同决定的，都有两种因素的参与。两种活动中，所包含的G因素越多，其成绩相关度越高，反之，相关度越低。

（2）群因素理论

群因素理论是美国心理学家瑟斯顿（L. L. Thurstone，1887—1955）提出的。该理论认为智力是由许多彼此不同、相互并列的原始能力因素组成的。这些原始能力因素主要有以下七种：语词意义的理解、词的流畅、数字计算、推理、空间关系、知觉速度和记忆。

（3）流体智力与晶体智力理论

该理论是美国心理学家卡特尔（R. B. Cattell，1905—1998）调和了二因素和群因素理论的观点提出的。该理论从智力的一般因素G中分析出两个一般因素和三个次要因素。其中两个一般因素是流体智力（fluid intelligence）和晶体智力（crystallized intelligence）（见表13-1）。流体智力是指个体不依赖于知识文化背景的对新事物的学习能力，如注意力、知识整合能力、思维敏捷性等。晶体智力是指通过社会文化经验获得的能力，是个体所获得的知识与技能的结合，与文化知识、经验的积累有关，如知识的广度、判断力等。三个次要因素是指视觉能力、记忆提取和执行速度。

表 13-1　流体智力和晶体智力

	流体智力	晶体智力
定义	生物潜能	获得知识与技能
获得	多来自遗传	多来自后天
发展	差异大，青春期定型	差异小，不断上升
衰退	随年龄衰退	上升至晚年
表现	接受能力	学识水平

（4）三维结构理论

智力的三维结构理论是吉尔福特（J. P. Guilford，1897—1987）提出的。该理论认为，智力可以分为三个维度，分别是内容、操作和产品。内容，是指所完成智力活动的内容，包括图形（具体事物的形象）、符号（由字母、数字和其他记号组成的事物)、语义(词、句的意义及概念)、行为(社会能力)4 个因素；操作是指智力活动的性质，即个体进行活动时的心理活动，包括认知、记忆、发散思维、聚合思维和评价 5 个因素；产品是指智力活动的产物，是通过上述智力操作得到的结果，可以分类处理，可以按单位计算，可以表现为关系、转换、系统和应用。这样，三个维度中的任意一项自由组合就可成为一种智力因素，所以智力可以分为 $4\times5\times6=120$ 种。1971 年，他把内容维度中的图形改为视觉和听觉，使其增为 5 项，智力组成因素变为 150 种。1983 年，他又将操作维度中记忆分为短时记忆和长时记忆，使其由 5 项变为 6 项，智力结构的组成因素便增加到 $5\times6\times6=180$ 种。吉尔福特认为每种因素都是独特的能力。例如，给被试呈现 20 张图片，每张呈现 5 秒钟，要求被试分类，在这项活动中，智力内容为视觉，操作是记忆，产品为类别。

2. 新兴智力理论

（1）多元智力理论

多元智力理论是美国心理学家加德纳（H. Gardner，1943—　）提出的。该理论认为智力的内涵是多元的，传统的智力理论偏重于知识，使人类的智力范围变窄了，甚至有些曲解。多元智能理论认为，智力是在特定的文化环境和价值标准下，个体解决问题、生产创造的能力，主要有九种，分别是：言语智力、逻辑—数学智力、音乐智力、空间智力、身体—动觉智力、自知—自省智力、人际智力、自然智力和存在智力（见表 13-2）。多元智力理论认为每一种智力都是单独的系统，它们相互作用。该理论对我们多角度认识智力有一定的启示。

表 13-2　多元智力理论的九种智力

智力	描述	举例
言语智力	对音韵、句法、语义等语言要素的掌握	诗人、记者
逻辑—数学智力	对客观对象的辨别能力，处理复杂推理的能力	科学家、数学家
音乐智力	对音调、音质、韵律的掌握	作曲家、歌唱家
空间智力	对空间的认知及转化为基本感知觉的能力	航海家、雕刻家
身体—动觉智力	对身体运动的控制能力和熟练操作对象的能力	舞蹈家、运动员
自知—自省智力	认识、洞察、反省自身的能力；做出正确自我评价形成自尊、自制的能力	小说家、演员
人际智力	能够识别、体验他人情绪、情感并做出适宜反应的能力	心理治疗师、销售员
自然智力	辨别动植物的能力；对自然的理解和分类的能力	地理学家、探险家
存在智力	对人类存在意义的思索；神佛、宗教或道德方面的能力	神学家、哲学家

（2）三元智力理论和成功智力理论

三元智力理论是美国心理学家斯滕伯格（R. J. Sternberg，1949—　）于 1985 年提出的。该理论认为智力是复杂而多层的，一个完备的智力理论必须说明智力的三个方面，即智力的内在成分、智力的成分与经验的关系、智力成分的外部作用。这三个方面构成了智力的成分亚理论、经验亚理论和情境亚理论。智力成分亚理论认为，智力包括三种成分及其相应的三种过程，即元成分（计划、控制和决策的高级执行过程，如确定问题的性质，选择解题步骤，调整解题思路、分配心理资源等）、操作成分（表现在任务的执行过程，是指接受刺激，将信息保持在短时记忆中，并进行比较，它负责执行元成分的决策）和知识获得成分（获得和保存新信息的过程，负责接受新刺激，做出判断与反应，以及对新信息的编码和存储）。在智力成分中，元成分起着核心作用。智力经验亚理论认为，智力包括两种能力，一种是处理新任务和新环境时所要求的能力，另一种是信息加工过程自动化的能力。智力情境亚理论认为，智力是指获得与情境拟合的心理活动。在日常生活中，智力表现为有目的地适应环境、塑造环境和选择新环境的能力，这些统称为情境智力。同样的行为在不同的智力情境下可产生不同的智力行为，同时个体所处的社会文化背景，决定智力行为的内涵但不决定智力高低。

在三元智力理论的基础上，斯滕伯格在 1996 年提出了成功智力理论，又称成功智力的三元理论。所谓成功智力，就是用以达成人生中主要目标的智力，它能导致个体以目标为导向并采取相应行动，对现实生活起着举足轻重的影响。成功智力包括分析性智力（analytical intelligence）、创造性智力（creative intelligence）、实践性智力（practical intelligence），这三个方面是一个有机的整体。成功智力理论强调智力不应仅仅指向学业，更应指向真实世界的成功。

（3）情绪智力理论

情绪智力这一概念是梅耶（Mayer）和萨洛维（Salovey）于 1990 年提出的。他们认为，情绪智力是指个体识别和理解自己与他人的情绪状态，并利用这些情绪信息引导思维、解决问题和调节行为的能力。1997 年梅耶和萨洛维修订了情绪智力的模型，认为情绪智力包括四个方面的内容：精确地知觉、评估和表达情绪的能力，接近或产生促进思维的情感的能力，理解情绪和情绪知识的能力，调节情绪和促进情绪智力发展的能力。1998 年，戈尔曼（Goleman）提出了情绪智力的五因素模型，即了解自我、管理自我、自我激励、识别他人情绪和处理人际关系。

纵观智力理论的发展，我们不难看出，智力理论逐渐摆脱了传统的单一着眼于学业的观点，呈现更宽泛和多元化发展的局面。多元智力、成功智力、情绪智力日臻成熟，成为与传统智力理论抗衡的力量。丰富多彩的智力理论，从不同的角度丰富了我们对智力的认识，也加深了我们对智力本质的理解。

(三)学生智力差异与教学

1. 智力的测量

(1)智　商

智力是个体认识、理解客观事物，依据经验解决问题的能力。一般来说，衡量智力高低的指标是智力商数(intelligence quotient，IQ)，简称智商。智商体现了个体目前已经具备的能力，并不代表个体的潜力。心理学家比奈(Binet，1857—1911)最先提出智商的概念，认为智商是个体心理年龄和实际年龄的比值，公式是：智商(IQ)＝心理年龄/实际年龄×100，这就是比率智商(ratio IQ)。比率智商表明了心理年龄和实际年龄的关系，但是却面临着一个问题，不同年龄的儿童所得的 IQ 分数的含义不同。为了解决这一问题，离差智商(deviation IQ)的概念被引入，离差智商是根据个体的成绩与所在年龄组其他人的成绩比较得出的分数。它以每个年龄组的智商的均值为100，标准差为15。具体公式为：离差智商＝100＋15Z＝100＋15(X－M)/S。X 为某人实得分数，M 为某人所在年龄组的平均分数，S 为该年龄组分数的标准差。Z 是标准分数，其值等于被测人实得分数减去同龄人平均分数，除以该年龄组的标准差。

(2)智力和成绩

在学校教育中，学生的智力作为一个很重要的因素，影响着教学的整个进程和总体的效果。但是学生智力的高低与学习成绩并不是成正比关系。在实际的教学过程中，教师不难发现，有些学生头脑灵活、接受能力强，但就是在考试中不能取得好的成绩；有些学生反应较慢，却可以成为每次考试的佼佼者。这就表明，在学习中，智力只是一种潜能，而这种潜能是否可以得到充分发挥，则会受到多种因素的影响。

> **温馨提示**
>
> 作为一位教育工作者，在做和学生教育有关的决定时，要谨慎使用智力测验得到的分数，因为它只是能力的一个指标。当给学生的能力进行评估定位时，还要同时考虑该学生课堂中的实际表现和教师平时观察的结果。

2. 智力的影响因素

人与人的智力发展水平存在着差异，这一点是毋庸置疑的。那造成这种差异的原因是什么呢？人的智力发展会受到多种因素的影响，归纳起来可以分为两类：遗传因素和环境因素。

(1)遗传因素

不可否认，智力在一定程度上会受到遗传基因的影响，这种影响是生物编码的，在母亲怀孕时就已经决定了，是我们无法改变的事实。那么，一个有着优良基因的学生的智力就一定会比其他人要高吗？肯定不是。遗传只是决定了个体智力的发展范围，个体智力的发展是在这个范围之内的，至于个体智力究竟发展得如何，则会受到环境因素的影响。

（2）环境因素

生物环境。环境作为影响智力发展的重要因素，早在个体出生之前就已经出现了。比如，母亲在怀孕期间营养不良或酗酒、吸毒，就会影响个体的智力水平。

家庭环境。自出生以后，家庭环境就开始对个体的智力发展产生影响。家庭主要成员、父母职业、排行，甚至家庭收入、居住条件等都会对个体智力发展造成影响。

学校环境。一提到环境会影响学生的智力，就不得不说学校教育。学校为学生提供系统的接受教育的环境和机会，从而不断地促进学生的智力发展。适当的、合理的学校教育是个体智力发展的有利条件。作为教师，我们也要不断地改善教学方式方法，为学生智力的发展提供最优条件。

> **想一想**
>
> 学生想要取得好成绩，遗传和环境哪个因素更重要？为什么？
>
> 提示：遗传和环境两个因素都重要，而且两者之间的交互作用也会给学生带来影响。同时，要努力给学生创造良好的学校、家庭、社区环境，因为在影响学生智力的所有因素中，只有这些因素是可以被改变的。

3. 对学生的智力教育

（1）强调学生进步的潜力

在教学过程中，我们面对的学生在智力方面肯定会存在一定差异，在面对这种差异时，我们要首先明确，每个学生都是具有很大潜能的，在有利于智力发展的环境下，每个学生都有可能成为"优等生"。所以，教师在教学过程中，要看到每个学生的进步，肯定学生的潜力，给学生积极的反馈。

（2）有针对性地设置不同的教学目标

在面对不同学生之间的智力差异时，我们在进行教学设计和开展教学的过程中，不能对所有的学生都提出一样的要求，完全的"一刀切"会让智力水平高的学生"吃不饱"，而让智力相对较低的学生"不消化"。所以，在教学过程中，教师要了解和尊重学生的智力差异，有针对性、分层次地设置不同的目标，让所有的学生都能在学习中获得满足感。

（3）给学生提供机会练习自己的智力技能

环境是影响智力的一个主要因素，要想使学生的智力不断地发展和提高，必须在教学过程中为学生提供机会，帮助学生发展其智力技能。如果学生提高了自己智力的某一方面，如问题解决过程的自我监控能力，他们智力的整体水平也会得到提高。

> **考试要点**
>
> 教师资格证考试要点：
> 河北省《教育教学知识与能力》大纲要求，能够根据小学生学习规律和个体差异，有针对性地指导学生学习。

（4）帮助学生将技能与实际需要相联系

学校教育的最终目的是培养对社会有用的人才，所以，学生智力技能的发展和提高与实际需要是紧密相连的。在教学过程中，教师应该帮助学生让其知道如何以及什么时候使用智力，使智力的发展和提高与实际需要和社会需求紧密联系。这样可以提高学生的兴趣，提高教学的实用性，使智力真正转化成实用技能。

二、学生认知风格差异

（一）什么是认知风格

认知风格（cognitive styles）是指个体在信息加工方式上的习惯化倾向。具体地说，是在感知、记忆、思维、问题解决等认知过程中表现出来的个体偏爱的、习惯化的方式和倾向。比如，有的学生喜欢听老师讲课，有的则喜欢自己看书；有的学生喜欢共同讨论，有的则偏向独自钻研。

（二）认知风格的分类

1. 场独立型和场依存型

场独立和场依存的认知风格源自美国心理学家赫尔曼（Herman）和威特金（Witkin）的研究。场独立型（field independence）的学生在认知加工过程中不受或很少受到外界环境的影响，因具有较强的分析能力，所以比较偏爱数学等自然学科，且能取得不错的成绩。场依存型（field dependence）的学生在认知加工过程中受环境因素影响较大，一般偏爱社会学科，喜欢小组合作作业，更容易适应逻辑合理、结构严密的教学方法。

相关链接 👆

场独立型与场依存型测验

一是身体适应测验。此测验源于军事需要。第二次世界大战期间，为了降低飞行员在云雾中丧失方向感而造成的事故发生概率，在选拔飞行员时，要对其空间方位的知觉判断能力进行测试。测验让受测者进入一个可调整倾斜角度的房间，坐在房间中可以多角度转动的椅子上，房间和椅子同时转动，转动方向和角度不定，这就模仿了飞机在空中翻滚的情境。测验要求受测者将身体调整到与地面垂直的位置。能够准确调整到垂直位置的人是场独立型，不能的为场依存型。

二是棒框测验。此测验是身体适应测验的简易版。测试时要求受测者坐在暗室内，对面是可调整倾斜角度的亮框，框中是可旋转的亮棒，框棒同时随机转动，要求受测者将亮棒调整到与地面垂直的位置。不受亮框影响的受测者是场独立型，受其影响较大者为场依存型。

三是镶嵌图形测验。此测验要求被试在较为复杂的图形中勾画出镶嵌在其中的简单图形，如图13-1所示。在测验中，能够排除背景因素干扰，迅速、准确地找出简单图形的被试为场独立型，反之，则为场依存型。

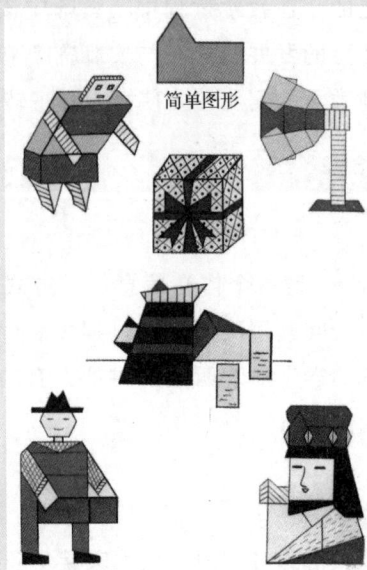

图 13-1　镶嵌图形测验

相关链接

场独立型与场依存型测验题（部分）

1. 做事力求稳妥，不做无把握的事。

4. 到一个新环境很快就能适应。

8. 喜欢和人交往。

12. 碰到陌生人觉得很拘束。

17. 情绪高昂时，觉得干什么都有趣。

23. 符合兴趣的事情，干起来劲头十足，否则就不想干。

28. 爱看感情细腻、描写人物内心活动的文学作品。

33. 理解问题常比别人慢些。

37. 学习、工作同样一段时间后，常比别人更疲倦。

42. 喜欢运动量大的剧烈体育活动，或参加各种文娱活动。

46. 能够同时注意几件事物。

49. 对工作抱认真严谨、始终一贯的态度。

53. 小时候会背的诗歌，我似乎比别人记得清楚。

56. 反应敏捷，头脑机智。

60. 假如工作枯燥无味，马上就会情绪低落。

2. 沉思型和冲动型

沉思型和冲动型是认知风格的另一个方面。沉思型（reflection）的学生在解决问题时，往往速度很慢，但是很少出错，他们总是综合考虑各种因素，全面检查各种假设，谨慎地做出决定。冲动型（impulsivity）的学生则急于得出结论，他们不习惯对于要解决的问题进行全面系统的考虑，甚至是在不太了解问题要求的情况下就开始作答，解答速度快，出错率也高。

3. 辐合思维型和发散思维型

从信息加工模式的角度来看，发散式思维是一种信息搜寻策略，其范围较广，涉及的内容也是比较松散的。而辐合式思维则是有针对性的，只关注于某一点或某一个范围，很快地确定这一范围后，就在此范围内寻找解决问题的答案。

具有辐合型思维的学生，往往偏爱自然学科，在解决问题时需要找到一个明确的正确答案，他们在智力测验中的表现一般会高于发散型思维的学生。而具有发散型思维的学生，在解决问题时更强调答案的多样性和创造性，因此，他们往往具有较高的创造力和想象力。

4. 视觉型、听觉型和动觉型

视觉型、听觉型和动觉型是认知风格的另一种分类。视觉型的学生善于快速浏览，易看懂图表，书面测验得分高，但是他们接受口头指导较难，不易分辨听觉刺激。听觉型的学生善于语音分析，接受口头指导效果良好，语言表达能力强，但是在完成书面作业时有较大困难。动觉型的学生运动节律感和平衡感强，有着良好的动手操作能力，但是通过视觉和听觉接受信息的能力较差，书面测验分数欠佳。

(三)认知风格差异与教育

了解学生的认知风格的差异，是为了更好地有针对性地开展教学工作。如何才能适应学生的认知风格的差异呢？

1. 全面分析学生特点

全面分析学生的特点，了解不同学生之间认知风格的多样性和差异性，这是适应学生认知风格教学的前提。只有对学生的认知风格有了全面、客观且正确的了解，才能有针对性地设计教学、开展教学，才能使教学工作更有效率的开展。

2. 尊重认知风格差异

教师要充分尊重学生的认知风格的差异，做到一视同仁。不同的认知风格在学习过程中会表现出不同的特点，在面对同一教师、同一教学方法时，学习效率也会有所不同，这就要求教师在了解学生认知风格的前提下，充分尊重学生之间认知风格的差异，多种教学方法配合使用，尽量使不同认知风格的学生都能更快、更好地接受、消化所学内容。

3. 根据学生不同的认知风格类型设计相应的教学策略

教学策略主要包括两个方面：扬长策略和补短策略。扬长策略，也是匹配策略。

采用与学生认知风格相适应的、学习者偏爱的方式进行教学，这样可以使学生的长处得到充分的发挥，提高他们解决问题的效率，但是却无法弥补认知方式上的欠缺。补短策略，也是有意失配策略。针对学生认知风格中的劣势有意识地进行弥补，这种策略虽然在开始实施时会影响学习者的效率，学生会表现出更多的失误，有时会对所学内容感到难以理解，但是，这种有意失配策略可以弥补学生在认知方式上的不足。

比如，面对视觉型的学生，要充分利用幻灯、放映、实验演示等多种方法，同时给予其大量的阅读时间，引导学生在头脑中产生画面，这是扬长策略；要求其做笔记，尽量多给其提供口头上的言语指导，增加动手操作和实验的机会，则是补短策略。扬长策略和补短策略在实际的教学过程中是要配合使用的，这样可以使学生的优势得到充分发挥，同时也可以弥补其认知机能或学习方式上的不足，最终达到促进学生各种心理机能全面发展和学习质量的全面提高。

第二节　个性差异与教学

个性是个体思想、感情、意向和行为的特征总和，是人格的个体性表现，它具有一致性和连续性，是个体在社会化过程中独具特色的心理在行为上的倾向性。学习者的个性差异也是十分多样的，并在不同程度上影响着他们的学习过程和效果。本节主要介绍学习者在气质、性格、能力上的差异及教学方法。

一、学生的气质差异

(一)什么是气质

气质是指个体内在的、不以活动目的和内容而转移的、稳定而持久的心理活动的动力特征。心理活动的动力特征主要包括心理过程的速度和稳定性(如知觉的速度、思维的灵活程度、注意集中时间的长短)、心理过程的强度(如情绪的强弱、意志努力程度)和心理活动的指向性(如内倾或者外倾)等特点。

(二)气质的分类

1. 四种典型气质类型

(1)胆汁质

具有胆汁质气质类型的人精力旺盛，热情直率，意志坚强；脾气躁，不稳重，好挑衅；勇敢，乐于助人；思维敏捷，但准确性差。他们心理活动的明显特点是兴奋性高，不均衡，带有迅速而突发的色彩。

(2)多血质

多血质的人反应快，他们容易适应新环境，结交新朋友，具有很高可塑性。他们给人以活泼热情，充满朝气，善于合作的印象。但他们注意力容易转移，兴趣容易变换，很难适应要求耐心细致的平凡而持久的工作。这种人属于敏捷好动的类型。

（3）黏液质

属于黏液质的人缄默沉静，由于神经过程平静而灵活性低，反应比较缓慢。这种人常常严格恪守既定的生活秩序和工作制度，注意稳定且不易转移，给人的外表感觉沉着稳健。这种气质类型的不足之处是有些固执冷淡，不够灵活，因而显得因循守旧，不易合作。那些要求持久、有条理、冷静的工作，对于黏液质的人最为合适。

（4）抑郁质

抑郁质的人具有较高的感受性和较低的敏捷性。他们反应缓慢，动作迟钝，缺乏生气，不爱交际。他们的主动性差，在困难面前常常优柔寡断，面对危险常常恐惧畏缩。这种人很少在外表上表现自己的情感，而内心体验则相当强烈。具有这种气质类型的人往往富于想象，善于体察他人情绪，对力所能及的工作任务，具有较强责任性和完成任务的坚韧精神。

以上四种气质类型的典型特点是有明显差别的，但现实生活中，并不是每个人都能够归入某一气质类型，实际上，只有少数人的气质类型属于典型型，大多数人往往是较多地具有某一气质类型的一般型，或者是具有两种或两种以上类型的混合型和中间型。

2. 高级神经活动和气质的关系

巴甫洛夫的高级神经活动学说认为，大脑皮层的神经细胞过程有三种基本特征：强度、平衡性和灵活性。强度是指神经细胞经受强烈刺激或持久工作的能力；平衡性是指兴奋过程与抑制过程的力量是否均衡，这两种过程可能是平衡的，也可能是不平衡的，即一种过程比另一种过程强（或兴奋占优势，或抑制占优势）；灵活性是指对刺激的反应速度和兴奋过程与抑制过程相互转化的速度。

根据这三种神经过程的特性可以组合成四种基本的神经系统类型，同时对应着四种典型的气质类型，如表 13-3 所示。

表 13-3　神经系统类型与气质类型

	神经类型		气质类型
强	不平衡（兴奋型）		胆汁质
	平衡	灵活（活泼型）	多血质
		不灵活（安静型）	黏液质
弱（抑制型）			抑郁质

强而不平衡型：兴奋过程强而抑制过程较弱。这种类型易兴奋、易怒，激动起来难于控制，亦称"兴奋型"，对应四种典型气质类型中的胆汁质。

强、平衡而灵活型：爱动，行动迅速，一旦缺乏刺激很快地由兴奋转入抑制，亦称"活泼型"，对应四种典型的气质类型中的多血质。

强、平衡而不灵活型：条件反射容易形成，但难于改造，行动迟缓而有惰性，又称"安静型"，对应四种典型气质类型中的黏液质。

弱型：兴奋过程与抑制过程都弱，神经过程的灵活性较低，又称"抑制型"，对应四种典型的气质类型中的抑郁质。

(三)气质差异与教育

1. 教育学生认识自己的气质

气质类型没有好坏之分，任何一种气质类型都能表现为积极的心理特征，也能表现为消极的心理特征，任何一种气质类型都可以形成和发展良好个性。每一种气质类型的学生都可能成为有理想、刻苦学习的先进学生，也可能成为不思进取、学习后进的学生；既可能成为创造力高度发展、对社会做出重要贡献的人，也可能成为智力平庸、一事无成的人。教师要在了解学生气质类型的基础上，帮助学生善于分析和认识自己气质特征中的优缺点，学会有意识地控制自己气质中的消极部分，发扬积极品质，做自己气质的主人。

2. 根据不同的气质类型，采取适当的教育方法

神经系统类型的形成与先天因素有着密切的关系，其改造也是非常缓慢的，所以在教育过程中不能改变气质，只能适应气质。高级神经活动类型和相应的气质类型是没有好坏之分的，教育者的任务在于帮助受教育者找到适合其气质特点的最佳形式和途径。教师要了解学生的气质类型，因材施教，才能提高教学效果。

对偏多血质的学生，要帮助其克服虎头蛇尾、兴趣多移的弱点。要求他们在学习中认真细致，刻苦努力，在激起他们多种兴趣的同时，要培养其朝气蓬勃，满腔热情，善于思维等个性品质。对于他们的缺点错误，批评时要有一定的强度，但又要耐心细致，尤其要做好巩固工作，防止反复。

偏于黏液质的学生，往往在集体中"默默无闻"而容易被忽视。教师对这类学生要以满腔热情吸引他们参加集体活动，激发他们的积极情绪，引导他们生动活泼、机敏地完成活动任务。具有这一气质类型特征的学生，比较安静勤勉，且不妨碍别人，但要注意培养他们的积极性、灵活性等品质，防止墨守成规、淡漠等现象发生。

对偏于胆汁质的学生，要帮助其克服急躁、高傲等个性弱点，着重发展其热情、豪放、爽朗、勇敢、进取和主动的个性品质。要求他们控制自己，沉着应对，深思熟虑地回答问题，发表意见，在活动中保持镇静而从容不迫。对这类学生的教育不可急躁粗暴，而应实实在在、干脆利落地讲清道理，努力抑制他们的激动状态。

偏于抑郁的学生，平时给人以木讷而羞涩的印象，这类学生最易出现伤感、沮

丧、忧郁、孤僻等行为倾向。但在集体的友爱和教师的关怀下，又能充分表现出细致、委婉、坚定、富于同情心等优良品质。对这类学生，教师应给予更多的关怀和具体的帮助。要着重发展他们认真细致、有自尊心和自信心的优良个性品质，防止多疑、孤僻等消极心理的产生；要引导他们多参加集体活动，在评价过程中给予称赞、嘉奖、奖励等，批评时"点到为止"；要创造条件，安排他们从事有一定困难、需要与他人交往和配合的工作，以鼓励、锻炼他们的勇气。

二、学生的性格差异

(一)什么是性格

性格是指一个人对待现实的态度和行为方式上经常表现出来的比较稳定的心理特征。骄傲或者谦虚、诚实或者虚伪、勇敢或者怯懦等都被认为是性格特征，性格就是个体众多性格特征组合的统一整体。性格是在实践活动中，在与客观世界相互作用的过程中逐渐发展和形成的。一旦形成，就比较稳定，并能在所有的行动中都有体现。因此，个体一时的偶然表现不是性格特征的体现，只有经常性、习惯化的表现才是他的性格特征。

(二)性格的特征

1. 性格的态度特征

性格的态度特征是指个体对现实所持有的一贯态度及与之相适应的稳定的行为方式，是个体对现实世界态度的性格特征。

(1)对社会、集体和他人的态度

例如，关心集体、守纪律、合群、富于同情心、正直诚实、有礼貌等良好的性格特征或个人本位、自由散漫、冷酷无情、虚伪等不良的性格特征。

(2)对学习、工作、劳动的态度

例如，勤奋、认真、细致、节俭等良好的性格特征或懒惰、粗心、保守、浪费等不良的性格特征。

(3)对自己的态度

例如，严于律己、谦虚、自信、自尊等良好的性格特征或自负、自傲、自卑、羞怯等不良的性格特征。

2. 性格的意志特征

性格的意志特征，是指人在对自己行为的自觉调节方式和水平方面的性格特征。比如，目的性、自觉性、较强的自制力等积极的特征，或怯懦、退缩、不能持之以恒的消极的特征。

3. 性格的情绪特征

在情绪活动的强度、稳定性、持久性和主导心境等方面经常表现出来的特征是性格情绪特征。例如，富有热情、具有乐观向上、积极进取的性格或情绪低落、烦躁、不思进取的悲观性格。

4. 性格的理智特征

在认知态度和活动方式上经常表现出的特征是性格理智特征，主要表现在感知、记忆、思维等活动中，如主动观察型或被动感知型、思维的批判性或守旧性、创造想象或再造想象。

(三)性格差异与教育

1. 根据性格差异，因人施教

教师在开展性格教育时应针对学生性格类型的不同，因材施教。例如，对于独立性强、喜欢独立思考的学生就不宜让他们经常参加讨论，而应给他们独立作业的机会；对于情绪激动、易冲动的学生，给他们讲解时应细致，并注意培养他们镇静、谨慎的品质。为了适应学生的性格差异，可以采取根据学生的能力、兴趣和性格分组的方式，把能力、兴趣和性格特征相近的学生组织在一起。这种分组比较灵活，可以根据实际情况随时调整小组成员，这样便于教师指导，也有利于学生共同学习、讨论。

2. 在实践中培养健全学生性格

学生在学习中习得的行为方式并不一定能真正内化为个人稳定的性格结构。例如，理想、价值观、意志力、合作性等性格品质不是仅仅通过说教就能够培养起来的，它是通过人的实践活动，在与生活环境相互作用的过程中形成的。因此，应引导学生在实际行动中锻炼性格，在学习过程、集体生活中锻炼性格和意志。

三、学生的能力差异

(一)什么是能力

能力是影响活动效率并确保活动能够顺利完成的个性心理特征。例如，一位歌唱家所具有的对音调和节奏的准确感知能力和把握能力，这些能力是保证歌唱家得以顺利完成歌唱活动的心理特征。

首先，能力是和活动紧密相连的，是在活动中形成和发展并通过活动体现出来的。因此，我们要想了解一个人的能力大小，只有通过活动，看他在活动中的表现，当一个人能够顺利完成某种活动时，也就或多或少地表现了他的能力。其次，能力会直接影响活动效率。人格、兴趣等因素也会影响活动的效率，但是它们不直接决定活动的完成，只有能力才是完成某种活动时所必备的心理特征。

(二)能力的分类

1. 一般能力和特殊能力

一般能力是指要顺利完成各种活动都必须要具备的能力，如感知能力、记忆能力、想象能力、思维能力等。一般能力就是我们平时所说的智力。特殊能力是指在完成某种专业活动时，为了确保活动能够顺利进行所必须具备的能力。

2. 模仿能力和创造能力

模仿能力是指人们通过观察他人的行为、活动而做出相同反应的能力。例如，青少年对偶像的动作、言行的模仿。创造能力是指个体产生不曾有过的新事物、新思想的能力，如科学家发明新的产品等。

3. 认知能力、操作能力和社交能力

认知能力是指大脑对信息加工、储存和提取的能力，如观察力、记忆力、思维能力等。操作能力指人们运用自己的肢体来完成各种活动的能力，如操作实验能力、肢体平衡能力等。社交能力是指人们在社会交往活动中所需要的能力，如组织能力、应变能力、判断决策能力等。

(三)能力的差异与教学

1. 能力的个体差异

（1）能力的发展水平差异

能力的发展水平有高低之分，总体来讲，在全世界人类中，基本上呈现出"两头小、中间大"的正态分布。例如，一般能力，也就是智力，其差异从低到高表现为许多不同的层次，智力高度发展的为智力超常或天才，智力发展低于一般人的水平为智力低下。不同智力水平的人群百分比，如表 13-4 所示。

表 13-4　智力的分布

智商	发展水平	占人口总数的百分比（%）
130 及以上	智力超常	1
110～129	智力偏高	19
90～109	智力中常	60
70～89	智力偏低	19
70 以下	智力低下	1

（2）能力的类型差异

能力的类型差异是指能力发展方向的差异，如有人擅长记忆，有人长于思维。对于同一事物，不同的个体其感觉、记忆、言语和思维具有很大的差异。在感知方面，有的人具有鲜明的特点，有的人则注重对事物的概括分析；在记忆方面，有人擅长图形、声音等直观记忆，有人则擅长数字、概念词义等抽象材料的记忆。另外，个体在特殊能力上的差异表现也很明显，如有人擅长运动，有人擅长绘画，即使是同一种特殊能力，不同个体之间也存在一定差异。

（3）能力表现早晚的差异

能力表现早晚的差异是指能力发展的年龄差异。有些人的优势能力在儿童期就表现出来，如王勃 10 岁能赋，曹植 7 岁能诗，这都是能力表现早的例子。有些人的优势能力则在较晚的年龄才表现出来，属于大器晚成。这些人在青年时期并没有出众的才能表现出来，直到中年后才崭露头角，表现出惊人的才能。例如，达尔文 50

多岁才写成《物种起源》。但是，大多数人的才能是在中年表现出来的，这和中年人年富力强、有着扎实的基础知识、丰富的实践经验、较强的创造想象力、善于独立思考和分析有着密切关系。

2. 面向能力差异的教学

学习者的能力是影响学习成绩和效果的重要因素，因此在实践教学中，一方面要不断开发学生潜能，促进其能力的发展和提高；另一方面要采取不同的教学方式，来适应不同学生之间的能力差异。

（1）同质分组

同质分组是指将同年龄的学生按照能力发展水平和知识掌握程度进行分组教学，以达到集中适应学生能力特点的教学方式。目前，我国中小学普遍实施的重点学校和非重点学校、重点班级和非重点班级的划分就属于同质分组。这种做法可以缩短同班内学生的差距，便于用统一的方法开展教学。但是，越来越多的研究和实践表明，这种分组会带来一定的问题，如会使教师在教学过程中面对不同水平的学生，很难保持一视同仁，同时会降低被划分在非重点学校和班级的学生的学习积极性。当然，同质分组的方法是有针对性地面对能力差异的有效教学方式，我们可以在教学中根据实际情况灵活分组，以提高教学效果。

名人名言

前贤多晚达，莫怕鬓霜侵。
——（唐）方干
古人学问无遗力，少壮工夫老始成。
——（宋）陆游
雄心壮志两峥嵘，谁谓中年志不成。
——（宋）欧阳修
早成者未必有成，晚达者未必不达。不可以年少而自恃，不可以年老而自弃。
——（明）冯梦龙

考试要点

教师资格证考试要点：
河北省《保教知识与能力》大纲要求理解幼儿发展中存在个体差异，了解个体差异形成的原因，并能运用相关知识分析教育中的有关问题。

相关链接

是否应该划分重点班？

目前，我国中小学存在重点学校和非重点学校、重点班和非重点班的划分现象。不可否认，这种对学校和班级的划分在提高教学效率和整体水平上起到了很大作用，同时也提高了教师教学积极性和学生学习积极性。但是，这种重点学校和重点班级的划分，确实是存在着一定弊端的。

首先，重点学校和重点班级的存在，人为的造成了教育资源的分配不均。任教于重点学校、重点班级是所有教师都十分渴望的，这样不仅可以增加收入，更可以体现自我价值，所以有能力、有经验的教师一般会成为重点学校和重点班级的任课教师，这就造成了重点学校和非重点学校、重点班级和非重点班级之间的差距，与我国平等的教育理念背道而驰。其次，重点学校和重点班级的划分，会无形之中增加学生的精神压力。目前，中小学的学生课业压力较大，学生心思细腻、敏感，重点学校、重点班级的竞争又比较激烈，在这种情况下，学生的精神压力之大可想而知，有的甚至因偶尔一次考试失误就一蹶不振，反而影响了学习的效果。

《中华人民共和国义务教育法》第二十二条规定，"县级以上人民政府及其教育行政部门应当促进学校均衡发展，缩小学校之间办学条件的差距，不得将学校分为重点学校和非重点学校。学校不得分设重点班和非重点班。"从义务教育法的这一规定也可以看出，划分重点学校和重点班级确实会对学校教育产生一定的负面影响。因此，面对学习者的能力差异，怎样合理、有效地开展教学是值得每一位教育工作者考虑的问题。

（2）走班制

所谓"走班制"，是指学科教室和教师固定，学生根据自己的能力和兴趣愿望选择到适合自身发展的层次班级上课，不同层次的班级，其教学内容和程度要求不同，作业和考试的难度也不同。另外，"走班制"学习组织方式不仅体现在课堂教学中，在学生的各种学习生活中也都有体现，尤其是在自主管理、社团活动、社会实践等德育课程中。"走班制"是素质教育背景下的新事物，同时也是承认、尊重和适应学习者之间差异的有效方法。"走班制"让学生根据自身情况选择课程，是缩小班级内部差异的有效方式，有助于教学的展开，同时将自主权交给学生，大大提高了学生的学习积极性。在实施"走班制"教学的过程中，教师事先针对各层学生进行教学设计，设定不同的教学目标与练习，使不同层次的学生都可以"摘到桃子"，获得成功的喜悦，使师生关系更加融洽，从而促进了师生之间交流与合作的效率。同时，教师在备课时事先估计了在各层的教学过程中会遇到的问题，做了充分的准备，使实际施教更有的放矢、目标明确、针对性强，提高了教学的质量和效率。但是，"走班制"在实施过程中也遇到了一些问题，如一部分学生钻空子，出现逃课现象；由于自主权全部在学生手中，加之其兴趣爱好广泛而不稳定，可能出现选课的盲目性，造成自身的知识结构不合理的现象，等等。

相关链接

留级和跳级

留级和跳级也是缩小年级内、班级内学生之间能力差距的方法，十几年前在我国教育中普遍存在。一般来说，跳级的效果很明显，大都能达到预期的教学目的，但是留级的效果往往不如人意。留级的目的是给成绩不太理想的学生第二次机会，让他们把学习赶上来，可是学生留级之后往往没有太大效果，甚至比以前还差。出现这种现象，一方面是因为留级有损学生的自尊心，大大打击了他们的学习积极性；另一方面是因为教学方式不适合学生，留级后教师的教学方式仍然没有改变，学生依然没有办法适应，以致留级后成绩没有太大改观。

第三节　性别差异与教育

学习者的差异是多样化的，这些差异不仅表现在学习者的个体差异上，还表现为学习者的群体差异。本节内容主要从性别角度入手，探讨不同性别的学习者之间的差异及教学方法。

一、性别差异的表现

性别差异是表现在各个方面的，本部分主要关注会影响教学活动和学生学习情况的性别心理差异，主要涉及能力的性别差异和社会行为的性别差异。

（一）能力的性别差异

男生和女生的能力发展总体来说是平衡的，但是又各有优势。能力发展的性别差异不是表现在能力发展的总体水平上，而是表现在能力的不同方面。

1. 性别优势倾向

在数学能力方面，男生要优于女生，这种优势在初中阶段开始出现，随着年龄的不断增长越来越明显。在问题解决方面，高中和大学阶段的男生也比女生有着明显的优势。空间能力方面，相对于女生，男生也具有明显优势，尤其是在空间知觉和空间旋转方面。此外，男生的推理能力也要优于女生。

在言语能力方面，女生的优势很明显，女生言语能力普遍比男生好，尤其是在词语的流畅性方面，女性优势表现最突出，在阅读理解、口头语言和书面语言上，女性也具有明显优势。

2. 男生成绩的表现更多样化

能力的性别差异还表现在男生的成绩更加多样化。换句话说，就是高分数和低分数的男生要多于女生。整体来看，男生的分数分布更分散，成绩突出和落后的男生相对于女生来说比较多。

（二）社会行为的性别差异

男性和女性的社会行为在实际生活中存在着明显的差异。比如，在人际关系中，男性的攻击性相比女性而言，会显得更明显外露，而女性则以一种内在的、更隐蔽的方式显露她们的攻击性。同时，女性更具有依赖性，更容易形成亲密的人际关系，对他人的感受更为敏感，更愿意维持和谐的人际关系。这种社会行为上的性别差异，表现在学习者身上则主要是女生喜欢合作的学习环境，喜欢小组讨论、合作实验的学习组织形式，而良好的竞争机制和独立的学习环境则更适合男生。

二、性别偏向与教育

(一)课堂里的性别偏向

所谓性别偏向，是对男性和女性不同的认识和看法，往往认为一种性别要优于另一种性别。在教学过程中，教师的性别偏向往往会影响学生。

1. 教师对男女生的关注度不均

课堂里性别偏向的主要表现是教师对男女生的关注度不均。在教学过程中，教师与男生互动的时间要多于女生。教师往往更喜欢问男生问题，并给予他们多于女生的反馈，如表扬、批评和纠正。对于女生，尤其是成绩中等、性格内向的学生，教师在教学过程中往往容易忽视。尤其是在男生擅长的学科课堂上，教师的性别偏向表现的会更加明显。[①]

> **想一想**
>
> 一位公安局长在路边同一位老人聊天，这时跑过来一位小孩，急匆匆地对公安局长说："你爸爸和我爸爸吵起来了！"老人问："这孩子是你什么人？"公安局长说："是我儿子。"
>
> 问：两位爸爸、公安局长和小孩之间的关系是怎样的？
>
> 提示：公安局长是女性。

2. 性别刻板印象

刻板印象是一种心理定势，指的是人们对某类事物或人物所持的共同的、固定的、笼统的看法和印象，具有明显的局限性。课堂里的性别刻板印象，就是指教师对男生或女生有关学习上的观点和态度，而这种观点或态度有着明显的局限性，有时会给学生带来不利影响。比如，我们认为数学是男孩子的强项，女生数学成绩不太好是正常的，这就是一种性别刻板印象，会在潜移默化之中对女生学习数学的热情产生消极影响，从而影响她们在数学领域的成就。

(二)性别差异与教育

性别差异是客观存在的，在教育和教学中只有承认和尊重性别差异，才能收到良好的效果。因此，教师和学校要注意以下几点。

1. 引导学生正确认识和对待性别差异

作为教师，应努力减少并消除思想上和课堂中的性别偏向，做到一视同仁，不应将男生与女生之间的差异解释为一种性别优于另一种性别。如果在教学过程中看到性别偏向的存在，要和学生开放性地交流有关性别的观点和问题。

---

① ［美］保罗·埃根，唐·考查克. 教育心理学：课堂之窗(第6版). 郑日昌，主译. 北京：北京大学出版社，2009：157～158.

2. 引导积极的性别取向

社会上的有些文化信息是带有明显的性别色彩的，如"男医生""女护士""幼儿园阿姨"等职业性别的设定。这些信息是会对学生产生影响的。作为教师，要消除这些信息对学生的影响，在课堂中要平等地对待学生，任何科目都对所有学生抱有相同的期望，不要因为性别偏向而限制了学生的发展。

3. 消除性别刻板印象

要承认和尊重性别差异的存在，不要用群体的特征来衡量和判断单个学生，努力消除性别刻板印象。

本章小结

1. 学生作为教学过程中的主体，他们之间的差异会对整个教学过程和教学效果产生重要影响。学生之间的差异主要体现认知、个性和性别差异上。

2. 学生的认知差异主要体现在智力和认知风格上。智力受遗传和环境两个因素的影响，其差异是影响学生学习成就的主要因素。认知风格则体现了学生在学习过程中的倾向。

3. 学生的个性差异主要体现在气质、性格和能力三个方面。不同气质类型、性格和能力水平的学生在学习过程中的表现也是千差万别的，也同样影响着学生的成就和教学的效果。

4. 除了个体之间存在差异外，不同群体间的差异也是多样的。男生和女生之间的差异也是教育者在教学过程中需要重视的。

关键术语

智力、认知风格、气质、性格、能力、性别偏向、性别刻板印象

思考题

1. 为什么理解个体差异对教师来说非常重要？
2. 对于智力的发展来说，遗传和环境两个因素哪个更重要？
3. 什么是认知风格？不同认知风格的学生之间有什么不同？
4. 面对不同气质类型的学生，教师应该怎么做？
5. 怎样培养学生的性格？
6. 同质分组有何优缺点？
7. 学生性别差异的主要表现有哪些？

拓展阅读

1.［美］阿妮塔·伍尔福克．教育心理学（原书第 12 版）．伍新春，等，译．北京：机械工业出版社，2015.

该书是国外《教育心理学》的经典教材，重视理论和实践的紧密结合，强调有关儿童发展、认知科学、学习、动机、教学和评估等各个方面研究中蕴含的教育启示和应用。从书中可以了解到，如何将教育心理学研究中获取的信息和理念运用于解决日常的教学问题。

2.［美］保罗·埃根，唐·考查克．教育心理学：课堂之窗（第 6 版）．郑日昌，主译．北京：北京大学出版社，2009.

该书包含许多生动且贴近教学生活的案例，并对相关研究和理论进行了准确、清晰和精确的阐述，同时提出了许多如何将它们应用到课堂实践中的建议，将当前的课堂和它们未来可能的样子真实地呈现出来。

3.［美］托马斯·费兹科，约翰·麦克卢尔．教育心理学——课堂决策的整合之路．吴庆麟，译．上海：上海人民出版社，2014.

该书对教育心理学的历史发展线索进行了梳理，使学生能够从学术思想发展的更替中悟出未来的走向，同时也详细介绍了教育心理学的实践应用。该书共包含三个部分：有关学习的理论观点、从原理到实践、学生的特点与评定。

参考文献

1. 张景焕．教育心理学．济南：山东人民出版社，2010.

2. 叶奕乾，孔克勤，杨秀君．个性心理学（第三版）．上海：华东师范大学出版社，2011.

3.［美］保罗·埃根，唐·考查克．教育心理学：课堂之窗（第 6 版）．郑日昌，主译．北京：北京大学出版社，2009.

第十四章　课堂管理与教育

学习目标 ▶ --

1. 了解课堂管理的意义和有效课堂的标准。

2. 掌握有效课堂的建立与维持方法。

3. 掌握课堂问题行为的处理思路。

4. 了解良好班集体的特点和功能。

5. 了解班集体的形成过程。

6. 学会如何引导与建立良好班集体。

导入 ▶

老师：某学生，上课常用小动作招惹其他同学，有时候上课拽女同学的头发、无缘无故骂人，很多同学都不愿与他为邻；学习成绩差，且不能按时完成作业，甚至与老师也经常闹矛盾，同学们都嫌弃他。于是，我找他谈话，希望他在学校遵守各项规章制度，做一名合格的学生。但经过几次努力，他只在口头上答应，行动上却毫无改进。这让我非常头疼。

当学生出现问题行为时，教师应该如何进行有效处理呢？个别学生的问题行为，会对良好班集体的建立产生什么影响？

第一节　课堂管理

17世纪著名的教育家夸美纽斯认为，个别教学就像手工抄写，效率不高；而课堂教学则好比是印刷术，大大提高了教学效率。但是，要想实现真正有效的课堂教学，需要处理很多因素，如教师、学生和教学情境，使其相互协调，而这需要通过课堂管理来实现。

一、课堂管理的意义

所谓课堂管理，就是教师通过协调课堂中的各种关系（主要是教师、学生和教学情境三者之间的关系），从而有效地实现预定教学目标的过程。

教师是课堂的主导，起着组织者和领导者的作用；学生是课堂的主体，课堂活动本身就是围绕他们而展开的，课堂的效果最终也要通过学生来体现；而教师和学生的互动不可能凭空发生，教学情境就是两者的媒介，教学的最终效果很大程度上取决于教学情境的品质。由此可见，课堂管理就是对课堂的三大要素进行协调，最终提高教学效果。那么具体来讲，课堂管理本身具备哪些功能呢？这些功能又可以起到什么作用，实现什么目标呢？

(一)课堂管理的功能

1. 维持功能

课堂管理的维持功能也可称为支持功能，是指教师通过一定的课堂管理方法，持久地维持基本课堂教学秩序，有效地排除各种干扰因素，使学生的精力保持在学习活动上，以达到良好的教学效果。通过有效的课堂管理，教学中的冲突事件会有所减少，冲突程度有所缓和，课堂气氛更加活跃，人际关系更加和谐，保证了教学活动有序进行，最终实现教学目标。

2. 促进功能

课堂是教师和学生发生互动的最重要情境，有效的课堂管理能够提升教师的课堂教学效果，促进师生之间、学生与学生之间的有效交流，提高学生的学习效率。因此，教师要合理有效地使用课堂管理的具体方法，创设高品质的教学情境，充分调动学生的积极性和主动性，最大限度地促进学生发挥自身潜能。

3. 发展功能

课堂情境是学生成长环境的一种，而个体的成长不仅仅表现在知识的学习上，还包括能力的提升和人格的不断健全。因此，课堂管理还具备促进学生心理发展的功能。比如，在课堂管理中给学生制定必须遵守的规则，可以使学生逐渐懂得自律，发展其自我管理能力，以更好地适应未来的社会生活。

当然，所谓教学相长，教与学是一个相互促进、互相学习的过程。教师在与学生的频繁互动中，必须不断地根据实际需求调整课堂管理的方法，教师自身的教学管理经验、课堂管理能力以及面对学生的应变能力都会得到相应的发展。

4. 协调功能

课堂是一个复杂的系统，包括人、物、信息、时间等诸多要素，而这些要素互相交织，进一步增加了复杂性。比如，人包括几十名学生，每个学生随时都可能发出不同的信息，而不同的信息又会进一步相互作用。如果没有课堂管理，这个复杂的系统就会变得混乱不堪，无法正常运行。有效的课堂管理的功能之一就是使这些要素协调一致，共同指向教学任务，为教学目标服务，最终实现预定的教学结果。

(二)课堂管理的目标

归根结底，课堂管理的最终意义是促进学生的有效学习，实现人的发展。这一终极目的具体可以分为如下几个目标。

1. 争取有效学习时间

这里的有效学习时间是指学生高效率完成学习任务的时间。作为教学主体的学生，其最重要的任务是学习，而学习的效果是通过充足的有效学习时间来保证的。

> **想一想**
>
> 有哪些时间管理的方法，可以帮助学生提高学习效率呢？

一堂课的教学时间是有限的，将更多的时间分配给学生用于有效学习尤为重要。

教学时间可以分为分配时间、教学时间、投入时间和学业学习时间。其中，分配时间是指课表中规定的上课时间，教学时间是指除去课堂管理之后剩余的可用于教学的时间，投入时间是指学生实际上投入于学习的时间，学业学习时间是指学生高效学习的时间。可见，即使分配时间很充足，但是如果没有合理的课堂管理加以调配控制，到最后真正用于学业学习的时间可能所剩无几。让学生将更多的时间用于有效学习，这正是课堂管理的目标之一。

2. 促进学生的参与

目前的课堂大多以一对多的班级授课制形式开展，但是教学不只是为个别学生服务的，因此就要注重学生的参与度，让更多的学生参与到课堂中，这也是衡量教学效果的指标之一。而课堂管理就旨在达成这一目标，有效的课堂管理会优化教学结构，为学生创造更多参与的机会，营造积极的学习氛围，从不同的角度促进更多学生参与到课堂中。

3. 培养学生的能力

我们正处于一个信息爆炸的时代，互联网的兴起和繁荣更加剧了这一趋势。要想培养出适应时代发展的人才，学校教育就不应该仅仅局限于教给学生知识，更要让学生在学习知识的过程中培养能力。2014年9月，国务院总理李克强在夏季达沃斯论坛上发出了"大众创业、万众创新"的号召，自此，"双创"的浪潮在我国经济建设的各行各业中百花齐放。学校教育要

> **教育故事**
>
> 武侠小说《倚天屠龙记》中描写了这样一个片段，张三丰传授张无忌剑法，一开始张无忌记得大半招式，到后来只记得一小部分，最后忘记了全部的招式，张三丰这才满意，认为这才是真正学会了。
>
> 学习知识是重要的，但最终目的是通过知识习得能力，并且不再拘泥于知识。

想为社会输出优秀的创新型人才，就要在点滴中注重对学生各项能力的培养。课堂管理关注师生之间、学生之间如何互动，课堂规则和奖惩制度等方方面面。有效的课堂管理会在这些过程中培养学生的语言表达能力、人际沟通能力、自我管理能力和自信、独立、负责的人格特点。这是教育的重要意义，也是学生在未来实现自我价值和社会价值的必要保障。

二、有效课堂的建立

(一)有效课堂的标准

教育的目标是人的全面发展，有效的课堂管理是达成这一终极目标的重要保障，其重要性不言而喻。那么，究竟什么是课堂管理所要实现的有效课堂呢？

1. 有效课堂要达到教学目标

"课堂效能是指教学目标的达成程度，以及保证教学目标实现的教师教学能力。"[①]具体来说，首先，体现在教学质量方面，教师要能够通过课堂传授既定的教学内容，保证一定的教学质量；其次，体现在教学

> **名人名言**
>
> 活的人才教育不是灌输知识，而是将开发文化宝库的钥匙，尽我们知道的交给学生。
>
> ——陶行知

效率方面，有效课堂不仅要保证较高的教学质量，而且要实现教学目标。总之，有效课堂首先是对教学目标的达成，这是最基本的要求和标准。

2. 有效课堂是以学生为中心的

传统的课堂管理模式以控制学生为目标，强调的是对学生的监督，以维持良好

---

① 刘新玲，何映红．高效能与低效能课堂的教师教学行为比较．思想理论教育导刊，2014(03)：60～64.

的课堂秩序，保证教学的顺利进行。而有效课堂是对传统教学模式的创新和改善，是引导学生主动学习，愿意学习，增强学生的学习动机，并在学习过程中全面培养自身的自学能力、合作能力和创新能力等。总之，在此过程中，学生能够充分展示自己的个性，发挥自己的潜能。

3. 有效课堂要保证良好的课堂环境

这里所谓的课堂环境是广义的，是指师生共处其中的、能影响其行为的一切内部条件和外部条件的总和。具体可分为有形的物质环境和无形的心理环境两方面。在有效课堂的建立方法中会详细阐释，此处不再展开。

(二)有效课堂的建立与维持

1. 有效课堂的建立

(1)设置课堂环境

有效课堂的标准中提到课堂环境的重要性，在教学还没开始之前，就要面对课堂环境如何设置的问题，课堂环境可分为物质环境和心理环境。

物质环境。物质环境包括时空环境、设施环境和自然环境等。时空环境包括时间环境和空间环境两个方面。有效的时间管理要严格控制时间，保证在课堂的每个环节学生都能够有效利用时间，而不是在做与学习无关的事。有效的空间管理主要是指对学生座位的合理安排，既要有助于控制课堂纪律，又要有利于学生之间的合作学习与互帮互助。设施环境包括教学场所和教学用具等。比如，教学场所要保证适当的空间大小，良好的通风、采光、照明，恰当的温湿度、噪声，合理的颜色搭配等。自然环境主要指地理位置、周边环境等。

心理环境。课堂心理环境涉及内容广泛，一般包括人际环境、组织环境和情感环境等。其中，人际环境是指在课堂环境中由人际关系所构成的特殊的社会心理环境，主要包括师生关系和学生之间的同伴关系。组织环境是在人际环境的基础上形成的一种整体的社会氛围和无形的约束力，课堂环境中的每个人都是这种氛围的促成者，反过来也受到这种氛围的影响和熏陶。情感环境是指在教学过程中形成的一种情绪情感状态，通常是指教师在教学过程中的教学方法、教学行为和教学态度影响学生的情绪情感状态，进而对教学效果和学生发展产生影响。

下面以人际环境中的师生关系为例进行简单介绍。师生关系是一种比较特殊的人际关系，它不同于亲子关系、朋友关系，在教育活动中的作用非常重要，有效的课

名人名言

古之圣王，未有不尊师者也。
——吕不韦

堂必然具有高质量的师生关系。在理想的师生关系中，教师应该懂得如何尊重、倾听和表扬学生。比如，尊重不同学生个性和能力上的差异，因材施教；在学生表达自己的想法时，教师要给予足够的关注，并且能够适时地提出问题进行引导，帮助学生澄清自己的观点和需求；表扬并非完全不批评学生，而是说教师对学生要以肯

定的语言和态度为主，在学生犯错误的时候要注意批评的艺术性，不使用简单粗鲁和情绪化的大声斥责等方式处理。

（2）明确对学生的期待

在课堂开始之前，教师就要明确自己的期待，即希望建立怎样的课堂，对学生有哪些具体的要求。当然，在不同的课堂情境下，教师对学生会有不同的期待，在自习、讲课、小组学习或发言等不同环节的规则必然会有差异性。比如，在课堂中发言要先举手，当老师或其他同学发言时，其他人要保持安静，学会倾听。

（3）建立课堂系统

在明确了期待之后，教师就要将这些期待转化成实际的课堂要求，并将其融入课堂系统当中，呈现为课堂程序和课堂规则两种具体的形式。

其中，课堂程序是指完成任务的方法和步骤，如不同的铃声响起时学生应该如何反应，学生在什么情况下可以离开教室，如何保证安全等，这些程序一般不会以书面文字的形式呈现，学生很容易习得和遵守。

课堂规则是一些明确的条文规定，确定哪些是可以做的、哪些是不可以做的，通常以书面文字形式呈现给学生。课堂规则要具备一定的概括性，没有必要罗列出所有具体的要求，过于烦冗的规则学生可能无法记住，从而失去规则应有的效果，同时也可能过分压制学生的活力，影响教学目的的实现。但是，对一些有必要明确指出的受禁行为，则需要单独列出。总之，课堂规则到底如何制定，需要教师根据实际的情况权衡利弊，精心设计，以保证课堂的有序进行。

2. 有效课堂的维持

教师按照教学规律建立起课堂系统之后，就要设法去维持这个系统的顺利运行，预防和处理可能发生的问题。

有效的课堂管理者不会想当然地以为，学生会事先知道课堂规则和课堂程序，而是会认真、详细地向学生解释规则，与学生讨论规则，明确其具体的含义以及制定这些规则的必要性与合理性。这样做，一方面能够确保学生没有误解规则的含义，另一方面可以安抚学生可能产生的对规则的抗拒情绪，防患于未然。

另外，为了预防问题的发生，教师还要保持随时监督和引导学生的状态。在课堂中学生并不总是能够按照教学要求进行，监督可以提醒学生接下来该做什么了、哪些做法需要调整，引导学生将更多精力投入到学习当中，同时发现可能出现的问题。监督并非让学生丧失自主学习的机会，独立学习也不是让学生在没有指导的情况下进行学习。

当问题真正发生时，一定要进行及时处理，不能任由偏离课堂程序和课堂规则的事情发展。教师要利用自己在课堂中的主导性，及时制止和适度惩罚违反课堂规则的行为，引导课堂进行的方向，以保证课堂程序和课堂规则的有效性。尤其是对于低年级的学生，建立良好的学习习惯非常重要，这就需要教师随时保持监督，及时处理问题。

三、课堂问题行为的处理

有效地实施课堂管理，避免课堂问题行为的发生，是每个教师的期待。然而，事实上课堂问题总是不可避免的，无论预防措施如何完善，学生总会因为各种原因产生对抗行为、不满情绪等，因此，教师如何对课堂问题行为进行处理就显得尤为重要。

(一)什么是课堂问题行为

问题行为是指在特定情境下个体表现出来的不恰当的行为方式。而课堂问题行为，顾名思义，是指在课堂情境中，学生表现出来的违反课堂秩序的不恰当行为。这些行为通常是学生有意为之的，而且威胁到了课堂的连续性。例如，老师正在讲课，学生故意发出声音或频繁地与其他同学说话，打扰其他同学的学习，这就属于课堂问题行为，而学生在无意间偶尔发出声音则不属于课堂问题行为。

(二)课堂问题行为产生的原因

我们不主张教师对课堂问题行为只进行简单的批评和惩罚。因为课堂问题行为十分复杂，产生的原因是多方面的，而且这些影响因素交互作用，最终表现为学生的课堂问题行为。那么，具体有哪些因素导致了课堂问题行为的产生呢？

1. 教师因素

(1)教师的教学

教师的教学是课堂的核心内容，成功的课堂需要教师充分有效地备课，精心设计教学内容、教学方法和教学流程。例如，控制好教学内容的难度，如果难度太大，学生会失去信心，产生抵触情绪；相反，如果教学内容难度太小，大多数学生很容易掌握或已经学会，则很难引起学生的兴趣，学生会不耐烦，厌倦课堂，同样也可能导致课堂问题行为。

(2)教师的个性

教育是人对人的工作，教师在与学生互动时，教师自身的个性在教学中产生的影响无论如何都无法避免。即使是面对同样的学生，使用相同的教学方法传授相同的教学内容，不同个性的教师的教学效果也不尽相同。被称为"俄罗斯教育心理学的奠基人"的乌申斯基(K. D. Ushinsky, 1824—1871)认为，只有个性才能作用于个性的形成和发展，只有性格才能养成性格[1]。个性在教学中的重要作用可见一斑。

个性的形成从来都是身教胜于言传的。如果教师不具备一些优秀的个性品质，如自信、真诚、快乐、负责等，通常不会获得学生的喜爱。失去了互信互爱的师生关系，教学自然会受到影响，课堂问题行为也会在此基础上衍生。更重要的是，

---

① 吴彬. 浅谈辅导员人格魅力在学生工作中的积极作用. 金色年华，2013(03)：42～42.

学生也无法在教师身上习得这些优秀的个性特征，这都影响教育的育人目的。相反，教师对待学生真诚、平等、负责，处理课堂问题时从容、自信，懂得倾听和理解，能够普遍得到学生的喜爱和尊敬，那么产生课堂问题行为的概率将大大减小。

2. 学生因素

（1）寻求关注

寻求关注或注意是人的天性，无论是婴儿还是老人，这种天性一直潜藏在个体的行为背后，蠢蠢欲动，从未消失。个体

> **名人名言**
>
> 人性最深刻的原则就是希望别人对自己加以赏识。
>
> ——威廉·詹姆斯

在刚出生时无法独立生存，只有得到照料者的关注才能更好地成长。有研究者认为，婴儿的哭声和让人觉得"可爱"的外表，是婴儿在人类漫长的进化过程中形成的表达自身需要和寻求外界关注的方式[①]。孩子在家庭中往往处于注意力的中心位置，但成为学生之后，一个精力有限的教师能给他的关注自然会减少。有的学生之所以表现出课堂问题行为，就是为了争取教师的关注，因为并不是所有的学生都能够通过优秀的课堂表现来得到关注和赞赏。当有的学生发现自己无法通过乖巧的表现、优秀的学业成绩和突出的才艺等方式获得教师的赞赏时，只能退而求其次，通过破坏规矩或招惹他人等消极方式寻求关注，即使最后得到是批评和惩罚，在这些学生心中也远比受到忽略好。

（2）学生的个体差异

早期的一些研究发现，男生通常更好动，好吵闹，喜欢户外活动，具有攻击性，而女生则更乐于配合，因此男生通常会比女生表现出更多的课堂问题行为。当然这种性别差异是否只是传统观念的产物，还需要进一步探索。另外，不同年龄学生的表现也会有所不同，低年级的孩子更愿意把老师当作权威，因此出现的课堂问题行为不会太严重，如可能会因为自制力发展不足而无法集中精力听课；对于高年级的学生，随着自我的形成和个性的发展成熟，老师的权威性开始减小，可能会出现明知故犯等较为严重的课堂问题行为，如何处理这种现象对老师是一个挑战。

（三）处理课堂问题行为的方法

课堂问题行为的处理方法多种多样，当课堂问题行为发生时，教师首先要做的是冷静地对问题的各个方面进行评估，做到心中有数，然后再去选择实际的应对策略。利奇（Leach）和雷布尔德（Raybould）提出了评估问题行为需要考虑的八个要素：程度、持续时间、频率、背景情况、联系、普遍性、正常性和对其他人的影响。

对于具体的处理方法，斯莱文（R. E. Slavin）以最小干预理论为基础，提出了四步反应计划：情境帮助、温和反应、中等反应和强烈反应。

---

① 王琳. 婴儿图式加工的眼动研究. 重庆：西南大学，2013：8～10.

1. 情境帮助

情境帮助是指对教学每个环节进行精心设计，提前考虑到问题行为出现的可能性，同时当问题真正发生时，随时进行灵活的调整和应对，帮助学生应对教学情境，使之专注于学习任务。例如，发现能引起学生分心的物品时，及时拿走；将教学环节提前告知学生，避免学生因茫然而出现课堂问题行为；对学习困难的学生提供具体的指导和精神上的鼓励；在学生普遍精力不足时，加入活跃课堂气氛的环节等。

2. 温和反应

温和反应是指采取非惩罚性的手段，将学生唤回学习活动中。例如，非语言的漠视，对问题行为不予关注，不予强化，使其自然消退。这些做法对那些想通过问题行为寻求老师注意的学生比较有效。此外，暗示，通过眼神、手势与问题行为进行交流使学生明白自己的不恰当行为；使用积极语言进行引导，传递出积极行为的好处和问题行为的坏结果，强化积极行为等也属于此列。

3. 中等反应

如果教师在使用情境帮助与温和反应之后，学生依然出现问题行为，就可以使用中等反应。中等反应方式的目的是通过剥夺奖励以减少课堂问题行为。一种是自然结果，让学生明确自己的问题行为自然会带来不好的结果，如对同学态度差就没有朋友，不主动举手就会失去表现的机会；另一种是逻辑结果，如规定出现违纪行为的学生将失去参加游戏环节的机会，或暂停正在进行的学生喜欢的活动。

4. 严厉反应

严厉反应是指通过增加厌恶刺激或加大剥夺奖励的方式减少问题行为。它具有惩罚性，包括过度纠正和身体结果两种形式。过度纠正是以高出平均水平的标准要求学生，如破坏环境就要恢复到比破坏之前还要好的状态。身体结果是通过身体约束来惩罚学生，如罚站、扎马步，甚至体罚。除非是较为严重的问题行为，原则上不鼓励使用身体结果的方式，特别是体罚，鉴于其危害性和弊端很多，目前已不再使用。

考试要点

教师资格考试结构化面试真题（2015下半年统考）

当你在上课的时候，有一位学生突然站起来说：老师你的废话太多了，这时你该怎么办？

参考答案：保持态度温和，告诉学生，讲得多是为了照顾大多数同学的学习程度；感谢学生的建议，同时希望学生在提出建议时注意措辞礼貌。

温馨提示

《未成年人保护法》第二十一条规定，学校、幼儿园、托儿所的教职员工应当尊重未成年人的人格尊严，不得对未成年人实施体罚、变相体罚或者其他侮辱人格尊严的行为。

第二节 良好班集体的建立

学校的主体任务是教学，教学的最终目标是为了教育。有效的课堂是学校教育实现育人目标的主要方式，但并不是唯一的方式。班级是课堂教学得以实现的基本组织形式，如果学生长期处于积极向上的课堂氛围中，这些良好的风气就会逐渐沉淀下来，促使一个松散的班级发展成更高级的组织形式——班集体。而班集体同样是实现育人目标的重要方式之一。

人的成长是一个社会化的过程。人类个体的成熟要经历漫长的过程，学校教育中班集体的存在，为个体从家庭到社会的过渡提供了缓冲和锻炼的机会。建立一个良好的班集体，不只关系到学校教育目标的达成，更关系到学生能在班集体中得到怎样的熏陶，培养了怎样的性格品质，走向社会之后可能成为怎样一个人。

一、良好班集体的特点

班级是学校的教学单位，更侧重于是一个组织名称的含义，而班集体则是在班级的基础上，加入了集体的概念，也可以把班级理解成班集体发展的初始阶段，而班集体则是班级发展到一定水平的结果。苏联教育家苏霍姆林斯基（Suchomlinsky，1918—1970）认为，班集体不只是一个统一的组织，而且在智力、思想、道德、社会交往和创造力等精神方面也具有统一性。

那么，良好的班集体应该具备什么特点呢？

（一）良好的班集体具有明确的班级规范

为了实现班级的共同目标和班集体活动的一致性，就需要一些行为准则对班集体成员进行约束，这些行为准则就是集体规范。"集体规范可以赋予个体行为和外界事物一定的意义，使之明白依据一定的价值标准，应该做什么，不该做什么。"[①]集体规范是一种很强的社会力量，能对集体成员产生压力，从而有利于实现群体的目标。班级是一个小集体，班级规范对于良好的班集体同样起着重要的作用。

首先，班级规范是维系班集体生存和发展的支柱。如果没有班级规范的存在，班级成员之间将失去互动的共性基础，进而无法继续维持集体的存在。其次，班级规范是思想和行为统一的标准。班级规范就像是一个标杆，当个体的思想或行为失去方向时，这个标杆将起到重要的引导作用，而在一定程度上的统一是个体社会化的表现，能为个体将来适应社会打下基础，这也是学校教育要起到的作用之一。最后，班级规范也为班级凝聚力的产生带来可能性。

---

① 吴育桂. 心理科学概论. 北京：北京师范大学出版社，1991.

(二)良好的班集体具有强烈的班级凝聚力

凝聚力是集体发展水平的指标之一，凝聚力越强，表明这个集体的发展水平越高。同样，对于一个班级来说，随着班级规范的建立和实施，学生之间和师生之间

> **想一想**
>
> 教师如何才能增强班级的凝聚力呢？

的频繁互动，班级凝聚力也在这个过程中逐渐得到发展，班级成员开始表现出越来越高的认同感和归属感，这正是良好班集体的表现之一。例如，学生逐渐会认同人与人之间应该互相尊重、互相帮助，学生之间的情绪和感受开始出现共鸣，在班集体或个别成员取得成功时，所有人都会感到高兴，在有人遭遇失败时，班级也可能因此产生低落情绪。这些都是班级凝聚力的表现。

(三)良好的班集体具有良好的班风、学风

班风是指"班级的作风和风气，是班级大多数成员的思想认识、情感意志和精神状态的反映，是班级建设的核心精髓所在。"班风是一种无形的力量，在潜移默化中对班级的方方面面产生影响，从学生日常行为到人格品质的塑造，都离不开班风的作用。一个良好的班集体必然具有优秀的班风。

同样，优良的学风也是良好班集体的重要特征。在学校教育中，教师的主要活动是教学，学生的核心任务是学习，因此，浓厚的学习风气是学校教育效果的重要保障。试想，如果班级内的大多数成员都不爱学习，也不愿参加课外活动，即使有少数学习动机强烈、学习兴趣浓厚的学生也可能因此受到学风的影响，最终降低整个班级的学习效果。

二、良好班集体的功能

班集体是一个小型的组织形式，身处组织中的学生个体在与组织互动的过程中，必然会受到组织本身的影响。那么，一个良好的班集体具有哪些功能，可以影响学生的发展呢？

(一)教育功能

班集体存在的最初目的就是为了实现教育功能。通过教学目标的精心设计、教学过程的实时监控、学生行为的规范和班级成员之间的交往互动，班集体为学生的成长提供了丰富的刺激。班集体的教育功能不仅仅局限于传授科学文化知识，更重要的是让学生习得了适应社会生活的能力和对社会规范的遵守，这对学生将来踏入社会具有重要的意义。马克思(Karl Heinrich Marx, 1818—1883)在《关于费尔巴哈的提纲》中提到："人的本质不是单个人所固有的抽象物，在其现实性上，它是一切社会关系的总和。"人是无法作为个体而独立生活的，而作为学校教学单位的班集体，其教育功能正好为人的社会属性提供了成长的机会。

(二)管理功能

班集体的存在为提高教学效率带来了更多的可能性，有助于课堂管理的实现。

这不仅表现在教师可以进行一对多的授课，同样重要的是，班集体大大提高了管理的效率，降低了管理的成本。如果学校直接对个体进行管理，学生将会丧失体验班级归属感、班级凝聚力和亲密的同伴关系的机会，这就有可能产生很多管理上的问题。

而在一个良好的班集体中，学生对行为规范有了认同感，对班集体有了归属感，教师可以相对轻松地开展教学活动、维持教学秩序，对学生进行奖励或惩罚的效果也会更显著，良好班集体的存在明显地提升了课堂管理的效率。因此，通过计划、组织、协调和控制等班级管理手段，学生的学习效率得以提高，教师的教学目标得以实现，班级秩序得到了更好的维持。

(三)发展功能

如果说良好班集体的教育功能强调的是学校教育的最初目的，是为了实现教学目标，那么发展功能则更加关注学校教育要达到的最终目的，即人的发展。良好班集体的发展功能比教育功能的涵盖范围更加广泛，更加强调个体成长的持续性和预测性。也就是说，我们不仅要实现短期的教学目标，培养学生适应当下的良好习惯，更要通过良好的班集体塑造出能使学生终身受益的科学文化素养和优秀的人格品质，真正做到有助于人的发展。

三、良好班集体的形成过程

集体是由个体组成的，班集体作为集体的形式之一，也是由班级成员组成的。但是，并非所有由个体组成的人群都叫作集体，如商场中购物的人群就不是集体。因此，集体不光要具备共同的目标，还要有纪律性和凝聚力等特征，从群体到集体的发展需要一个过程。同样，从班级的初步建立到良好班集体的最终形成，也需要经历一个不断分化和整合的集体化过程。对此，学者从不同的视角出发提出了不同的观点。

日本研究者广田君美根据"结构化程度"，把这个发展过程分为五个阶段："孤立期、水平分化期、垂分化期、部分集体形成期和集体统合期"[1]。王宝祥也将班集体的形成划分为五个阶段：班级松散群体阶段、有组织的班级群体阶段、初级班集体阶段、成熟班集体和优秀班集体阶段。劳凯声指出，班集体的发展可以划分为四个阶段：松散的群体阶段、班集体初步形成阶段、班集体的确定阶段和班集体巩固发展阶段[2]。姚成荣将班集体的形成过程分为初建松散阶段、基本形成阶段和发展成熟阶段三个时期[3]。

综上所述，虽然不同学者提出的班集体发展阶段有所不同，但是在整体内容上

---

① 吴康宁．教育社会学．北京：人民教育出版社，1998：299～300.
② 劳凯声．班主任工作实用全书．北京：开明出版社，2000：177～178.
③ 姚成荣．班级管理工作新论．北京：中国社会科学出版社，2003：143～144.

存在共性。在整合不同观点基础上，根据群体不同阶段的发展水平，良好班集体的形成过程可简单分为松散期、形成期和成熟期三个阶段。

(一)松散期

在班级组建形成的最初阶段，整个班级就像一盘散沙，只是将不同的个体松散地放置在一起。为了对班级进行管理，班主任不得已要制定严格的管理制度，对学生进行有效的控制，从而保证教学的顺利进行，但是学生对此不一定认同。班干部的任命也很难具备民主选举的条件，以临时指定为主。班级成员之间也不熟悉，人际关系中的亲密感和信任感尚未建立，还处在试探性阶段。班主任此时要创造更多情境，提供更多的机会让班级成员之间尽快熟悉，拉近彼此的距离，逐渐形成初级的凝聚力，班主任也能在此过程中观察到每个学生的具体情况，通过合理的奖励和惩罚树立班风、学风，从而早日过渡到下一发展阶段。

(二)形成期

随着教学和班级活动的不断深入，一个初步具备合理班级规范，具有一定凝聚力和基本班风、学风的班集体得以建立。学生开始接受并主动遵守班级规范，甚至可以互相监督，这表明班级规范已经开始内化为学生自身的要求，教师的强制性要求可以逐渐解除。有了互相了解的基础，也就具备了民主选举班干部的条件。推选学生认可的班干部成员，对班级管理工作进行清晰的职责划分，每个人各司其职，可以大大减轻班主任的工作量，同时能够发挥和锻炼学生的自我管理能力。班主任逐渐从直接管理每个学生，转变成间接通过班干部进行管理的方式。一个良好的班集体初步形成。

(三)成熟期

成熟期是班集体发展的较为理想的状态，大多数的班集体都停留在形成期，难以转化到成熟期。这一阶段真正体现了学生的自我管理。班集体的共同目标内化为个体自身的追求，班级规范内化为个体的行为指南。班干部在学生心中的权威性树立起来，班集体通过自身的运作就能实现管理目标，基本不需要班主任的参与，甚至可以通过自身发展出的制度，实现班干部的轮流制，为每个学生都提供锻炼和成长的机会。

此时，班主任已经退居幕后，即使在班级出现问题时，也只是辅助班级成员自行解决，这在班集体的自我更新过程中，再次提高了班集体的自我管理能力，从而形成良性循环。这种自我更新的能力一旦形成，班集体就可以根据自身的需要不断打破旧的制度，整合各种资源，形成新的更加完善的制度。班集体的发展不再停留在某个特定的阶段，而是实现了持续性的完善，学生的能力也在自我管理中得到不断的提高。

四、良好班集体的引导与建立

一个优秀班集体的形成不是一蹴而就的，要经历漫长的过程，也不是自发形成的，需要主动进行引导和经营。建立一个良好的班集体，需要做到以下几点。

（一）明确班集体目标

凡事预则立，不预则废。要想建立一个良好的班集体，首先就要确定班集体共同的奋斗目标，确定了共同的目标，班集体就有了前进的方向和动力，让学生能够

> **名人名言**
>
> 只有在集体中才可能有个人自由。
>
> ——马克思、恩格斯

在实现个人目标的同时实现集体目标，在学会学习的过程中学会做事，学会做人。当然，对于如何制订合理的班集体目标，则十分考验班级管理者的智慧。

1. 目标要层次清晰

一个班集体不可能只有一个目标，而是要遵循先近后远、循序渐进的原则，制定短期目标、中期目标和长期目标。短期目标可以是纪律和学习等方面的具体要求，如要求所有学生不迟到，中长期目标则可以设为道德行为和人格品质等方面的要求，如所有学生都要互相尊重，都要自信等。

一旦确定了班集体的目标，就要围绕目标展开具体的行动，将目标融入到学生的学习和生活当中，不能仅仅停留在设想当中，而让学生对集体目标失去热情和信任。这就要求班集体目标具备另一个特点。[①]

2. 目标要切实可行

班集体目标的设立不能停留在理论探讨上，而是要在实践中对学生发展有所裨益。切实可行是目标得以落实的前提。这就要求班级管理者在制订目标时，要充分考虑到班级成员的个性特点、学习情况、生活习惯和道德发展水平等。

如果目标过于空洞，学生会感到茫然和不信任，执行效果会大打折扣；如果目标过于烦琐，又会引起学生的反感，对学生产生桎梏，压抑学生的天性和创造力。如果目标难度过高，学生可能会因在一次次尝试之后仍然无法达到目标，自信心受到严重打击；如果目标难度过低，学生会失去兴趣，即使在达成之后也毫无成就感，积极性受到损害。因此，在制订目标时，尊重事实，充分权衡各方面因素，让目标切实可行就尤为重要。

以下某小学班集体公约，就充分体现了这些特点[②]：

①热爱学校，热爱班级。不做有损于学校班级的事。要爱护学校的每一样物品（画、图、花、草、树等）。

②团结友爱，互帮互助。不做不利于同学团结的事。不骂人，不打架，做到人人是朋友。

③上课认真听讲，积极开动脑筋，大胆举手发言。

④勤奋学习，积极向上。按时独立完成各科作业。

---

① 王东杰. 浅谈班主任怎样建立良好班集体. 教育教学论坛，2014(39)：18～19.

② 金春兰. 小学班集体建设的实践与研究. 苏州：苏州大学，2010：10～11.

⑤热爱劳动，讲究卫生。搞好班级内务、个人卫生。

⑥举止大方，言行文明。不说不文明的话，不取笑别人，不给别人起绰号，不讽刺挖苦别人，不传播流言蜚语。

⑦积极锻炼，强身健体。认真做好早操和眼操。

⑧课间、午间休息要文明，切忌大声喧哗和追逐。

⑨待人接物，彬彬有礼。见到教师、长辈主动问好。

⑩珍惜生命，安全第一。不做有危险的游戏，不到有危险的地方去。

（二）提高教师的综合素质

教师对知识的传授固然重要，但在学生的人格品质的教育方面，教师自身的一言一行更容易对学生产生潜移默化的影响。学高为师，身正为范，建设一个良好的班集体离不开高素质的教师。只有教师首先做到言行一致，表里如一，才能对学生进行有效的诚信教育；只有教师首先尊重学生，学生才能在这个过程中内化尊重的品质，甚至在很多情况下，学生会因为喜欢一名老师而热爱学习。总之，教师的人格魅力在教育的每个环节都在发挥着不可忽视的作用。

教师优秀的综合素质可能会让教育教学工作变得简单，产生事半功倍的效果，学生会自发自动地团结在你的周围，听从你的教诲。而教师身上乐观、自信、宽容、善良、公正的优秀品质也很容易传递给学生，在不知不觉中建立起一个良好的班集体。①

相关链接

法国电影《放牛班的春天》讲述了一个动人的故事。

1949年，音乐家克莱门特·马修在法国乡村找到一份助教的工作。但让他震惊的是学校校长自私残暴，老师冷酷无情，孩子无法无天，个个都是问题儿童。在多次被学生捉弄后，克莱门特依然选择用宽容对待孩子，并破除重重困难开始教授孩子们音乐。爱是最好的教育，音乐可以净化心灵。当天籁般的童声在校园里响起，孩子们爱上了这位老师，也爱上了音乐，他们似乎重新找到了自己。也许从来就没有问题儿童。尽管最后克莱门特被迫离开了学校，但是爱和希望的种子已经在孩子们心中发芽。

多年以后，学生皮埃尔·莫安琦成为世界著名的指挥家，回忆起这位人生与音乐的启蒙老师，感慨万千。

（三）发挥班干部的积极作用

在班集体的建设过程中，虽然是教师在起主导作用，但对于一个发展较为成熟的班集体来说，教师要懂得逐渐将班级建设的主动权交给学生，首先是班干部。

---

① 陈燕文．也谈构建良好班集体的"六步曲"．课程教育研究，2014(22)：187～188.

每个学生都希望得到同学和老师的认可。通过担任班干部，学生可以在为大家服务的过程中展示自己的才华，体现自己的价值，综合素质也能得到锻炼和提高，而一个良好的班集体也在这个过程中得以建立。因此，把管理的主动权交还给班集体的主人，是一举两得的好事。但是，要发挥班干部在班级建设中的积极作用，也需要教师的智慧。

班干部的任命要公平合理。例如，在班集体发展相对成熟时，教师不能再根据自己的主观判断直接任命班干部，否则会给后期工作的开展带来隐患。对班干部的管理要设置竞争和监督机制，班干部不能一做到底，这样能使班干部产生一定的危机感，充分调动学生工作的主动性和积极性。另外，要注意班干部服务意识的培养，班干部不能以领导者自居，颐指气使，每个学生都要监督班干部能否以身作则。

（四）营造良好的人际环境

班级的任何活动都是在人际互动中完成的，如果一个班集体失去了融洽和谐的人际环境，人际沟通不顺畅，那么任何教育教学工作都将无从谈起。当班级成员感受到了亲密愉悦的氛围时，学生的积极性会大大提高，班级凝聚力将得到加强，良好的班集体会在这种正向积极的氛围中逐渐建立。

班级的人际环境首先体现在师生关系中，而师生关系的主动权往往在教师手中。对于年龄较小的学生，对老师较为依赖，要给予学生生活上的关心和照料，这很容易拉近师生之间的心理距离。更为重要的是，在情感上要给予学生足够的尊重和肯定。学生与成年人一样，具有很强的自尊心，需要老师的尊重和理解，任何的挖苦、讽刺都有可能埋下师生关系隐患的祸根。当教师能够理解学生问题行为背后的动机，真正看到学生身上的优点，传递出欣赏和肯定时，师生关系将会进一步得到加强。

与师生关系同样重要的是同学之间的生生关系。教师不是生生关系的直接参与者，只能通过间接的手段进行干预。由于中国家庭教育观念不够完善，很多学生习惯了在家里可以轻易满足一切需求的环境，不懂得如何处理同学关系，很容易产生冲突。教师在处理学生关系问题时，要坚持公平原则，帮助学生建立清晰的人际边界，学会通过合理的方法满足自己的需求。另外，也可以通过组织丰富的活动、分组合作学习、设立小组长等多种形式增强同学之间的亲密度，防患于未然。

本章小结

1. 课堂管理是对教师、学生和教学情境三者的协调，具有维持功能、促进功能、发展功能和协调功能，最终达成为学生争取有效学习时间、促进学生的参与和培养学生能力的目标。

2. 课堂管理是实现有效课堂的基础，但是建立有效课堂还需要教师对物质环境和心理环境的精心设计，对学生有明确的期待，最后将这些期待转化成具体的课堂系统。

3. 对于课堂中可能出现的学生问题行为，教师要懂得从自身和学生角度出发，根据实际情况选取情境帮助、温和反应、中等反应或强烈反应的方式进行灵活处理。

4. 班集体作为学校教学的基本单位，具有教育功能、管理功能和发展功能，而一个良好班集体的形成不是一蹴而就的，要经历松散期、形成期和发展期的漫长过程。

5. 良好班集体的建立，是一个复杂而系统的过程，需要明确的班集体目标、教师和班干部的共同努力以及精心营造的人际环境，最终才能建立一个良好的班集体。

关键术语

课堂管理、有效学习时间、有效课堂、物质环境、心理环境、课堂问题行为、情境帮助、温和反应、中等反应、强烈反应、班集体、班级规范、班级凝聚力、班风、学风

思 考 题

1. 什么是课堂管理？课堂管理有什么意义？

2. 有效课堂的标准是什么？如何建立有效课堂？

3. 学生课堂问题行为产生的原因是什么？如何进行处理？试举例说明。

4. 良好班集体的形成要经历怎样的过程？

5. 如何建立一个良好的班集体？

拓 展 阅 读

1. [美]卡尔·罗杰斯，杰罗姆·弗赖伯格. 自由学习. 王烨晖，译. 北京：人民邮电出版社，2015.

该书是一本人本主义思想文集，结合美国教育发展历程，从人本主义心理学的视角阐述了"以学生为中心"的教育思想，对提高教师素养具有指导作用。

2. [美]安妮塔·伍尔福克. 伍尔福克教育心理学(第12版). 伍新春，张军，季娇，译. 北京：中国人民大学出版社，2015.

该书为美国教育心理学教材，是美国教师资格考试的主要参考教材，涵盖目前教育心理学的所有核心领域，内容体系完整，案例丰富，通俗易懂。

参考文献

1. 刘新玲，何映红．高效能与低效能课堂的教师教学行为比较．思想理论教育导刊，2014(03).

2. 吴彬．浅谈辅导员人格魅力在学生工作中的积极作用．金色年华，2013(03).

3. 王琳．婴儿图式加工的眼动研究．重庆：西南大学，2013.

4. 吴育桂．心理科学概论．北京：北京师范大学出版社，1991.

5. 吴康宁．教育社会学．北京：人民教育出版社，1998.

6. 劳凯声．班主任工作实用全书．北京：开明出版社，2000.

7. 姚成荣．班级管理工作新论．北京：中国社会科学出版社，2003.

8. 王东杰．浅谈班主任怎样建立良好班集体．教育教学论坛，2014(39).

9. 金春兰．小学班集体建设的实践与研究．苏州：苏州大学，2010.

10. 陈燕文．也谈构建良好班集体的"六步曲"．课程教育研究，2014(22).

第十五章 教师心理

学习目标 ▶ -

1. 了解教师的角色定位、角色冲突及调适途径，明确教师素质的标准。

2. 掌握教师领导方式、期望、威信等影响力对学生的影响。

3. 了解教师成长和发展的阶段、条件，学会维护身心健康。

导入▶

如果教师在与家长沟通时，用词不当，沟通效果欠妥，就会使家长对教师的工作态度产生误解，所以教师必须成为出色的语言大师。快期末考试了，学生的心理压力过大，导致晚上失眠，教师知道后马上给学生进行心理疏导，所以教师应该具备心理学知识，成为学生的"心理医生"。随着气候的变化、传染病的到来，教师需要提醒学生做好哪些准备，成为学生的"保健医生"。为了把教育做好，教师不仅要出色地完成教学任务，还要扮演许多角色。面对众多的角色，教师如何进行角色定位？如何调适角色扮演过程中的冲突？

第一节　教师的角色与素质

新课改的实施，对教师的角色、素质及教学提出了新的要求，我们需要对教师角色进行新的定位，对教师的素质提出新的标准，这样才能引导教师在有效的教育教学活动中进行积极的转变，胜任自己的角色。

一、教师的角色

（一）教师角色的定义和特征

1. 教师角色的定义

教师角色是指依据教育教学的一定原则，对占有教师这一特殊身份和地位的个体在学校中执行的各种教育教学职能的规定和要求。通常，教师要担当多种角色，在扮演好主要角色的同时，还要根据教育教学活动的要求，担当各种辅助性角色，进而适应教育环境，满足各方面的需求，从而实现教育教学目标。

2. 教师角色的特征

（1）主导性

为社会培养有用之才，是教师角色的总体目标。总体目标的实现需要综合多种力量，如教师、学生、家长、学校、集体、先进的教育设备等，这些力量得到有效利用的关键就在于教师，教师是充分调动各种教育力量的主导者。

（2）创造性

教师角色的创造性主要体现在对学生因材施教、对教育教学原则和方法的运用、

考试要点

教师资格证考试中学《教育知识与能力》（2015上半年统考）

辨析题：强调学生的主体地位必然削弱教师的主导作用。

答案：错误。教师的主导与学生的主体是相互依存缺一不可的。教学中要主要发挥学生的主动性，让学生参与到学习中来。在这个过程中，教师应给学生指明方向，保证学生学习的方向性。

对教学内容的加工与处理、打造创新型课堂、如何应对突发性事件等方面。教师要依靠自己的力量将教学成果最优化，同时要满足学生个性发展与学习需求，为学生构建开放、愉悦的学习环境，全面地开发学生的潜能。

（3）多样性

教师角色的多样性体现在社会对教师角色的多种期望上，教师要面临许多情境，在不同的情境中要扮演不同的角色。比如，教师是学生学习兴趣的引导者，是建构共同学习的参与者，是学生自主学习的促进者，是终身学习的带头人，是教育理论的实践者、研究者，是学生成长的管理者，等等。

（4）动态性

教师角色的动态性体现在教师自身所扮演的多种角色间的转换和教师与学生间的互动。具体来讲，一方面，教师通过作为教学者、管理者、知识分子、社会工作者等辅助性角色的转换，达到教育教学的目的；另一方面，教师与学生之间存在着持续不断的互动，教师角色依存于这种互动关系而存在，没有学生也就不存在教师这一角色。

（二）教师角色的定位与转变

1. 教师角色的定位

对教师角色的定位，主要是从与学生关系密切的教育教学方面来进行的，与教师角色的特征相呼应，使教师角色更具体、更明确。

（1）学生主动学习的引导者

新课改强调以学生为主体，调动学生学习的主动性，教师由原来课堂的主导者变为学生主动学习的引导者。这一目标的实现需要教师精心设计教学模式，合理组织课程内容，利用先进的教育设备，在教学活动中巧设教学情境，激起学生主动学习的兴趣，教师在教学过程中充分发挥"引"和"导"的作用。

（2）学生创新品质的培养者

培养学生的创新能力、创新精神是教育的重要目标，教师责无旁贷。要成为学生创新品质的培养者，首先教师自身应当具有创新精神，具备创新能力。创新在教育教学工作中随处可见，根据授课情况的变化及时修改原有的教法、探索新的解决方案，这一过程是教师将已经储备的知识、原理用于实践的过程，即创新的过程。另外，教师在教学过程中还要多鼓励学生质疑，敢于挑战权威，多思、多想、多问，勇于探索新知，避免思维僵化。

（3）教育教学工作的研究者

教育教学工作属于脑力劳动的范畴，具有挑战性、创造性、独特性，教育对象是具有独特思想和情感的鲜活个体，因此教师既要形成独特的教学风格，又要研究教育对象的需求。成功的教育教学研究者，既要展开独特的课堂教学又要了解学生的成长需求，既要学习和吸取名师的经验又要有独立性的创新，既要积极地落实国家课程和地方课程又要开发本土化、校本化的课程。

（4）学生心灵成长的启蒙者

教师作为学生心灵的启蒙者，关键在于引导、启发、鼓励，使学生明确自己的社会责任、坚守良知。这就要求我们的教师以智慧、信念、人格、情感去影响学生，认认真真做人，踏踏实实做事，树立教师的威信和社会责任感，引导学生形成正确的世界观和价值观。

相关链接

教师在案例教学中的角色定位

案例教学法是以案例为基础，以师生互动为核心的教学方法。教学材料是案例，结合教学要求，学生在一定时间内，对讨论题通过讨论、争辩等方式反复思考、推敲，学生熟悉了案例，有一定的结论时再组织学生集体讨论。在案例教学过程中教师不仅是组织者，还扮演着倾听者、引导者和促进者的角色。

1. 组织者

教师是案例教学活动的组织者，主要作用是周密地设计教学过程，组织教学秩序，在学生讨论过程中给予合理的引导，对讨论结果做出慎重的评价。

2. 倾听者

在案例讨论过程中要善于倾听学生发言，尊重学生的观点或想法，在轻松、宽容的气氛中实现师生互动。

3. 引导者

在讨论过程中，教师要适时地引导学生，使讨论发言始终围绕着案例主题进行。当出现争论时，教师应该用恰当的语言启发学生，使讨论不偏离主题。

4. 促进者

教师要鼓励学生多讨论、多发言，特别是激励内向的、不善表达的同学发表见解；对于善于发表自己观点的学生稍加节制，让每位学生都参与到课堂的讨论过程中，人人争做课堂的促进者。

2. 教师角色转变的途径

学生主动学习的引导者、创新能力的培养者、教育教学的研究者、学生心灵的启蒙者，这是时代要求的教师角色，是适应教育改革要求和学生身心发展需要的角色。那么，教师如何才能胜任上述多重角色，实现角色的转变呢？教师角色的转变，首当其冲是通过课堂教学来实现的。

（1）变换课堂主体

教师要贯彻教学计划，落实教学内容，组织课堂活动，所以，在以往的课堂上教师是主体，教师的主要任务是按照教学进度授课，学生被动接受教师所讲知识。而新课改要求以学生为主体，课堂以学生的参与、体验为主，教师的主要任务是设计课堂模式，利用丰富的教学手段，采用多种教学形式，充分调动学生的积极性，引导学生主动地去探索、思考。

（2）教学方式灵活多样

教师要认真研究教育计划和教学大纲、教学规律、学生身心发展规律以及教学内容，根据具体情况，采用灵活多样的教学方式。其多样性体现在教学内容、教学时间的安排上，教学模式的运用上，在授课内容、深度、时间、方式等方面有所不同。此外，教师要课堂上要注重新旧知识的连接，给学生留出探索新知识的时间，激发学生参与课堂活动的热情，创设师生共同探讨、学习的氛围。

（3）打造精品课堂

新课改要求教师必须根据新时期学生的发展特点、兴趣和能力，打造精品课堂。精品课堂不仅要求授课内容有层次性，更要求课堂形式的多样性，可以利用现代化信息技术，让学生通过视、听、触、嗅多种感官接受信息，丰富课堂接受知识的形式，营造有趣的课堂氛围。这就要求教师积极探索新的课堂模式，引导学生主动学习，充分开发学生的潜能。

（4）树立创新意识

做创新型教师，就要做个有心人，处处留心，处处用心，勤于思考，勇于质疑，时常总结自己在教育教学活动中的不足和可取之处，能够用发展的眼光看待教育过程中遇到的问题，善于借鉴优秀教师的经验，并结合实际情况创造出属于自己的教育和管理理念。

（三）教师角色的冲突与调适

1. 教师角色冲突

教师角色冲突，是指教师在扮演各种角色的过程中，由于不同社会角色的标准、期望或要求与教师实际扮演的角色不一致，但是各种角色共同作用于教师这一独特的个体，从而导致的冲突。

> **想一想**
>
> 教师角色内容的丰富和转变引起角色冲突，并直接阻碍课程的实施。结合实际情况，谈一谈如何解决自己在新课改过程中遇到的各种角色冲突问题？

2. 教师角色冲突的表现

（1）教师角色标准的冲突

教师角色标准的冲突主要表现为对理想型教师的要求与教师实际情况之间的差距。人们常认为理想的教师应该是学识渊博、品德高尚、行为典范，而现实中的教师无论在学识方面还是在品行方面均有其不足之处，对理想教师的要求标准与教师的实际能力和素质存在差距。

（2）教师角色期望的冲突

教师角色期望的冲突主要是指不同的群体对教师的期望不一样。新课程改革倡导素质教育，可是学校、家长想要高升学率、高分数，学生希望接受素质教育，但是由于目前的教育体制，教师作为教育的实施者，要兼顾各方的要求，就造成了教师角色期望的冲突。

（3）教师角色认知的冲突

教师角色认知的冲突主要体现在角色的认知水平上，作为教师应该热爱教育事业，工作中充满热情，关心学生，全身心投入到教学实践中，不断开拓创新。但如果教师缺乏这种认知，必然会对工作敷衍，对学生冷漠，存在应付的心态，因此造成学校领导、家长和学生的不满。

（4）多重价值观的冲突

教师作为社会的个体，有其自身独特的价值观，当与教育教学活动中应该传递的价值观不一致时，或与学生的价值观相对立时就会产生冲突。但是鉴于教师的职责所在，当自身价值观与社会道德、职业精神相背离时，就应当积极调整，努力向学生传达正能量。

（5）多重角色的冲突

教师首先是一个社会人，有喜怒哀乐，有自己的生活追求，需要休息放松，需要挣钱养家。但是社会对他们的期望高，规范严格，限制很多，教师要胜任这一角色难度非常大，这就产生了职业角色和生活角色的冲突。

3. 教师角色的自我调适

教师角色的自我调适的根本在于提升教师自身综合素质和能力，关键在于增强角色适应能力，重点在于具备消除角色冲突的能力。

（1）提高自身素质

教师必须认识到社会期望的理想型教师与自己实际水平的差距，才能比较好地进行调适。要树立正确的知识观，既要加强专业知识的深度，又要进行多学科知识的涉猎，不断学习、实践、反思，建构胜任角色所需要的知识体系。

（2）增强角色适应能力

教师要掌握各种角色的行为规范和要求，根据不同的角色期望合理地调整自己的角色行为。当多种角色产生冲突时，要学会分清主要角色和次要角色，合理安排扮演各角色的先后顺序，明确职责要求，提升角色适应能力，掌握角色转换的技巧。

（3）提升角色认知水平

教师角色认知水平的提升依赖于高尚的师德，真正热爱教育工作，用心关爱每一位学生，以自尊、自律、自信的精神为学生树立表率，把教书育人工作当作终身的事业去做。

二、教师的素质

(一)教师素质的概念

教师素质是指能顺利从事教育活动所必备的稳定的基本品质或基础条件。教师素质是教师在其职业生活中，调节和处理与他人、与社会、与集体、与工作关系时所应遵守的基本行为规范或行为准则，以及在此基础上所表现出来的观念意识和行为品质。

(二)教师素质的标准

教师素质由基本素质和专业素质两部分构成。作为一名教师，不仅要符合基本的素质标准，更要具备良好的专业素质结构。

1. 教师的基本素质

(1)身体素质

拥有健康的身体是工作和学习的基础，是完成教育教学任务的前提条件。拥有健康的身体可以注意以下几个方面：科学安排作息时间、培养健康心理、科学饮食、坚持锻炼身体等，这样才能胜任繁重的教学工作。

(2)心理素质

教师要具备良好的心理素质首先必须了解自己，肯定自己，相信通过努力会得到预期的成果，扬长避短，开发潜能，自信乐观；其次要善于调节和控制情绪，遇事以积极乐观的心态去面对，职业幸福指数就提升了。另外，广泛的兴趣和爱好也是提升教师心理素质的必备条件。

(3)基础文化知识素质

伴随着新课改的推进，教师对学生的影响是全方位的，不能局限于所教学科。综合课的教学形式要求教师必须具备多门知识，重在知识的实践性。教师应具备广泛的知识储备，只有这样才能满足学生对知识的需求，激发学生的求知欲、好奇心，引导学生探索未知的世界。

(4)仪表素质

教师的衣着打扮要符合职业角色的要求，既要举止大方，行为得体，又要姿态端庄。讲究整洁的好习惯对每个人来说非常重要，教师的仪表素质对学生是一种无形的教育。

2. 教师的专业素质

教师的专业素质是以一种结构形态而存在的。[①] 教师专业素质结构是对教师各项专业素质的综合，具有动态性和非均衡性，而且各项专业素质之间相互影响、相互作用，是一个共同发展的整体。

---

① 连榕.教师专业发展.北京：高等教育出版社，2007：10.

（1）专业理念

教师在学习和实践教育理论的过程中形成自己的专业理念，是对教育知识、学生、教学工作等所形成的独特的理解与认识，是逐步形成的关于教育的观念。专业理念是教师专业素质结构的基石，它决定着教学目的、内容、方式及效果，在教师职业的自我成长和发展中占有重要地位。因此，教师必须具备正确的、与时俱进的教育理念，才能在教学上创新，才能适应教育变革。

（2）专业知识

教师开展教育教学工作必须具备的知识结构，即专业知识，是教师开展教学活动的保障。教师的专业知识分四个维度：通识性知识、本体性知识、条件性知识、实践性知识。

通识性知识，即一般文化知识，如科学、哲学、人文、艺术等方面的知识，决定着教师知识的广度。本体性知识，即学科专业知识，指"教什么"的问题，学生成绩可以有效地衡量所掌握的学科知识，因此需要教师全面系统地掌握所教的学科知识，把握好所教学科的教材体系和所讲知识的深度。条件性知识，即如何运用本体性知识，指"如何教"的问题，如何让学生更容易理解和接受学科知识。实践性知识，即教学活动的实践和反思，有利于教学活动的完善和提升。

（3）专业能力

教师能够顺利地组织和实施教育教学工作的能力，即专业能力，是做好教育工作的重要因素。教师专业能力主要体现在：课前教学设计能力、课堂实施能力、课后反思与评价能力、教学钻研和创新能力、教师的沟通与合作能力等。

第二节　教师的影响力

教师的影响力在教育教学过程中非常重要，是影响学生健康成长的源泉，是影响教学效果的关键。其中，教师影响力决定了其管理学生的领导方式，教师期望对学生产生的积极影响是教师影响力的集中表现，教师威信是教师影响力的必然结果。

一、教师的影响力及其构成

（一）教师影响力的界定

教师影响力指教师在与学生交往的过程中，影响和改变学生心理和行为的能力，即教师对学生产生的影响作用。[①] 教师影响力具有导向、吸引、感染、模仿、激励、约束的作用，是教师在教育教学活动中展现的一种特殊的自身影响力。

① 华丽晶．教师影响力研究．福州：福建师范大学，2013：4.

(二)教师影响力的构成

从学校教育教学活动的角度划分教师影响力的结构,可分为与教学相关的影响力和非教学性影响力。[①]

1. 与教学相关的影响力

与教学相关的影响力主要表现在教师的专业知识水平、专业素养、教学风格、执教能力等方面,这些都是通过课堂教学对学生产生作用的,直接关系到教学效果和学生成绩。

2. 非教学的影响力

非教学的影响力主要表现在教师的人格魅力、情感智力、品德修养、角色意识等自身素质对学生的成长产生影响。

二、教师的领导方式

(一)教师的领导方式

教师的领导方式是教师在管理班级或与学生沟通时所表现出来的特点和方式,领导方式通常具有一定的稳定性和独特性,会对学生的学习、心理等多方面产生重要影响,并影响班级的气氛和教学效率。

最早研究领导方式的是美国著名心理学家勒温,他研究了不同的领导方式对团体的影响,即成员的反应、工作效率、工作满意度。他把领导方式分为三种类型:民主型、专制型、放任型。他在实验中把一批男孩平均分到三个组,三组分别以不同的领导方式带领孩子制作面具,结果显示,不同领导方式之间存在明显差异,民主方式最受人们欢迎,所有成员责任心强,效率高,彼此的关系处理得好。专制方式效率最高,但只关注目标和结果,不考虑他人感受,工作满意度低,与领导的关系紧张。放任方式效率最低,工作满意度低,人际关系疏远。从勒温的领导方式实验可见,民主型的领导方式相对于其他两种领导方式较好。

(二)教师领导方式对学生的影响

1. 民主型

在教育过程中,采用民主的领导方式整体效果是比较好的,以学生为中心,但是离不开教师的引导和监督。教师作为管理者、教育者,在实施民主时必须合理利用奖惩机制,平衡各学科的学习,取得整体效益的最大化,这样才能调动学生的主动性,建立和谐的师生关系。

2. 专制型

专制型的领导方式在教育过程中不如民主型整体效果好,但是其效率高。专制型的管理方式以教师为中心,教师安排所有任务,学生必须服从,按照要求去完成

---

① 华丽晶. 教师影响力研究. 福州:福建师范大学,2013:17.

任务。多数教师采用专制方式管理学生，虽然成绩出色，学校、家长满意，但是忽略了师生关系和学生的心理健康。

3. 放任型

放任型的领导方式不适合运用到教育教学中，它将会影响学生的成长和发展。这类教师表现为对学生不做任何的管理，学生纪律乱，成绩差，各行其是，严重影响正常的教学秩序。

三、教师的期望

(一)教师期望的内涵

教师期望，是指教师在对学生的过去和现状了解的基础上，对学生以后的学业成就、人格特征和行为表现等方面所持的相对稳定的看法及由此引发的态度定向。

教师期望效应表现在教师对学生的期望会使学生朝着教师所期望的方向发展。当教师将某种教育期望以言语或非言语的方式传递给学生后，学生感受到教师的期望，并结合对自己的信念，以及与教师的关系来解释教师的行为，从而对自己形成一种期望，而这种期望又会成为一种塑造学生身心的力量，促使学生朝向教师期望的方向发展。

心理学家罗伯特·罗森塔尔(Robert Rosenthal)用实验证明了期望效应的存在，教师的期望会影响学生在学校的表现和学生的 IQ 分数。他把小白鼠随机分成两组，对一组饲养员说这一组的小白鼠很聪明，对另一组饲养员说这一组的小白鼠智力水平一般。几个月后对这两组小白鼠进行迷宫测试，发现聪明组的小白鼠比另一组真的聪明，能够走出迷宫找到食物。于是，1968 年他就在学生身上做了同类实验，先对 1~6 年级的学生做了一般能力测验，并告诉教师测验分数高的学生在未来的学习中将会有所提高，实际上测验并没有这个功能。每位班主任得到一份名单，即在测验中得分最高的前 20% 的学生，并要求保密。其实，名单上的学生都是随机选的。8 个月后，进行再测，结果发现：名单上的所有学生都有不同程度的进步，性格开朗，自信，爱学习，人际关系好，乐于接受别人建设性的批评，喜欢学校生活，努力让自己做得更好。这个实验表明，教师对学生的期望会影响学生的态度、行为、成绩、学校生活等许多方面。

(二)教师期望对学生心理的影响

1. 教师期望的正效应

教师期望运用合理，能够激发学生的学习动机和学习兴趣，形成良好的师生互动模式，及时给予学生心理上的支援。

(1)激 励

教师对学生的合理期望会影响学生的

> **温馨提示**
>
> 教师期望影响学生的学校满意度、同伴接纳和学业成绩。在教学过程中，教师要尊重、理解每位学生，并根据学生的不同特点确定相应的期望目标，运用期望效应促进学生主动学习和身心健康发展。

学业成绩、自我效能感、归因方式、自信心等方面，他们会顺着教师期望的方向去努力，这样就形成了良性的循环模式。当对一些学生期望值高时，教师会用赞赏的眼光看待他，给予更多关心、鼓励和指导，提供更多展现其才能的机会，这种期望会转化为学生前进的动力。

（2）调　整

教学过程是由教师和学生两个主体共同完成的，合理的教师期望能够调整师生关系，使师生间产生默契，建立有效的沟通方式，让学生感受到尊重、信任、理解，形成积极的人生观和情感体验。教师对学生的期望是一种无形的鼓励，学生内心感受到教师的关心，就会沿着教师期望的方向发展。

（3）支　援

学生在求学和成长的路上必然会遇到困难和挫折，情绪低落，需要得到关怀和温暖时，教师对学生进步和成就的积极肯定和期许，是学生最大、最及时的心理支援。

2. 教师期望的负效应

（1）非均衡性

如果教师在运用期望效应时厚此薄彼，对期望值高的学生给予更多的指导和鼓励，而对期望值低的学生不闻不问、偏心、持冷淡等态度，会使后者心理产生不平衡感，对教师不满意，甚至以消极的行为态度与教师对抗。

（2）非科学性

维果茨基的"最近发展区理论"认为，教学应合理地运用学生的最近发展区，为学生提供带有难度但是通过学生自身的积极努力或他人的帮助和指导能够完成的目标，这种难度水平的目标有利于充分调动学生学习的积极性，发挥其自身潜能。当学生尽管非常努力也不能达到教师设定的教学目标时，就容易丧失自信、自我否定，形成恶性循环，所以教师期望值的设定必须具有科学性。

（3）相悖性

学生作为独特的个体，有自己的认知，有自己的理想和计划，如果与教师的期望一致时会产生正向效应，如果不一致就会产生负面的影响。所以教师的期望必须与学生的自我期望统一。

总之，教师的期望作用是复杂而微妙的，因此，教师在教学活动中要正确运用期望效应，坚持民主性原则、适应性原则、暗示性原则、差异性原则。教师对每位学生都要有合理的期望，并随着学生的变化而随时调整，将期望值建立在"最近发展

> **想一想**
>
> 在教学中如何巧用"罗森塔尔效应"避免其负面影响的产生，让每位学生都能很好地去学习，实现自己的学业梦？

区"上，让学生通过努力达成目标，体验学习成功的乐趣，充分发挥教师期望的积极

作用。树立正确的教育观激励学生，鼓励学生形成正确的自我期望，并以其塑造自己的行为。不仅如此，面对一些变化不明显的学生，教师要有信心、有耐心，相信自己的学生肯定能成功。学生的成长是一个"量变到质变"的过程，需要教师给予及时的鼓励和指导，让学生不断地积蓄自己的力量，时机一到自然会产生巨大的飞越，成就自己的梦想。

四、教师的威信

(一)教师的威信

教师的威信主要是指教师在学生心中树立的威望和信誉，是教师在履行教育职责过程中对学生素质和道德情操的无形渗透，使学生发自内心地对教师产生尊敬和

> **名人名言**
>
> 教师的威信首先建立在责任心上。
>
> ——马卡连柯

信服，产生积极肯定的师生关系。教师威信既有外在威信又有内在威信，仪表、言语行为和非言语行为决定了教师的外在威信，而情感、道德、知识和能力决定了教师的内在威信，两者共同对学生产生综合的影响。

(二)教师威信的形成

1. 学识威信

优良的知识结构是树立教师威信的关键，教师不仅要具有精深的专业知识，更要广泛涉猎非专业知识。知识渊博、风趣幽默、讲课效果好的教师，既赢得了学生的喜爱，又赢得了威信。同时，教师还要具备教育教学工作所需的各种能力，既有教育技能又有教育技巧，既善于独立思考又善于革新，既善于观察学生的个性特点又善于发展学生的兴趣和能力。总之，一个具备渊博的知识、优秀的教育能力、研究学生特点、有创新品质的教师比较容易树立威信。

2. 人格威信

教师在教学中表现出的人格魅力和高尚的师德，是教师威信形成的基础。教师爱岗敬业的态度、以身作则的职业道德是教师人格威信的基石，教师自身良好的品质是学生学习的表率。具备良好人格威信的教师，其教育才更有说服力。

3. 情感威信

关爱学生情感需求是教师威信形成的前提条件，其主要来源于平日里教师对学生情感的投入和交流。教育实践证明，教师关心学生的心理状况，理解学生、尊重学生，对学生提出的期望值合理，教师威信就较高，就更受学生欢迎。教师主动帮助学生解决学习中遇到的难题，平等看待各种水平的学生，注重情感的沟通，满足学生的求知需求，有利于形成融洽的师生关系，学生会自然而然地亲近教师、信服教师、喜欢教师。

4. 仪表风貌

教师的仪表风貌要求教师应衣着整洁、语言优美、举止高雅等，得体的仪表风

貌有助于赢得学生的尊重、获得威信，同时，教师的仪表风貌也直接影响着学生的着装打扮和精神风貌。

（三）教师威信的作用

1. 教师的威信直接影响教育教学效果

教师威信直接影响到学生的学习效果，有威信的教师从事教学活动时，学生相信、崇拜教师，因而会注意力集中，积极投入，主动思考。这种良好的课堂氛围是有效完成教学任务的前提。良好的课堂氛围有利于调动学生学习的主动性和积极性，使学生思维活跃，学习效率高，学习成绩提升，得到成功的体验。

2. 教师的威信易唤起学生的情感体验

有威信的教师表扬学生，能引起学生积极的情感体验，更能激发学生奋发向前的动力，使学习成绩取得更大的进步，加深教育的效果。他们批评学生能引起学生的自责、愧疚等消极的情感体验，让学生产生自行改进的想法，并向教师期望的方向努力。

3. 教师的威信影响学生的品格和习惯

在教师威信的影响下，学生会受到潜移默化的影响，自觉地要求自己的学习、行为规范、仪表、言谈举止不断进步，还

> **想一想**
>
> 为什么目前教师威信有所下降，有何对策？

会模仿教师的为人处事，这就是榜样的教育力量。有威信教师的行为就是榜样的行为，对学生的道德行为、健康发展具有真实的示范作用。

第三节　教师的成长和发展

绝大多数教师从做老师的那天起，就渴望成为好教师，向成为优秀教师而努力。然而，教师的发展也不是一蹴而就的，教师也会遇到"职业瓶颈"，也需要"充电"，提升自己，更好地适应教育环境的变化。

一、教师成长的条件

（一）外在条件

1. 工作环境

环境既可以影响人也可以塑造人，学生的教室和教师的教研室是教师的主要工作环境。教学不仅需要教师课前做好充分的准备，也需要教师有应对突发事件随机应变的能力，这是一个充满挑战的过程，在这里教师不仅能够感受成功，也会体验失败。教研室是教师备课、与同事讨论交流的地方，既可以发泄心中的郁闷，也可以分享经验，在一起备课、说课、评课，共同完成教学任务，相互鼓励，相互学习，

共同成长。

2. 工作群体

教师的工作群体主要是学生和同事，其主要的工作方式是交往，主要体现在与学生的交往和与同事的交往上，以此来完成教学活动。这种工作充满了挑战性、专业性、灵活性等特点，需要教师用心去捕捉，用情感去交流，用实足的信心去挑战，才能促进自我效能感的提升和自己的不断成长与完善。

3. 工作任务

教师的天职就是教书育人，新课改要求教师不仅要"授之以鱼"，还要"授之以渔"，即教师不仅要传授给学生知识，更要教会学生获取知识的方法，不仅要学识渊博，还要勇于自我创新，随时代的变革而发展自我。

(二)内在机制

1. 教师职业的特殊性

教师对教育的认知是随着长期的教学工作而不断丰富和深化的，教育过程不仅是学生学习知识和成长的过程，也是教师研究教育和学识深化的过程。教师职业的这种特殊性决定了教师自我成长的空间，活到老学到老，教师的成长会随着教育环境的变化而不断发展。

2. 教师成长过程的统一性

教师在其工作领域中的创造、成长是无止境的，只有在教育活动中不断创新和成长才能实现教师这一职业的价值。一些社会问题是教师个人无法改变的，教师会处于被动状态、止步不前，但有些教师能够主动地排除束缚，克服困难，勇于探索，其实这就是一种主动性的体现。因此说教师这一职业的成长是主动性和被动性的统一，在相互作用下不断发展。

3. 教师成长形式的多样性

教师这一职业的主动性和被动性决定了其成长形式的多样性，只有把握无限的可能，才能应对教育的变革与发展。教学活动中多采用合作，可以是与学生、同事、专家、家长等的合作，在合作中不断摸索教育的奥秘，发挥教师个体的创造性、闪光点。

二、教师成长的阶段

教师成长和发展的特点具有独特性、时间性和阶段性，主要分为三个阶段：新手适应阶段、稳定发展阶段、停滞更新阶段。

(一)新手适应阶段

新手适应阶段一般要经过3～5年的时间。新手教师由于缺乏教学经验，缺少灵活性，还要面对复杂的教学环境、学生成绩、校领导的评价与督察等，这些难免会导致初任教师压力过大、内心紧张、焦虑不安。新手教师必须重视课前的准备工作，其至要计划好课堂中的每一句话、每一个问题，教学活动的开展更多的是以准备好的教学内容为主的。新手教师虽然对课堂的调控能力较低，但是其工作热情高，希望从学生的成绩和领导的评价方面证明自己的能力。随着教育经验的累积和教学智慧的增长，适应阶段会慢慢结束，教师可以熟练地处理教学问题，这一阶段是每位教师成长的重要阶段。

(二)稳定发展阶段

稳定发展阶段大约需要 7～15 年的时间。这一时期的教师进入了专业迅速发展的阶段，体验到了教育工作的价值，获得工作上的成就感、满足感。随着知识和经验的累积，教师形成了自己独特的教学风格，管理学生也有了自己的方式和方法，有精力去进行专业上的创新，有能力应对复杂的教学和管理工作。但有些教师的职业幸福感下降，厌倦单调、重复、繁重的教学工作，容易产生情绪上的困扰，这需要教师具备良好的自我调控能力，从常规的教学活动中找到新的突破点，使自己的职业生涯得到新的发展。

(三)停滞更新阶段

停滞更新阶段是在从教 15～20 年之后。多数教师已进入中年，沉重的工作压力、考试成绩排名、各项评比、绩效考核等让教师疲惫不堪，每天超负荷的运转，单调重复的学校—家庭两点一线的生活，耗尽了他们的工作热情，导致职业倦怠。有些教师需要面对职业的"高原期"，经过个人的努力和外界的帮助对其职业持续发展的角色重新定位，可以把角色定位在教学的改革者、研究者、反思性实践者角色上，并结合自己多年的教学经验，投入到目前我国教育教学改革的实践中，重燃工作热情。

三、教师身心健康的维护

(一)树立明确的职业信念与目标

在枯燥、重复的教育过程中，只有拥有坚定的职业信念，才能明确职业目标，才能在机械式的生活中勇于实践、敢于探

> **考试要点**
>
> 教师资格证考试中学《教育知识与能力》大纲(河北省)要求，理解教师成长心理，掌握促进教师心理健康的理论与方法。

索，充满工作热情，把教育工作当成事业用心去经营，把理想、情感、精力全部投入到工作中，在教育实践中不断超越，成为"全国优秀教师""特级教师""骨干教师""教育家"等，激励自己不断挑战，研究教材，提升专业知识，向专家型教师努力，实现教师职业的持续性发展。

(二)积极参加各种培训与学习

为了促进教师的专业化发展，教师就必须积极参加各种培训，坚持不断学习，掌握新的教育理念、教育方法、教学技巧，才能跟上新课程改革的步伐，才能满足学生的需要，赢得学生的尊敬。教师可以通过"国培""省培"、专家讲座、参观学习

名校等途径丰富教师的成长，为教师职业生涯的健康发展提供助力。

(三)合理减压，正确评价自我

只有身心健康的教师才能培养出身心健康并且素质高的学生，为此教师必须掌握维护自我身心健康的方法。面对国家、学校、家长对学生教育成长的要求，教师们的工作压力很大，教师必须合理减压，正确地看待自己的工作，适时调整工作目标，工作中充分发挥自己的长处，争取把工作做到最好。

(四)提升教师的职业幸福感

教师的幸福感体验绝大多数来自工作带来的成功。根据马斯洛的需要层次理论，教师缺乏职业动机可归因于在教育教学过程中，教师的发展性需要没有得到有效满足。为此，学校可以通过教师培训、外出学习、继续教育等活动，不断提高教师的专业水平。教学水平提高了，工作更得心应手了，来自外界的认可和自身的肯定加强了，价值感上升了，教师在工作中为人师的快乐也会相应增多，职业幸福感就会油然而生。

他山之石

完善激励机制，维护身心健康

1. 学校树立"以人为本"的理念，尊重和信任教师。每位教师都有自我实现的需要，有思想、有情感、有各种需求，学校管理者可以采用置换体验的方法，设身处地地考虑教师的需要和感受，维护教师的身心健康。

2. 用合理的机制来约束人、激励人。首先要建立科学的评价制度，以发展性教师评价制度为主，以奖惩性评价制度为辅，对教师实行全面评价。

3. 完善激励机制，满足教师高层次需求。比如，荣誉、成就、自我实现的需要，使教师产生成就感、创造感，更好地实现自我价值。

本章小结

1. 教师角色的特征为主导性、创造性、多样性、动态性。

2. 教师角色的定位是学生主动学习的引导者、学生创新品质的培养者、教育教学工作的研究者、学生心灵成长的启蒙者。教师角色转变途径有变换课堂主体、教学方式灵活多样、打造精品课堂、树立创新意识。

3. 教师角色冲突表现为教师角色标准的冲突、教师角色期望的冲突、教师角色认知的冲突、多重价值观的冲突、多重角色的冲突。教师角色调适方法是提高自身素质、增强角色适应能力、提升角色认知水平。

4. 教师素质的标准由基本素质标准和专业素质组成。基本素质标准包括身体素质、心理素质、基础文化知识素质、仪表素质。专业素质结构包括专业理念、专业知识、专业能力。

5. 教师影响力的结构分为两部分：与教学相关的影响力、非教学的影响力。

6. 教师的领导方式决定了其对学生的管理方式，领导方式分为：民主型、专制型、放任型。

7. 教师期望对学生成长和发展的影响，分为正效应和负效应。正效应是激励、调整、支援。负效应为非均衡性、非科学性、相悖性。

8. 教师威信的形成条件：学识威信、人格威信、情感威信、仪表风貌。教师威信在教育教学过程中的作用：①直接影响教育教学效果；②易唤起学生的情感体验；③影响学生的品格和习惯。

9. 教师成长的条件：①外在条件：工作环境、工作群体、工作任务。②内在机制：教师职业的特殊性、教师成长过程的统一性、教师成长形式的多样性。

10. 教师成长主要分为三个阶段：新手适应阶段、稳定发展阶段、停滞更新阶段。

11. 教师身心健康的维护：①树立明确的职业信念与目标；②积极参加各种培训与学习；③合理减压，正确评价自我；④提升教师的职业幸福感。

关键术语

教师角色、角色定位、角色冲突、教师素质、教师影响力、领导方式、期望、威信

思考题

1. 什么是教师角色？教师角色的特征有哪些？
2. 教师基本素质标准和专业素质构成是什么？
3. 教师领导方式在教育过程中对学生的影响？
4. 教师期望对学生成长和发展的影响？

5. 教师威信对教育教学活动的影响？

6. 教师如何促进自我的成长与发展？

7. 教师如何进行身心健康的维护？

拓展阅读

1. 缪水娟 . 高中新课程：教师角色转变细节 . 重庆：西南师范大学出版社，2009.

该书讲述了在新课程实施背景下，教师的角色如何向多重化方向发展，如何把与学生的关系转化为共同学习、相互促进、教学相长，如何为学生尽可能地提供资源营造积极的学习环境。本书通俗易懂，以案例为主，以分析、评点为辅，把最先进的教育理念和方法融入有趣的情境中。

2. 丁蕙 . 教师期望效应 . 长沙：湖南人民出版社，2015.

该书从理论与实践两方面对教师期望效应进行了探讨与分析，主要介绍了教师期望的形成、传递方式、对学生学业成绩的影响以及给我们的教育启示。

3. 胡谊，杨翠容，鞠瑞利，等 . 教师心理学 . 北京：中国轻工业出版社，2009.

该书属于发展与教育心理学系列，囊括了实践与转化、技巧与策略、发展与提高、幸福与成就、师德与人格、倦怠与促进以及教师心理卫生相关知识。其特点是论述精练、语言活泼、深入浅出、实例丰富，能够使读者迅速而全面地把握教师心理。

参考文献

1. 章永生 . 教育心理学 . 石家庄：河北教育出版社，1996.

2. 俞国良，宋振韶 . 现代教师心理健康教育 . 北京：教育科学出版社，2008.

3. 连榕 . 教师职业生涯发展 . 北京：中国轻工业出版社，2008.

4. 陈琦，刘儒德 . 当代教育心理学（第 2 版）. 北京：北京师范大学出版社，2007.